2025年

国家统一法律职业资格考试一本通

第一卷

习近平法治思想
法理学·中国法律史
司法制度和法律职业道德

刘东根　叶晓川/主编

法律出版社
LAW PRESS·CHINA
北京

图书在版编目（CIP）数据

2025年国家统一法律职业资格考试一本通. 第一卷 / 刘东根，叶晓川主编. -- 北京 : 法律出版社，2025.

ISBN 978-7-5197-9929-8

Ⅰ. D920.4

中国国家版本馆 CIP 数据核字第 2025S6F837 号

2025 年国家统一法律职业资格考试一本通:第一卷

2025 NIAN GUOJIA TONGYI FALÜ ZHIYE ZIGE KAOSHI YIBENTONG:DI-YI JUAN

刘东根　叶晓川 主编

策划编辑 宋杰鹏
责任编辑 宋杰鹏
装帧设计 李　瞻

出版发行 法律出版社
编辑统筹 法律考试·职业教育出版分社
责任校对 晁明慧　裴　黎
责任印制 胡晓雅
经　　销 新华书店

开本 787 毫米×1092 毫米　1/16
印张 10.25　　**字数** 318 千
版本 2025 年 1 月第 1 版
印次 2025 年 1 月第 1 次印刷
印刷 三河市兴达印务有限公司

地址:北京市丰台区莲花池西里 7 号(100073)
网址:www.lawpress.com.cn
投稿邮箱:info@lawpress.com.cn
举报盗版邮箱:jbwq@lawpress.com.cn
销售电话:010-83938349
客服电话:010-83938350
咨询电话:010-63939796

书号:ISBN 978-7-5197-9929-8
定价:38.00 元

凡购买本社图书,如有印装错误,我社负责退换。电话:010-83938349

全面、深入解析　精准应对法考试题

——法考的命题特点、趋势及本书的思路和特色

一、2018年至2024年法考透露出来的命题特点和趋势

在2018年登上舞台的国家统一法律职业资格考试（以下简称法考）终于“揭开了神秘的面纱”，2019年至2024年这六年的法考轮廓进一步清晰。虽然真题不再公布，但从诸多考生的吐槽和点滴回忆中还是能勾勒出法考的大致面貌。总结起来，法考的命题特点及考试趋势主要有以下几个方面：

（一）与中共中央办公厅、国务院办公厅《关于完善国家统一法律职业资格制度的意见》（以下简称《意见》）对法考命题的整体要求高度契合

《意见》在“改革法律职业资格考试内容”部分规定，考试内容增加中国特色社会主义法治理论（现已调整为“习近平法治思想”）。着重考查宪法法律知识、法治思维和法治能力，以案例分析、法律方法检验考生在法律适用和事实认定等方面的法治实践水平。考试以案例为主，每年更新相当比例的案例。大幅度提高案例题的分值比重。从2018年至2024年法考的试题看，《意见》的这一要求得到了较好贯彻。

（二）试题的实践性、综合性加强，以检验考生的法治实践水平

2018年至2024年法考，很多试题都是直接以生活中真实发生的热点案件为素材加工而成，如“昆山反杀案”、陨石所有权案等。当然，以前的司法考试也有试题直接来源于现实发生的真实案例，但可以预见的是，以后的法考会将更多的热门案件、真实案件融进试题中。这表明法律是一门与社会生活紧密相连的科学，考生必须关注社会热点，注意法律在现实生活中的运用，注意运用法治思维、法律方法来分析真实案件。

同时，试题的综合性强也是显著特点之一。多部门法综合考查的特点在主观题部分体现得更为突出。这一命题特点也符合司法实践，因为真实发生的案件往往不会只局限于某一部法律，而是会涉及多部法律，刑民交叉、民商法相互交织、实体法与程序法交融是常态，具体法律的划分只是方便研究和学习之用，绝不是真实案件中复杂法律关系的真实体现。

（三）坚持了法考是职业资格考试（而不是硕士、博士研究生入学考试）这一定位

法考是法律实务从业者的资格考试，提供了一个相对客观的法律职业准入标准，这必然要求以现行法律法规为基本依据，测试标准要基本一致，即大部分试题有相对统一的答案，答案完全开放的试题只是少数。从2018年至2024年法考的试题来看，那种认为法律职业资格考试以案例为主，答案就是完全开放的观点并不正确。在同一事实和法律规定的情况下，案例题的答案必然是相对明确的，当然也会涉及在重要法律知识点上的观点之争，但这毕竟是少数。答案完全开放的试题并不适用于这种测试标准相对统一的职业资格考试。

二、本书的核心思路及最大特色：四位一体

本书想为考生提供一种有效复习法条的方法，真正帮助考生解决三大问题：**法条会如何考；法条应如何看；法条如何应用于法考的实战**。为实现这一目标，本书力图通过法条、命题题眼、历年试题和强化模拟题四位一体，全面阐述法考的重点、难点和命题思路，使考生真正掌握某一法条、知识点，真正做到“一本通”。

本书编写模式和内容具有如下三大特点：

(一)法条、司法解释完美穿插

本书以法考大纲规定的法律和司法解释为依据,将属于某一知识点的相关法条都汇总在一起,并将相关的司法解释列在主法条之后,这样就非常全面,考生掌握起来也非常方便,这不仅符合法考的命题特点,也提高了复习的效率。

(二)命题题眼全面、深度解析

本书在对历年试题(由于法考不公布真题,本书部分是以司法考试的真题为分析对象,同时也穿插了能收集到的部分法考真题来分析)分析和展示的基础上,对重要法条的一个或者多个考点进行全面、深度解析,让考生准确地掌握法条所涉及的知识点可以从哪些方面命题,哪些考点以前考过,哪些考点还没有考过,每个命题题眼需要掌握的深度(是一般记忆还是需要理论解析),从而提高复习的实战性和针对性。

法考虽然在主观题部分可以查看法条和司法解释,但这绝不意味着备考时可以降低对法条和司法解释的掌握程度,因为客观题仍然不能查看法条和司法解释,主观题部分虽然能查看,但大概率是没有时间翻看。另外,法考与司法考试相比还有一个重要变化,司法考试中每个部门法的试题顺序是相对固定的,试题虽然可能不会答,但至少知道考的是刑事诉讼法还是民事诉讼法,但在实行机考的法考时代,试题出现顺序不再规律,有考生无奈地感叹:“今年试题打乱,感觉不多看几眼都不知道考哪科。”这就要求平时对法条的掌握要深刻。

另外,无论是司法考试还是法考,都要求对知识点掌握得很精准,不能似是而非,否则就会出现有些考生所说的“单选看着像多选,多选看着像单选”。本书通过对法条所涉知识点的深度解析和对真题知识点考查方式的展示,帮助考生精准掌握,使其面对命题陷阱不再犹豫彷徨。

(三)模拟题检验、巩固学习效果

本书参照法考试题的要求、特点,对重点法条的考点编写相应的强化模拟题,通过反复、有针对性的演练,检验自己是否真正掌握了某一知识点,同时达到加深对法条的理解和全面掌握的效果。

目　录

习近平法治思想

法 理 学

中国法律史

司法制度和法律职业道德

习近平法治思想

考点一：习近平法治思想的鲜明特色

鲜明特色	内　容
原创性	习近平总书记以马克思主义政治家、思想家、战略家的深刻洞察力、敏锐判断力和战略定力，在理论上不断拓展新视野、提出新命题、作出新论断、形成新概括，为发展马克思主义法治理论作出了重大原创性贡献
系统性	习近平总书记强调全面依法治国是一个系统工程，注重用整体联系、统筹协调、辩证统一的科学方法谋划和推进法治中国建设，科学指出当前和今后一个时期推进全面依法治国十一个重要方面的要求，构成了系统完备、逻辑严密、内在统一的科学思想体系
时代性	习近平总书记立足中国特色社会主义进入新时代的历史方位，立时代之潮头，发思想之先声，科学回答了新时代我国法治建设向哪里走、走什么路、实现什么目标等根本性问题，在新时代治国理政实践中开启了法治中国新篇章
人民性	习近平总书记强调法治建设要为了人民、依靠人民、造福人民、保护人民，推动把体现人民利益、反映人民愿望、维护人民权益、增进人民福祉落实到全面依法治国各领域全过程，不断增强人民群众获得感、幸福感、安全感
实践性	习近平总书记明确提出全面依法治国并将其纳入“四个全面”战略布局，以破解法治实践难题为着力点，作出一系列重大决策部署，解决了许多长期想解决而没有解决的难题，办成了许多过去想办而没有办成的大事，社会主义法治国家建设取得历史性成就、发生历史性变革

考点二：习近平法治思想的重大意义

重大意义	内　容
习近平法治思想是马克思主义法治理论同中国法治建设具体实际相结合、同中华优秀传统法律文化相结合的最新成果	习近平法治思想是马克思主义法治理论中国化的最新成果。习近平法治思想坚持马克思主义立场观点方法，坚持科学社会主义基本原则，植根于中华优秀传统法律文化，借鉴人类法治文明有益成果，在理论上有许多重大突破、重大创新、重大发展，同我们党长期形成的法治理论既一脉相承又与时俱进，为发展马克思主义法治理论作出了重大原创性、集成性贡献
习近平法治思想是对党领导法治建设丰富实践和宝贵经验的科学总结	习近平法治思想以新的高度、新的视野、新的认识赋予中国特色社会主义法治建设事业以新的时代内涵，深刻回答了事关新时代我国社会主义法治建设的一系列重大问题，实现了中国特色社会主义法治理论的历史性飞跃；既是提炼升华党领导法治建设丰富实践和宝贵经验的重大理论创新成果，更是引领新时代全面依法治国不断从胜利走向新的胜利的光辉思想旗帜
习近平法治思想是在法治轨道上全面建设社会主义现代化国家的根本遵循	习近平法治思想，贯穿经济、政治、文化、社会、生态文明建设各个领域，涵盖改革发展稳定、内政外交国防、治党治国治军各个方面，为深刻认识全面依法治国在治国理政中的重要地位提供了科学指引，为推进国家治理体系和治理能力现代化、建设更高水平的法治中国提供了根本遵循

续表

重大意义	内容
习近平法治思想是引领法治中国建设实现高质量发展的思想旗帜	习近平法治思想从全面建设社会主义现代化国家的目标要求出发,立足新发展阶段、贯彻新发展理念、构建新发展格局的实际需要,提出了当前和今后一个时期全面依法治国的目标任务,为实现新时代法治中国建设高质量发展提供了强有力的思想武器。要毫不动摇地坚持习近平法治思想在全面依法治国工作中的指导地位,把习近平法治思想贯彻落实到全面依法治国全过程和各方面,转化为做好全面依法治国各项工作的强大动力,转化为推进法治中国建设的思路举措,转化为建设社会主义法治国家的生动实践,不断开创法治中国建设新局面。要坚持以习近平法治思想为指引,深化依法治国实践,准确把握全面依法治国工作布局,全面推进国家各方面工作法治化,认真贯彻"一规划两纲要"各项部署要求,奋力推进新时代法治中国建设高质量发展

考点三:习近平法治思想的核心要义

核心要义	内容
坚持党对全面依法治国的领导	(1)党的领导是中国特色社会主义法治之魂; (2)全面依法治国是要加强和改善党的领导; (3)坚持党的领导、人民当家作主、依法治国有机统一; (4)坚持党领导立法、保证执法、支持司法、带头守法; (5)健全党领导全面依法治国的制度和工作机制
坚持以人民为中心	(1)以人民为中心是中国特色社会主义法治的根本立场; (2)坚持人民主体地位; (3)牢牢把握社会公平正义的价值追求; (4)推进全面依法治国的根本目的是依法保障人民权益
坚持中国特色社会主义法治道路	(1)中国特色社会主义法治道路是建设中国特色社会主义法治体系、建设社会主义法治国家的唯一正确道路。 (2)中国特色社会主义法治道路的核心要义: ①坚持党的领导。坚定不移走中国特色社会主义法治道路,最根本的是坚持中国共产党的领导。 ②坚持中国特色社会主义制度。中国特色社会主义制度是中国特色社会主义法治体系的根本制度基础,是全面推进依法治国的根本制度保障。 ③贯彻中国特色社会主义法治理论。中国特色社会主义法治理论是中国特色社会主义法治体系的理论指导和学理支撑,是全面推进依法治国的行动指南
坚持依宪治国、依宪执政	(1)坚持依法治国首先要坚持依宪治国,坚持依法执政首先要坚持依宪执政: ①这是宪法的地位和作用决定的; ②坚持依宪治国,是推进全面依法治国、建设社会主义法治国家的基础性工作,科学回答了宪法如何更好促进全面建设社会主义现代化国家的关键性问题; ③坚持依宪执政,体现了中国共产党作为执政党的执政理念,体现了我们党对执政规律和执政方式的科学把握。 (2)宪法是国家的根本法,是治国理政的总章程:宪法是国家的根本法,是治国理政的总章程,是党和人民意志的集中体现,具有最高的法律地位、法律权威、法律效力。 (3)全面贯彻实施宪法:是建设社会主义法治国家的首要任务和基础性工作。 (4)推进合宪性审查工作:完善宪法监督制度,必须积极稳妥推进合宪性审查工作,加强备案审查制度和能力建设,依法撤销和纠正违宪违法的规范性文件,维护宪法权威,必须加强宪法解释工作,积极回应涉及宪法有关问题的关切,努力实现宪法稳定性和适应性的统一。 (5)深入开展宪法宣传教育

核心要义	内容
坚持在法治轨道上推进国家治理体系和治理能力现代化	(1)全面依法治国是国家治理的一场深刻革命; (2)法治是国家治理体系和治理能力的重要依托; (3)更好发挥法治固根本、稳预期、利长远的保障作用; (4)坚持依法治军、从严治军; (5)坚持依法保障"一国两制"实践与推进祖国统一; (6)坚持依法治网
坚持建设中国特色社会主义法治体系	(1)推进全面依法治国的总目标和总抓手; (2)建设完备的法律规范体系; (3)建设高效的法治实施体系; (4)建设严密的法治监督体系; (5)建设有力的法治保障体系; (6)建设完善的党内法规体系
坚持依法治国、依法执政、依法行政共同推进,法治国家、法治政府、法治社会一体建设	全面依法治国是一个系统工程: 要坚持系统观念,准确把握全面依法治国工作布局,坚持依法治国、依法执政、依法行政共同推进,法治国家、法治政府、法治社会一体建设。依法治国、依法执政、依法行政是一个有机整体,关键在于党要坚持依法执政、各级政府要坚持依法行政。法治国家、法治政府、法治社会三者各有侧重、相辅相成,法治国家是法治建设的目标,法治政府是建设法治国家的主体,法治社会是构筑法治国家的基础。
坚持全面推进科学立法、严格执法、公正司法、全民守法	(1)科学立法、严格执法、公正司法、全民守法是推进全面依法治国的重要环节; (2)推进科学立法; (3)推进严格执法; (4)推进公正司法; (5)推进全民守法
坚持统筹推进国内法治和涉外法治	(1)统筹推进国内法治和涉外法治是全面依法治国的迫切任务; (2)加快涉外法治工作战略布局; (3)加强对外法治交流合作; (4)为构建人类命运共同体提供法治保障
坚持建设德才兼备的高素质法治工作队伍	(1)建设一支德才兼备的高素质法治工作队伍至关重要; (2)加强法治专门队伍建设; (3)加强法律服务队伍建设; (4)加强法治人才培养
坚持抓住领导干部这个"关键少数"	(1)领导干部是全面依法治国的关键; (2)领导干部要做尊法学法守法用法的模范; (3)领导干部要提高运用法治思维和法治方式的能力; (4)党政主要负责人要履行推进法治建设第一责任人职责

考点四:习近平法治思想的实践要求

实践要求	内　容
充分发挥法治对社会发展的保障作用	(1)以法治保障经济发展; (2)以法治保障政治稳定; (3)以法治保障文化繁荣; (4)以法治保障社会和谐; (5)以法治保障生态良好
正确认识和处理全面依法治国一系列重大关系	(1)政治和法治; (2)改革和法治; (3)依法治国和以德治国; (4)依法治国和依规治党

法　理　学

第一章　法的本体

本章主要论述法的本体，包括法的概念、法的价值、法的要素、法的渊源、法的效力、法律部门与法律体系、法律关系和法律责任等内容。本章在法理学部分属于核心理论，所以考试中所占分值最多，需要予以特别重视。其中，对法的渊源、法的效力、法律关系、法的要素、法的作用等部分要尤为注意。

第一节　法的概念

考点一：法的概念的学说

命题题眼

依据在定义法的概念时对法与道德的关系的不同主张，我们可以将对法的概念区分出两种基本立场，即实证主义的法的概念和非实证主义或者自然法的概念。所有的实证主义理论都主张，法和道德是分离的。具体来说，实证主义认为，在法与道德之间，在法律命令什么与正义要求什么之间，在"实际上是怎样的法"与"应该是怎样的法"之间，不存在概念上的必然联系；与此相反，所有的非实证主义理论都主张，在定义法的概念时，道德因素被包括在内，即法与道德是相互联结的。

法实证主义者是以下列两个要素定义法的概念的：社会实效和权威性制定。我们可以将法实证主义者的法的概念区分为两大类：以社会实效为首要定义要素的法的概念；以权威性制定为首要定义要素的法的概念。"首要"意味着一类法的概念的定义要素并不绝对排除另一类法的概念的定义要素。以社会实效为首要定义要素的法的概念的主要代表是法社会学和法现实主义；以权威性制定为首要定义要素的法的概念的主要代表是分析主义法学，代表人物有奥斯丁、哈特和凯尔森。

非实证主义者以内容正确性为法的概念的一个必要的定义要素。这就意味着这类法的概念中不排除社会实效要素和权威性制定要素。也就是说，非实证主义的法的概念中不仅以内容正确性为定义要素，同时可以包括社会实效要素和权威性制定要素。我们可以将非实证主义的法的概念分为两类：以内容的正确性为法的概念的唯一定义要素；将内容正确性与权威性制定和社会实效要素同时作为法的概念的定义要素。前者是以传统的自然法理论为代表，后者的代表是超越自然法与实证主义之争的所谓第三条道路的那些法学理论，代表人物有阿列克西。

历年试题

2015 年试卷一第 90 题："法学作为科学无力回答正义的标准问题，因而是不是法与是不是正义的法是两个必须分离的问题，道德上的善或正义不是法律存在并有效力的标准，法律规则不会因违反道德而丧失法的性质和效力，即使那些同道德严重对抗的法也依然是法。"关于这段话，下列说法正确的是：

A. 这段话既反映了实证主义法学派的观点，也反映了自然法学派的基本立场

B. 根据社会法学派的看法，法的实施可以不考虑法律的社会实效

C. 根据分析实证主义法学派的观点，内容正确性并非法的概念的定义要素

D. 所有的法学学派均认为，法律与道德、正义等在内容上没有任何联系

答案：C。

考点二：法的本质和法的现象

命题题眼

1. 法的本质和法的现象的定义

"法是什么"的问题是法的本体论问题，而法的本质是法的本体论中的核心问题。

马克思主义认为，本质和现象分别是从事物的根据和表现两个方面把握事物。本质是事物的内在联系，是决定客观事物存在的根据；现象则是事物的外在表现和外部联系，是本质的表现形式。本质和现象是一对辩证的范畴，构成事物统一的、不可分割的两个方面。

依照这个马克思主义的基本原理，法的现象是指能够凭借经验或直观的方式认识的法的外部联系的总和，是直观的感性对象——法本身。法的本质深藏于法的现象背后，以致凭借直观的方式无法把握法的内在联系，它是人们对可感知的法的外部联系的真实本源的一种主观把握和理性抽象。

2. 马克思主义关于法的本质的基本观点

法的本质是一个多层次的结构，不同层次的法的本质内在地联系在一起，共同构成了法的本质。

法的这种本质上的层次性表现为以下几点。

(1)法的本质首先表现为法的正式性,即法的国家性,这是指法是由国家制定、认可并由国家强制力保证实施的官方的行为规范。法的正式性体现在:法总是由公共权力机关按照一定的权限和程序制定或认可的;法总是依靠正式的权力机制保证实现;法总是借助于正式的表现形式予以公布。

(2)法的本质其次反映为法的阶级性,即在阶级对立社会里,法所体现的国家意志实际上是统治阶级意志,国家意志就是法律化的统治阶级意志。

(3)法的本质最后体现为法的物质制约性,即法的内容受社会存在的制约。统治阶级意志的内容即法的内容并非凭空产生的,也不是该阶级所固有的,而是来源于一定物质资料生产方式所决定的社会共同利益和需要的阶级性选择。

综上所述,立法者不是在创造法律,而只是在表述法律,是将社会生活中客观存在的包括生产关系、阶级关系、亲属关系等在内的各种社会关系以及相应的社会规范和社会需要上升为国家的法律,并运用国家权威予以保护。所以,法的本质是正式性、阶级性和物质制约性的统一。

3. 国法

国法是特定国家现行有效的法,其外延包括:(1)国家专门机关(立法机关)制定的法;(2)法院或者法官在判决中创制的规则(判例法);(3)国家通过一定方式认可的习惯法;(4)其他执行国法职能的法。

历年试题

2021年试卷一考生回忆版:关于法的概念与本质,下列说法正确的是?

A. 是否承认"法律是最低限度的道德",是区分实证主义与非实证主义的主要标准

B."法律的生命不在于逻辑,而在于经验",这种观点应属于社会法学派的基本观点

C. 按照马克思主义法学派的观点,法律是社会共同体意志的体现

D. 是否承认社会实效是法的构成要素,是区分分析法学派与社会法学派的主要标准

答案:B。

强化模拟题

1. 关于法的本质,以下说法中哪一项是不正确的?

A. 法是由国家制定或认可的并由国家强制力保证实施的正式的官方确定的行为规范,也就是说法的本质最初表现为法的正式性

B. 在阶级社会中,阶级对立使得法所体现的国家意志实际上是统治阶级的意志,但法律的阶级性并不完全排除法在一定程度上反映被统治阶级的意志

C. 法律的内容是受一定社会因素制约的,由一定的社会物质生活条件来决定

D. 由于法律最终体现为法的社会性,所以法律最终决定于历史传统、风俗习惯、国家结构、国际环境等条件

答案:D。

2. 马克思曾说:"但社会不是以法律为基础的。那是法学家们的幻想。相反地,法律应该以社会为基础。法律应该是社会共同的、由一定物质生产方式所产生的利益和需要的表现,而不是单个的个人恣意横行。"根据这段话所表达的马克思主义法学原理,下列哪一选项是正确的?

A. 强调法律以社会为基础,这是马克思主义法学与其他派别法学的根本区别

B. 法律在本质上是社会共同体意志的体现

C. 在任何社会,利益需要实际上都是法律内容的决定性因素

D. 特定时空下的特定国家的法律都是由一定的社会物质生活条件所决定的

答案:D。马克思主义法学强调法律以社会为基础,但这不是马克思主义法学与其他法学的根本区别,有些学派如社会法学派,也特别重视社会对法律的制约作用。所以,A项错误。马克思主义法学认为,法的本质其次反映为法的阶级性,即在阶级对立社会里,法所体现的国家意志实际上是统治阶级意志,国家意志就是法律化的统治阶级意志。法的本质最后体现为法的物质制约性,即法的内容受社会存在的制约。统治阶级意志的内容即法的内容并非凭空产生的,也不是该阶级固有的,而是源于一定物质资料生产方式所决定的社会共同利益和需要的阶级性选择。所以,BC错误,D正确。

考点三:法的特征

命题题眼

1. 法是调整人的行为的社会规范,即法具有规范性

(1)法是规范。规范指行为的标准、尺度、准则。规范包括技术规范和社会规范。纯技术规范调整的对象是人与自然的关系,是规定人们如何使用自然力、生产工具等的规范,以有效地利用生产工具。社会规范是指人和人相处的准则,也是维系社会本身存在的制度和价值。

(2)法律是社会规范之一。法律属于社会规范,调整的是社会中人和人之间的法律关系。社会规范

有多种(道德、习惯等),法律是社会规范之一。

(3)作为社会规范,法律不同于自然法则。自然法则是自然现象之间的联系,自然现象的存在与人的思维和行动无关。法作为社会规范,是无数个人思维和行动的结果。

2. 法是由公共权力机构制定或认可的具有特定形式的社会规范,即法具有国家意志性

(1)法区别于其他社会规范的主要特点在于:法是由国家制定或认可的;其他社会规范或出于自发形成,或出于某一社会自治组织、宗教团体、生活单位,但都非出于公共权力机构。

(2)制定或认可是法形成的两种基本方式。制定法律,即由享有国家立法权的机关,按照一定的权限划分,依照法定的程序将掌握政权阶级的意志转化为法律;认可法律,是指国家立法机关依照法定职权和程序赋予社会中已有的社会规范法的效力。

3. 法是具有普遍性的社会规范,即法具有普遍性

(1)普遍有效性,即法在其管辖范围内,具有普遍的效力和约束力。

(2)普遍平等对待性,即法律面前人人平等,法律平等地对待所有人。

(3)普遍一致性,即尽管具有民族性和地域性,但是法的内容始终具有与人类的普遍要求相一致的趋向。

4. 法是以权利义务为内容的社会规范

法是通过规定人们的权利和义务,以权利和义务为机制,影响人们的行为动机,指引人们的行为,调节社会关系的。法所规定的权利和义务不仅指个人、组织及国家的权利和义务,还包括国家机关及其公职人员在依法执行公务时所行使的职权和职责。

5. 法是以国家强制力为后盾,通过法律程序保证实现的社会规范,即法具有强制性

(1)任何规范都有保障自己实现的力量,一定程度上都有强制性。

(2)这种国家暴力是有法律根据的,即在行使时要符合实体法和程序法两方面的要求。

6. 法是可诉的规范体系,具有可诉性

法的可诉性是指法律具有被任何人在法律规定的机构中通过运用争议解决程序维护其自身权利的可能性。

历年试题

2020年试卷一考生回忆版:法谚云:“习惯在于自觉遵守,而法律在于强制服从。”关于法律和习惯的说法,下列选项正确的是:

A. 法律不被施行则不具有实效性

B. 法律不被遵守则不具有强制力

C. 习惯不具有强制力

D. 习惯具有成文性

答案:A。

考点四:法的作用

命题题眼

1. 法的作用概述

(1)法的作用泛指法对社会发生的影响。

(2)唯物史观对法的作用的解说:

①法的作用是生产关系自身力量的体现;

②法的作用直接表现为国家权力的行使;

③法的作用本质上是社会自身力量的体现。

(3)法的作用可以分为规范作用和社会作用。

2. 法的规范作用

从法是一种社会规范的角度来看,法具有规范作用,规范作用是法作用于社会的特殊形式。法的规范作用包括指引、评价、教育、预测和强制五种。

(1)指引作用,是指法对本人的行为具有引导作用。注意:法指引的是本人或同类人的行为。

首先,从指引对象上看,指引有两种形式:

①个别性指引,即通过具体指示形成对具体人的具体情况的指引;

②规范性指引,即通过一般规则对同类人或行为的指引。

其次,从立法技术上看,指引有两种方式:

①确定的指引,即通过设置法律义务,使社会成员明确自己必须从事和不得从事的行为界限;

②不确定的指引,又称选择的指引,即通过告知法律权利,使社会成员明确自己可以选择的行为范围。

(2)评价作用,是指法律作为一种行为标准,具有判断、衡量他人行为合法与否的评判作用。注意:其所评价的是他人的行为。法律的评价较其他规范的评价更为客观并普遍有效。

(3)教育作用,是指通过法的实施使法律对一般人的行为产生影响。表现在国家或社会把法律作为一种占支配地位的意识形态向人们灌输,使之渗透或内化于人们的心中,并借助于人们的行为进一步传播。教育作用又具体分为示范作用和示警作用。示范作用,比如对合法行为的认同和鼓励可以对本人或一般人的行为起到示范作用。示警作用,比如对违法行为的制裁不仅对违法者起到教育作用,而且可以教育其他人,今后谁再作出此类行为也将受

到同样的惩罚。

(4)预测作用，是指凭借法律的存在，可以预先估计到人们相互之间会如何行为。特别是可以预测出国家机关及其工作人员将如何对待人们，进而根据这种预知来作出行动安排和计划。法的预测作用可以减少行动的偶然性和盲目性，提高行动的实际效果。

(5)强制作用，是指法可以通过制裁违法犯罪行为而迫使人们遵守法律。通过强制也可以加强法的权威性，保护人们的正当权利，增强人们的安全感。

3. 法的社会作用

从法的本质和目的的角度来看，法具有社会作用。法的社会作用涉及经济生活、政治生活和思想文化生活三个领域，同时涉及政治职能和社会职能两个方向。法的社会作用是建立和维持一定的政治统治秩序和社会公共秩序。

4. 法的局限性

法律不是万能的，这意味着法律的作用有其一定的限度或局限性。原因在于：

(1)法律是以社会为基础的，因此它不可能超出社会发展的需要，在社会现实先于法律规定发生变化的情况下，法律可能会滞后或出现漏洞。

(2)法律只是社会规范之一，它不是调整社会关系的唯一方法，法律要受到其他社会规范、社会条件和社会环境的制约。

(3)法的作用范围不是无限的，有些社会关系不适宜用法律来调整，如友谊关系、恋爱关系。

(4)法律自身条件的制约，如语言表达的局限。

历年试题

2011 年试卷一第 89～91 题：2011 年 7 月 5 日，某公司高经理与员工在饭店喝酒聚餐后表示：别开车了，“酒驾”已入刑，咱把车推回去。随后，高经理在车内掌控方向盘，其他人推车缓行。记者从交警部门了解到，如机动车未发动，只操纵方向盘，由人力或其他车辆牵引，不属于酒后驾车。但交警部门指出，路上推车既会造成后方车辆行驶障碍，也会构成对推车人的安全威胁，建议酒后将车置于安全地点，或找人代驾。鉴于我国对“酒后代驾”缺乏明确规定，高经理起草了一份《酒后代驾服务规则》，包括总则、代驾人、被代驾人、权利与义务、代为驾驶服务合同、法律责任等共六章二十一条邮寄给国家立法机关。请回答第 89～91 题。

89. 关于高经理和公司员工拒绝“酒驾”所体现的法的作用，下列说法正确的是：

A. 法的指引作用　　B. 法的评价作用

C. 法的预测作用　　D. 法的强制作用

答案：A。高经理和公司员工拒绝“酒驾”体现了法对人的行为具有引导作用，所以，A 项应选。高经理和公司员工拒绝“酒驾”的行为为自身的行为，不涉及他人的行为，故不可能体现法的评价作用。因此 B 项的说法不正确。高经理和公司员工拒绝“酒驾”的行为非为人们相互之间的行为，故不可能体现法的预测作用。因此 C 项的说法不正确。高经理和公司员工拒绝“酒驾”的行为非为违法者的行为，故不可能体现法的强制作用。因此 D 项的说法不正确。

90. 关于交警部门的推车前行不属于“酒驾”的解释，下列判断不正确的是：

A. 属于司法解释　　B. 属于行政解释

C. 直接运用了类比推理　　D. 运用了演绎推理

答案：ABC。交警部门不是司法解释和行政解释的主体，所以，A、B 项错误。类比推理是从个别到个别的推论，所以，C 项错误。演绎推理是从大前提和小前提中必然地推导出结论或结论必然地蕴涵在前提之中的推论。所谓大前提是因为该命题代表整体，所谓小前提则代表整体中的人或事。演绎推理是从一般到个别的推论。其经典的方法是三段论。题目告诉我们：“记者从交警部门了解到，如机动车未发动，只操纵方向盘，由人力或其他车辆牵引，不属于酒后驾车。”交警部门的推车前行不属于“酒驾”的解释显然是根据演绎推理而得出的结论。因此 D 项的判断正确，不符合题目要求。

91. 关于高经理起草的《酒后代驾服务规则》，下列说法不正确的是：

A. 属于民法商法规则　　B. 是立法议案

C. 是正式的法的渊源　　D. 是规范性法律文件

答案：ABCD。高经理起草的《酒后代驾服务规则》是公民的立法建议，A、B、C、D 项均不正确。

2014 年试卷一第 10 题：关于法的规范作用，下列哪一说法是正确的？

A. 陈法官依据诉讼法规定主动申请回避，体现了法的教育作用

B. 法院判决王某行为构成盗窃罪，体现了法的指引作用

C. 林某参加法律培训后开始重视所经营企业的法律风险防控，反映了法的保护自由价值的作用

D. 王某因散布谣言被罚款 300 元，体现了法的强制作用

答案：D。

第二节　法 的 价 值

考点一：法的价值的含义

命题题眼

法的价值是指法这种规范体系(客体)有哪些为

人(主体)所重视、珍视的性状、属性和作用。

这一定义包括三层含义:

(1)法的价值体现的是一种主客体之间的关系,即作为主体的人对作为客体的法律的认识。因而,不是人受制于法律,而是法对于人的需要的满足,这是法的价值概念存在的基础。

(2)法的价值体现的是法律对于人们的正面意义,即法的价值代表人们对美好事物(如正义、秩序等)的追求。

(3)法的价值既包括对实然法的认识,即认识法的要素、法的结构、法的实施等对于人的意义;也包括对应然法的追求,即在价值目标的引导下,评判、追寻什么样的法律才最符合人们的需要的问题。

考点二:法的价值判断和事实判断

命题题眼

人们对于法律问题的认识与审视,大致可以包括两个基本的方面:一是人们必须从自身的需要出发,来衡量法律的存在与人的关系以及对人的价值和意义,这就是价值性认识。二是对法律问题进行符合其本来面目的反映和描述,这种认识也可以称为事实性认识。由此种认识出发,对于法律问题的判断也可以分为两类:一是价值判断;二是事实判断。

所谓价值判断,即关于价值的判断,是指某一特定的客体对特定的主体有无价值、有什么价值、有多大价值的判断。将其引入法学领域,意味着就法律所拟定的原则、规则、制度等客观存在(客体),人们必须从它们能否体现和满足人们的需要,能否有更为理想的原则、规则、制度存在等角度来分析法律,从而涉及法律的应然状态和理想追求问题。

所谓事实判断,在法学上是用来指称对客观存在的法律原则、规则、制度等所进行的客观分析与判断。换句话说,与价值判断不同的是,法律中的事实判断主要解决客观存在的法律究竟是怎样的这一问题,它并不主张或者说根本抵制从“应然”的角度追问法律应当怎样的问题。在法学思潮上,代表事实判断的研究方法主要是三类:一是规范分析方法,强调研究法律规范本身存在的机制、蕴涵的意义、解决的问题等,这以凯尔森的纯粹分析法学为代表。二是社会实证方法,认为对法律问题的研究应当将之置于社会存在的具体环境中,用社会需求、社会效果等标准来判断法律的正当性。法社会学所采用的正是这种方法。三是历史实证方法,即认为只有对历史上法律资料进行挖掘,才能证成法律沿革的脉络。历史法学派正是通过这种方法来研究现行法律的制定问题。

强化模拟题

贾律师在一起未成年人盗窃案件辩护意见中写道:“首先,被告人刘某只是为了满足其上网玩耍的欲望,实施了秘密窃取少量财物的行为,主观恶性不大;其次,本省盗窃罪的追诉限额为800元,而被告所窃财产评估价值仅为1050元,社会危害性较小;最后,被告人刘某仅从这次盗窃中分得200元,收益较少。故被告人刘某的犯罪情节轻微,社会危害性不大,主观恶性小,依法应当减轻或免除处罚。”关于该意见,下列哪些选项是不正确的?

A. 辩护意见既运用了价值判断,也运用了事实判断

B.“被告人刘某的犯罪情节轻微,社会危害性不大,主观恶性小,依法应当减轻或免除处罚”,属于事实判断

C.“本省盗窃罪的追诉限额为800元,而被告所窃财产评估价值仅为1050元”,属于价值判断

D. 辩护意见中的“只是”“仅为”“仅从”这类词汇,属于法律概念

答案:BCD。“被告人刘某的犯罪情节轻微,社会危害性不大,主观恶性小,依法应当减轻或免除处罚”,属于价值判断;“本省盗窃罪的追诉限额为800元,而被告所窃财产评估价值仅为1050元”,属于事实判断,故B、C项错误,A项正确;辩护意见中的“只是”“仅为”“仅从”这类词汇,不属于法律概念,法律概念不涉及权利义务的分配,不对法律主体的行为作出指示或提出要求,而是仅仅对法律中的一些重要的概念作出解释、说明与界定,故D项错误。综上,应选B、C、D项。

考点三:法的价值的种类

命题题眼

1. 秩序

(1)秩序的含义

法学上所言的秩序,主要是指社会秩序,它是指通过法律机构、法律规范、法律权威所形成的法律状态。社会的存续必须确立基本的秩序形式,法律总是用以促进秩序的。但不同的法律所促进的秩序的性质、内容不同。

(2)秩序成为法的价值的原因

①任何社会统治的建立都意味着一定统治秩序的形成。无秩序即无社会,也无法律。

②由秩序本身的性质所决定。秩序总是意味着在社会生活中存在某种程度的关系的稳定性、进程的连续性、行为的规则性以及财产和心理的安全性,这恰与法律的功用相契合。

③秩序是法的其他价值的基础与必要保障。追求秩序是法律的基础性价值,在秩序有保障的情况下,才可能去追求自由、平等、正义等。

2. 自由

(1)自由的含义

从哲学上而言,自由是指在没有外在强制的情况下,能够按照自己的意志进行活动的能力。

作为法的价值,自由意味着法以确认、保障人的按照自己的意志进行活动的能力为己任,力求使主体与客体之间能够达到一种和谐的状态。

(2)法与自由的关系

①法律是自由的保障。法律最本质的价值是“自由”。

②自由可以成为一种评价标准,用以衡量国家的法律是不是“真正的法律”。任何不符合自由要求的法律都不能称为真正意义上的法律,“恶法非法”。

③法律体现自由符合人性的需要。自由体现了人性最深刻的需要,自由是人类活动的基本目的之一,法律只有体现了自由的价值,才能具有提升人的价值、维护人的尊严的重大意义。

3. 人权

人权是指每个人作为人应该享有或者享有的权利。这个定义包括以下三个方面:第一,人权是一种权利。第二,人权来自“人自身”。第三,人之所以作为人应该享有哪些权利即人权的具体内容包括什么。其中,第二种含义是关键和核心。人权概念是一个历史概念,其具体内容和范围总是随着人类历史的发展而变化。

为了尽可能地保证人们在事实上享有与实现人权,人权就必须尽可能地被转化为法律权利。人权既可以作为道德权利,也可以作为法律权利,法能够促进与保证人权的实现。

4. 正义

(1)正义的含义

正义,作为一个关系的范畴,是指在涉及利害关系的场合,要求恰当地对待他人的观念形态,即“各得其所”“恰如其分”;就实质内容而言,正义又体现为平等、公正的具体形态。

(2)法律实现正义的方式

①正义是法的基本标准。法律只有合乎正义的准则才是真正的法律,否则只是推行专制的工具。

②正义是法的评价体系。其一,正义是法律必须弘扬与实现的价值;其二,正义可以成为独立于法之外的价值评判标准,可以用来衡量法律是“良法”还是“恶法”。

③正义推动着法律的进化。这体现在法的精神、法的地位、法律的结构、法律的实效等方面。

历年试题

2016 年试卷一第 88 题:“法律只是在自由的无意识的自然规律变成有意识的国家法律时,才成为真正的法律。哪里法律成为实际的法律,即成为自由的存在,哪里法律就成为人的实际的自由存在。”关于该段话,下列说法正确的是:

A. 从自由与必然的关系上讲,规律是自由的,但却是无意识的,法律永远是不自由的,但却是有意识的

B. 法律是“人的实际的自由存在”的条件

C. 国家法律须尊重自然规律

D. 自由是评价法律进步与否的标准

答案:BCD。

2017 年试卷一第 88 题:在小说《悲惨世界》中,心地善良的冉阿让因偷一块面包被判刑,他认为法律不公并屡次越狱,最终被加刑至 19 年。他出狱后逃离指定居住地,虽隐姓埋名却仍遭警探沙威穷追不舍。沙威冷酷无情,笃信法律就是法律,对冉阿让舍己救人、扶危济困的善举视而不见,直到被冉阿让冒死相救,才因法律信仰崩溃而投河自尽。对此,下列说法正确的是:

A. 如果认为不公正的法律不是法律,则可能得出冉阿让并未犯罪的结论

B. 沙威“笃信法律就是法律”表达了非实证主义的法律观

C. 冉阿让强调法律的正义价值,沙威强调法律的秩序价值

D. 法律的权威源自人们的拥护和信仰,缺乏道德支撑的法律无法得到人们自觉的遵守

答案:ACD。

2018 年试卷一考生回忆版:下列关于人权的说法,错误的是:

A. 人权与法律权利在内容上是一致的

B. 人权的存在和发展是社会经济、文化发展的结果

C. 人权的主体要比公民权的主体宽泛,不仅包括个体人权,还包括集体人权

D. 为了更好地保护人权,人权应当被尽可能地法律化

答案:A。人权是法律权利的基础,从本质上讲,人权属于一种不依赖于法律规定即可存在的道德性权利,人权的内容只有在被法律确认之后才能变成法律权利,而并非所有的人权都会被法律确认,因此,人权的内容与法律权利的内容不可等同。

第三节 法的要素

考点一:法律规则

命题题眼

1. 法律规则的含义及特点

法律规则是采取一定的结构形式具体规定人们的法律权利、法律义务以及相应的法律后果的行为

规范。法律规则以其法律上的权利、义务、责任的准则、标准的规定,赋予某种事实状态以法律意义的指示。法律规则的特点为:

(1)微观的指导性。规则可以指引人们行为的方向和方式。

(2)明确性。唯有法律规则是明确的,才能指引人们的行为。但是法律规则又不可避免地存在模糊性。因而,要求法具有相对的确定性。

(3)可操作性。只要一个具体案件符合规则设定的事实状态,执法人员可直接适用该规则,一般公民也能较容易地依据规则选择自己的行为方式。

2. 法律规则的逻辑结构

(1)含义。法律规则的逻辑结构,是指法律规则诸要素的逻辑联结方式,即法律规则的构成要素和这些要素如何联结。

(2)逻辑结构。规则有较为严密的逻辑结构,包括假定条件、行为模式和法律后果三个部分。

①假定条件,即对行为发生的时空、各种条件等事实状态的预设。

②行为模式,即权利和义务的规定,是法律规则中规定人们具体行为方式的部分,它包括三种类型:可为模式(权利的规定)、应为模式(命令式义务的规定)、勿为模式(禁止式义务的规定)。

③法律后果,是指法律规则中规定人们在作出符合或不符合行为模式要求的行为时应当承担的结果的部分,包括肯定式后果和否定式后果。

3. 法律规则与语言

(1)一切法律规范都必须以作为"法律语句"的语句形式表达出来,具有语言的依赖性。离开了语言,法律就无以表达、记载、解释和发展。法律与语言的这个密切关系,就决定了法律人对语言的驾驭能力的重要性。

(2)法律规则是通过特定语句表达的,但是,法律人适用法律解决具体案件时适用的不是语句自身或语句所包含的字或词的本身,而是语句所表达的意义。因此,我们要将法律规则与表达法律规则的语句予以区分。例如,我国《宪法》第38条规定:"中华人民共和国公民的人格尊严不受侵犯。禁止用任何方法对公民进行侮辱、诽谤和诬告陷害。"这个法律条款或语句所表达的意义就是一个法律规则,即"中华人民共和国公民享有人格尊严的权利"。

(3)解释法律实质上就是要揭示法律条文的字词所表达的意义。语言的意义具有歧义性和模糊性,这就说明了法律为什么需要解释,也表明了法律是开放的而不是封闭的。

(4)表达法律规则的特定语句往往是一种规范语句。根据规范语句所运用的助动词的不同,规范语句可以被区分为命令句和允许句。命令句是指使用了"必须"、"应当"或"禁止"等这样一些道义助动词的语句;允许句是指使用了"可以"这类道义助动词的语句。但是,这并不意味着所有的法律规则都是以规范语句的形式表达的,而是可以用陈述语气或陈述句表达。

4. 法律规则与法律条文的区别

(1)一个完整的法律规则分布在不同的法律条文中,例如,赡养的义务这一行为模式在《民法典》中规定,遗弃的法律后果则在《刑法》中规定。

(2)一个条文包含不同的法律规则,例如,《宪法》第49条第4款规定:"禁止破坏婚姻自由,禁止虐待老人、妇女和儿童。"

5. 法律规则的分类

按照不同的标准可以对法律规则进行不同的分类:

(1)授权性规则与义务性规则。这是按照内容规定不同而进行的分类。授权性规则,是指规定人们有权作出一定行为或不作出一定行为的规则。义务性规则,是指规定人们应当作出或不作出某种行为的规则,它又包括:命令性规则和禁止性规则。

(2)确定性规则、委任性规则和准用性规则。这是按照法律规则的内容确定性不同而进行的分类。确定性规则,是指内容本已明确肯定,无须再引用或参照其他规则来确定其内容的法律规则。委任性规则,是指内容尚未确定,而只规定某种概括性指示,由相应国家机关通过相应途径或程序加以确定的法律规则。准用性规则,是指内容本身没有规定具体的行为模式,而可以援引或者参照其他相应内容规定的法律规则。

(3)强制性规则和任意性规则。这是按照规则对人们行为规定和限定范围或程度不同而进行的分类。强制性规则,是指内容规定具有强制性质,不允许人们加以更改的法律规则。任意性规则,是指允许人们在一定范围内自行选择或协商以确定为与不为、为的方式以及权利义务内容的法律规则。

历年试题

2018年试卷一考生回忆版:下列关于法律规则、法律原则和法律条文的说法,错误的是:

A. 法律规则在逻辑上由假定条件、行为模式和法律后果三部分组成,上述任何一个部分,在具体条文的表述中,均可能被省略

B. 法律条文既可以表达法律规则,也可以表达法

律原则,还可以表达规则或原则以外的内容,而规范性条文就是直接表达法律规则的条文

C. 在诉讼过程中,与当事人有利害关系的,应当回避,这是一个法律原则,其行为模式为应为模式

D. 法律规则与法律条文的关系为内容与形式的关系,因此,法律规则既可以通过法律条文来表达,也可以通过法律条文以外的形式来表达,典型如判例和习惯

答案:BC。法律规则的逻辑结构三要素,在表述中均可以被省略,在逻辑上缺一不可,故A项正确。规范性条文指的是直接表达法律规范的条文,因此B项错误。C项前半句正确,但要注意,假定条件、行为模式和法律后果是规则的逻辑结构。换句话说,这些只用来描述规则,对于原则不适用,所以C项错误。D项正确,规则和条文的关系为内容与形式的关系,二者可以随意对应,规则可以通过条文来表述,也可以通过条文以外的其他形式,如判例和习惯来表述。条文既可以表达规则这一内容,也可以表达规则以外的其他内容,如法律概念、法律原则等。

2021年试卷一考生回忆版:一切规则皆有例外,例外也明示规则。这句话说明了什么?

A. 规则具化原则,原则证成规则

B. 规则为原则之例外

C. 规则有漏洞,原则无歧义

D. 规则乃共通原则,原则就是特别规则

答案:A。法律规则是以法律原则为前提或基础的,是法律原则或理念和价值的具体化和详细化。

强化模拟题

1. 我国《民法典》第1070条规定:“父母和子女有相互继承遗产的权利。”下列选项说法正确的是(　　)。

A. 这一法律条文仅规定了法律规则的“行为模式”

B. 这一法律条文规定了法律规则的“假定条件”和“行为模式”

C. 这一法律条文规定了法律规则的“假定条件”、“行为模式”和“法律后果”

D. 以上选项都不对

答案:A。这一条文仅规定了法律规则的“行为模式”,即具体规定人们可以做什么。

2. 学生甲和学生乙就法、法律规范的概念展开讨论。学生甲的论点是:①法与法律规范的概念完全相同,因为法的构成要素等同于法律规范的构成要素;②所有的法和法律规范都是通过法律条文来表述的;③表述法和法律规范内容的文件被称为“规范性法律文件”。学生乙的论点是:①法的要素不能等同于法律规范的构成要素;②并不是所有的法都表现为法律条文形式,但所有的法律规范都是通过法律条文来表述的;③同一个法律规范可以通过一个法律条文来表述,也可以通过若干个法律条文来表述。

对上述论点进行分析,下列选项哪些是正确的?

A. 学生甲的论点①和论点②

B. 学生甲的论点③和学生乙的论点③

C. 学生乙的论点①

D. 学生乙的论点②

答案:BCD。本题考查法律规范的概念。(1)法的要素是指构成法的整体而相互作用的基本元素,包括法律原则、法律概念及法律规则。所以学生甲的论点①是错的,A项不正确;学生乙的论点①是正确的,C项正确。(2)规范性法律文件通常是若干法律规范的集合体,即将关于某一类或相近的几类社会关系的规定集中于有一个总名称、贯穿了共同原则的法律文本中,这些规定在这一文本中有较严密的逻辑关系。规范性法律文件除了以法律规范为主体外,还包括诸如规定法的原则、概念、技术性规定等内容的非规范性条文。所以学生甲的论点③是正确的。(3)法律规范是行为规则本身或法的主体,而法律条文则是法律规范的外部表现形式,法律规范的表述有时是通过几个法律条文一起完成的。所以学生乙论点③是正确的,B项正确。(4)有些习惯法并不是以法律条文的形式出现,所以学生乙的论点②正确,D项是正确的。

3. 甲、乙签订一份二手房房屋买卖合同,约定:“本合同一式三份,经双方签字后生效。甲、乙各执一份,留见证律师一份,均具有同等法律效力。”关于该条款,下列哪一选项是正确的?

A. 是有关法律原则之适用条件的规定

B. 属于案件事实的表述

C. 是甲乙双方所确立的授权性规则

D. 关涉甲乙双方的行为效力及后果

答案:D。双方约定的内容十分明确,故该条是法律规则而非法律原则,故A项说法错误。双方约定,合同一式三份,具有同等的法律效力,是对法律效力的说明,而非对事实的表述,故B项说法错误。双方约定的内容并没有产生权利;相反,双方约定是该合同对双方有法律的约束效力,故属于义务性规则而非授权性规则,故C项错误。双方的合同关系是法律关系的一种,一旦合同发生法律效力,对甲乙双方都具有法律效力和法律后果,故D项正确。

4.《烟花爆竹安全管理条例》第13条规定:“生产烟花爆竹使用的原料,应当符合国家标准的规定。生产烟花爆竹使用的原料,国家标准有用量限制的,不得超过规定的用量。不得使用国家标准规定禁止使用或者禁忌配伍的物质生产烟花爆竹。”这一法律规范是:

A. 准用性规则　　　　B. 任意性规则

C. 义务性规则　　　　　D. 委任性规则

答案：C。义务性规则是规定人们必须作出某种行为或不作出某种行为的法律规则。它分为命令性规则和禁止性规则两种。本题中，“生产烟花爆竹使用的原料，应当符合国家标准的规定”为命令性规则；而“生产烟花爆竹使用的原料，国家标准有用量限制的，不得超过规定的用量。不得使用国家标准规定禁止使用或者禁忌配伍的物质生产烟花爆竹”为禁止性规则。因此，C项正确。

5.《中华人民共和国畜禽遗传资源进出境和对外合作研究利用审批办法》第3条规定：“本办法所称畜禽，是指列入依照《中华人民共和国畜牧法》第十一条规定公布的畜禽遗传资源目录的畜禽。本办法所称畜禽遗传资源，是指畜禽及其卵子(蛋)、胚胎、精液、基因物质等遗传材料。”对此，下列哪些表述是错误的？

A.《中华人民共和国畜牧法》是《中华人民共和国畜禽遗传资源进出境和对外合作研究利用审批办法》的上位法

B.《中华人民共和国畜牧法》和《中华人民共和国畜禽遗传资源进出境和对外合作研究利用审批办法》均属于行政法规

C. 该条款内容属于技术规范

D. 该条款规定属于任意性规则

答案：BCD。《中华人民共和国畜牧法》是由全国人大常委会制定的，因此属于“法律”范畴，《中华人民共和国畜禽遗传资源进出境和对外合作研究利用审批办法》是由国务院制定的，属于“行政法规”范畴，法律效力高于行政法规，故A项正确，B项错误；该条款内容属于法律概念，是法律条文中的技术性规范，而不属于“技术规范”，故C项错误；该条不是法律规则，就无所谓是任意性规则，故D项错误。综上，本题应选B、C、D项。

考点二：法律原则

命题题眼

1. 法律原则的含义和特点

法律原则，是指为法律规则提供某种基础或本原的综合性、指导性的价值准则或规范，是法律程序、法律诉讼和法律裁决的确认规范。

法律原则的特点为：较宽的覆盖面；宏观上的指导性；可以作为新奇案件或疑难案件的审判依据；稳定性强；较为模糊。

2. 法律原则的种类

按照不同的标准可以对法律原则进行不同的分类：

(1)公理性原则和政策性原则。这是按照法律原则产生的基础不同而进行的分类。公理性原则，是由法律原理构成的原则，是真正的法律原则。政策性原则，是一个国家或民族出于一定的政策考量而制定的原则，具有针对性、民族性和时代性。

(2)基本原则和具体原则。这是按照对人的行为及其条件之覆盖面的宽窄和适用范围大小对法律原则进行的分类。基本原则，是指整个法律体系或某一法律部门所适用的、体现法的基本价值的原则；具体原则，是指在基本原则指导下适用于某一法律部门中特定情形的原则。

(3)实体性原则和程序性原则。这是按照涉及的内容和问题不同对法律原则进行的分类。实体性原则，是指直接涉及实体法问题的原则；程序性原则，是指直接涉及程序法问题的原则。

3. 法律原则与法律规则的区别

(1)在性质上，法律规则是一种“应该做”的规范，法律原则是一种“应该是”的规范。

(2)在内容上，法律规则的规定是明确具体的，为主体设定具体的行为模式并明确相应的法律后果；法律原则的规定是比较笼统、模糊的，不设定具体的行为模式，仅提出概括性的要求或标准。

(3)在适用范围上，法律规则只适用于某一类型的行为；法律原则是对某一类行为、某一法律部门或者全部法律体系均通用的价值准则，具有宏观的指导性。

(4)在适用方式上，法律规则是以“全有或全无的方式”应用于个案中；规则在适用时，要么有效，要么无效，它或者是被遵守，或者是被违反。法律原则具有不同的强度，原则在适用时，较为灵活。当两个原则在具体的个案中冲突时，法官必须根据案件的具体情况和有关背景在不同强度的原则间作出权衡。

历年试题

2016年试卷一第9题：全兆公司利用提供互联网接入服务的便利，在搜索引擎讯集公司网站的搜索结果页面上强行增加广告，被讯集公司诉至法院。法院认为，全兆公司行为违反诚实信用原则和公认的商业道德，构成不正当竞争。关于该案，下列哪一说法是正确的？

A. 诚实信用原则一般不通过“法律语句”的语句形式表达出来

B. 与法律规则相比，法律原则能最大限度实现法的确定性和可预测性

C. 法律原则的着眼点不仅限于行为及条件的共性，而且关注它们的个别性和特殊性

D. 法律原则是以“全有或全无”的方式适用于个

案当中

答案:C。

2017 年试卷一第 58 题:甲公司派员工伪装成客户,设法取得乙公司盗版销售其所开发软件的证据并诉至法院。审理中,被告认为原告的“陷阱取证”方式违法。法院认为,虽然非法取得的证据不能采信,但法律未对非法取证行为穷尽式列举,特殊情形仍需依据法律原则具体判断。原告取证目的并无不当,也未损害社会公共利益和他人合法权益,且该取证方式有利于遏制侵权行为,应认定合法。对此,下列哪些说法是正确的?

A. 采用穷尽式列举有助于提高法的可预测性

B. 法官判断原告取证是否违法时作了利益衡量

C. 违法取得的证据不得采信,这说明法官认定的裁判事实可能同客观事实不一致

D. 与法律规则相比,法律原则应优先适用

答案:ABC。

2017 年试卷一第 59 题:法律格言云:“不确定性在法律中受到非难,但极度的确定性反而有损确定性。”对此,下列哪些说法是正确的?

A. 在法律中允许有内容本身不确定,而是可以援引其他相关内容规定的规范

B. 借助法律推理和法律解释,可提高法律的确定性

C. 通过法律原则、概括条款,可增强法律的适应性

D. 凡规定义务的,即属于极度确定的;凡规定权利的,即属于不确定的

答案:ABC。

2018 年试卷一考生回忆版:法律规则和法律原则的区别,下列哪些表述是正确的?

A. 对一般情形之个案,两个冲突规则,一个有效,另一个就无效

B. 对一般情形之个案,两个竞争原则,一个有分量,另一个就无分量

C. 对一般情形之个案,需穷尽规则,方可适用原则

D. 对一般情形之个案,可以先适用原则再适用规则

答案:AC。

2024 年试卷一考生回忆版:法谚有云,原则不容许反对或否认。对此,下列说法正确的是?

A. 法律原则在个案中适用,不排斥其他法律原则

B. 法律原则之间不能相互否定和冲突

C. 法律规则不能和任何法律原则相冲突

D. 法律原则可否定法律规则

答案:AD。考查法律原则、法律规则。法律原则在个案应用时,并不排斥其他法律原则的适用,相互冲突的法律原则也可共存于一个案件中。故 B 项错误。

强化模拟题

关于法律概念、法律原则、法律规则的理解和表述,下列哪一选项不能成立?

A. 法律规则并不都由法律条文来表述,并非所有的法律条文都规定法律规则

B. 法律原则最大限度地实现法律的确定性和可预测性

C. 法律概念是解决法律问题的重要工具,但是法律概念不能单独适用

D. 法律原则可以克服法律规则的僵硬性缺陷,弥补法律漏洞

答案:B。一般来说,法律条文是法律规则的表现形式,但并非所有的法律条文都规定法律规则,如法律条文规定法律技术性规定、法律概念。一般来说,法律规则应该由法律条文表述,但在特殊情况下,法律规则也可能由判例或者习惯来承载和表述。所以,A 项正确。法律原则的规定是比较笼统、模糊的,不设定具体的行为模式,仅提出概括性的要求或标准。所以,B 项错误,D 项正确。法律概念不属于法律规范,它只是解决法律问题的重要工具,但法律概念不能单独适用,必须和规则、原则配合起来才能发挥作用,所以,C 项正确。

考点三:权利与义务

命题题眼

1. 权利、义务的含义

权利,是指国家通过法律规定对法律关系主体可以自主决定作出某种行为的许可和保障手段。权利的特点包括:(1)权利的本质由法律规范所决定,得到国家的认可和保障;(2)权利是权利主体按照自己的愿望来决定是否实施行为,权利具有一定程度的自主性;(3)权利是为了保护一定的利益所采取的法律手段。

义务,一般在下列几种意义上使用:第一,它是指义务人必要行为的尺度(或范围);第二,它是指人们必须履行一定作为或不作为之法律约束;第三,它是指人们实施某种行为的必要性。义务的性质表现在两点:(1)义务所指出的,是人们的应然行为或未来行为,而不是人们事实上已经履行的行为。已履行的应然行为是义务的实现,而不是义务本身。(2)义务具有强制履行的性质,义务人对于义务的内容不可随意转让或违反。义务在结构上包括两个部分:①义务人必须根据权利的内容作出一定的行为。这在法学上被称为“作为义务”或“积极义务”(如赡

养父母、抚养子女、纳税、服兵役等）。②义务人不得作出一定行为的义务，被称为“不作为义务”或“消极义务”。例如，不得破坏公共财产，禁止非法拘禁，严禁刑讯逼供，等等。

2. 权利、义务的分类

根据不同的标准可以对权利义务进行不同的分类：

（1）基本权利义务与普通权利义务，这是根据根本法与普通法规定的不同对权利义务进行的分类。基本权利义务是宪法所规定的人们在国家政治生活、经济生活、文化生活和社会生活中的根本权利和义务，如选举权。普通权利义务是宪法以外的普通法规定的权利和义务，如债权。

（2）绝对权利义务与相对权利义务，这是根据相对应的主体对权利义务进行的分类。绝对权利义务是对应不特定的法律主体的权利和义务，如所有权。相对权利义务是对应特定的法律主体的权利和义务，如债权。

（3）个人权利义务、集体权利义务和国家权利义务，这是根据主体性质对权利义务进行的分类。个人权利义务是自然人所享有的权利和承担的义务。集体权利义务是国家机关、社会组织和企事业组织的权利和义务。国家权利义务是国家作为法律关系主体在国际法和国内法上所享有的权利和承担的义务。

3. 权利、义务的相互关系

（1）在结构上，两者是紧密联系、不可分割的，既对立又统一。

（2）在数量上，两者总量是相等的。一个社会法律上的权利总量和义务总量是相等的，赋予多少权利就相应设定多少义务，否则权利是虚假的；设定多少义务，就对应多少权利，否则义务就会被架空。

（3）在产生和发展上，两者经历了一个从浑然一体到分裂对立再到相对一致的过程。

（4）在价值上，两者代表了不同的法律精神，在历史上受到重视的程度有所不同。在不同时期、不同国家的法律体系中，权利、义务有主次之分，或者是义务本位，或者是权利本位。马克思主义从矛盾的两点论和重点论出发，认为权利和义务同等重要。

历年试题

2013 年试卷一第 9 题：法律谚语：“平等者之间不存在支配权。”关于这句话，下列哪一选项是正确的？

A. 平等的社会只存在平等主体的权利，不存在义务；不平等的社会只存在不平等的义务，不存在权利

B. 在古代法律中，支配权仅指财产上的权利

C. 平等的社会不承认绝对的人身依附关系，法律禁止一个人对另一个人的奴役

D. 从法理上讲，平等的主体之间不存在相互的支配，他们的自由也不受法律限制

答案：C。由于奴隶制度的存在，在古代法律中，支配权不仅仅指财产上的支配，还包括对人身的支配。所以，B 项错误。平等的社会，每个人都应当在人身上是自由的，不可能出现一个人丧失主体性，依附于某个人的情形；也是明确反对奴役的，因为一旦存在奴役，这就不再是平等的社会了。所以，C 项正确。

2017 年试卷一第 10 题：王甲经法定程序将名字改为与知名作家相同的“王乙”，并在其创作的小说上署名“王乙”以增加销量。作家王乙将王甲诉至法院。法院认为，公民虽享有姓名权，但被告署名的方式误导了读者，侵害了原告的合法权益，违背诚实信用原则。关于该案，下列哪一选项是正确的？

A. 姓名权属于应然权利，而非法定权利

B. 诚实信用原则可以填补规则漏洞

C. 姓名权是相对权

D. 若法院判决王甲承担赔偿责任，则体现了确定法与道德界限的“冒犯原则”

答案：B。

2017 年试卷一第 89 题：许某与妻子林某协议离婚，约定 8 岁的儿子小虎由许某抚养，林某可随时行使对儿子的探望权，许某有协助的义务。离婚后两年间林某从未探望过儿子，小虎诉至法院，要求判令林某每月探视自己不少于 4 天。对此，下列说法正确的是：

A. 依情理林某应探望儿子，故从法理上看，法院可判决强制其行使探望权

B. 从理论上讲，权利的行使与义务的履行均具有其界限

C. 林某的探望权是林某必须履行一定作为或不作为的法律约束

D. 许某的协助义务同时包括积极义务和消极义务

答案：BD。

强化模拟题

1.《集会游行示威法》第 4 条规定：“公民在行使集会、游行、示威的权利的时候，必须遵守宪法和法律，不得反对宪法所确定的基本原则，不得损害国家的、社会的、集体的利益和其他公民的合法的自由和权利。”关于这一规定，下列哪一说法是正确的？

A. 该条是关于权利的规定，因此属于授权性规则

B. 该规定表明法律保护人的自由，但自由也应受到法律的限制

C. 公民在行使集会、游行、示威的权利的时候，不得损害国家的、社会的、集体的利益，因此国家利益是我国法律的最高价值

D. 该规定的内容比较模糊，因而对公民不具有指导意义

答案：B。该题考查的是权利和义务的关系。该条是对权利的限制，是义务性规则，故A项错误。B项关于法律和自由的说法是正确的。C项中，"国家利益"是我国法律的最高价值的说法是错误的。我国法律最高的价值是"人民根本利益"。该法律规则具有指引作用，故D项说法错误。因此，本题答案是B项。

2. 我国《民法典》第1081条规定：现役军人的配偶要求离婚，应当征得军人的同意，但是军人一方有重大过错的除外。依据法理学的有关原理，下列正确的表述是：

A. 该条中所规定的军人的配偶在离婚方面所承担的义务没有相应的权利存在

B. 现役军人与其配偶之间的权利义务是不一致的

C. 该条所规定的法律义务是一种对人义务或相对义务

D. 该法律条文完整地表达了一个法律规则的构成要素

答案：C。

第四节　法的渊源

考点一：正式的法的渊源与非正式的法的渊源

命题题眼

法的渊源，又称"法源"或"法律渊源"，是一个具有多重含义的概念，可以从不同角度来理解，比如法的历史渊源、法的理论渊源、法的文件渊源。作为专门的法学概念，法的渊源是指法的效力来源，根据法的效力来源法表现不同的形式，如制定法、判例法以及习惯法、法理。

正式的法的渊源是指具有明文规定的法律效力并且直接作为法律人的法律决定的大前提的规范来源的那些资料，如宪法、法律、法规，主要为制定法，即不同国家机关根据具体职权和程序制定的各种规范性文件。

非正式的法的渊源是指不具有明文规定的法律效力，但具有法律说服力并能够构成法律人的法律决定的大前提的准则来源的那些资料，如正义标准、理性原则、公共政策、道德信念、社会思潮、习惯、乡规民约、社团规章、权威性法学著作。

历年试题

2015年试卷一第56题：2011年，李某购买了刘某一套房屋，准备入住前从他处得知该房内两年前曾发生一起凶杀案。李某诉至法院要求撤销合同。法官认为，根据我国民俗习惯，多数人对发生凶杀案的房屋比较忌讳，被告故意隐瞒相关信息，违背了诚实信用原则，已构成欺诈，遂判决撤销合同。关于此案，下列哪些说法是正确的？

A. 不违背法律的民俗习惯可以作为裁判依据

B. 只有在民事案件中才可适用诚实信用原则

C. 在司法判决中，诚实信用原则以全有或全无的方式加以适用

D. 诚实信用原则可以为相关的法律规则提供正当化基础

答案：AD。

2015年试卷一第57题：某法院在一起疑难案件的判决书中援引了法学教授叶某的学说予以说理。对此，下列哪些说法是正确的？

A. 法学学说在当代中国属于法律原则的一种

B. 在我国，法学学说中对法律条文的解释属于非正式解释

C. 一般而言，只能在民事案件中援引法学学说

D. 参考法学学说有助于对法律条文作出正确理解

答案：BD。

强化模拟题

1. 黄某于2000年4月在某市住宅区购得一套住房，2001年7月取得房产证。当年10月黄某将住房租借给廖某。廖某在装修该房时损坏自来水管道，引起漫水，将楼下住户陈某的住房浸泡。陈某要求廖某予以赔偿。对此事件，下列哪一种说法是正确的？

A. 黄某对自己所购买的住房仅有相对权，故其法律义务也是相对的

B. 廖某不是住房的所有人，故对陈某的损失不负法律责任

C. 此侵权案件首先应依据法律原则加以处理

D. 此案件的处理应直接适用正式的法的渊源

答案：D。该题题干所说的纠纷，有相关法律的明确规定作为调整依据，故可以适用正式的法的渊源。

2. 下面是甲乙两个同学关于法的分类以及法的渊源的辩论：甲认为：①按照法的效力、内容和制定法的程序的不同，法律可以分为一般法和特别法。②国际公约现在是中国的法的渊源。③我国的行政法规就是由国家行政机关颁布的法律。乙认为：①我国数量最多的一类法的渊源就是行政法规。②随着全球化趋势的不断发展，大陆法系和英美法系的区别在减少，现在判例法已经成为大陆法系的正式的法的渊源。③"试行"和"暂行"法规的效力同其他法律是一样的。④国务院各部委和地方行政机关制定的规章也是行政法规。以上观点正确的是(　　)。

A. 甲的说法①②，乙的说法①

B. 甲的说法①，乙的说法①

C. 甲的说法②，乙的说法①③

D. 甲的说法③，乙的说法③④

答案：C。本题考查的是关于法的分类和法的渊源中容易混淆的部分。法按照不同的标准可以进行不同的分类。按照法的效力、内容和制定程序的不同法可以分为根本法和普通法；按照法的效力的范围不同，法可以分为一般法和特别法，效力范围和效力并不是一回事。国际公约在中国承认的范围内可以作为中国的法的渊源。行政法规是中国数量最多的法的渊源，但一定要清楚，在法的渊源意义上的行政法规专指国务院制定的规范性文件。而国务院各部委和地方行政机关制定的规范性文件是行政规章，属于另外一种法的渊源，不可以混淆。以"试行"和"暂行"的方式颁布某项法律，意在积累经验，待条件成熟后修改，并不影响其效力，因此必须得到普遍遵守。

考点二：当代中国正式的法的渊源

命题题眼

当代中国正式的法的渊源主要是以宪法为核心的各种制定法，主要包括宪法、法律、行政法规、地方性法规、自治条例和单行条例；此外，还包括经济特区的规范性文件，特别行政区的法律法规、规章，国际条约和国际惯例等。

考点三：正式的法的渊源的效力原则

命题题眼

在法学理论中，正式的法的渊源的效力有时被称为法律效力等级或者法律效力位阶。关于法的渊源之间的冲突，我国《立法法》规定：

1. 宪法具有最高的法律效力，一切法律、行政法规、地方性法规、自治条例和单行条例、规章都不得同宪法相抵触。

2. 法律的效力高于行政法规、地方性法规、规章。行政法规的效力高于地方性法规、规章。

3. 地方性法规的效力高于本级和下级地方政府规章。省、自治区的人民政府制定的规章的效力高于本行政区域内的设区的市、自治州的人民政府制定的规章。

4. 自治条例和单行条例依法对法律、行政法规、地方性法规作变通规定的，在本自治地方适用自治条例和单行条例的规定。

5. 经济特区法规根据授权对法律、行政法规、地方性法规作变通规定的，在本经济特区适用经济特区法规的规定。

浦东新区法规在浦东新区实施。

海南自由贸易港法规在海南自由贸易港范围内实施。

6. 部门规章之间、部门规章与地方政府规章之间具有同等效力，在各自的权限范围内施行。

7. 同一机关制定的法律、行政法规、地方性法规、自治条例和单行条例、规章，特别规定与一般规定不一致的，适用特别规定；新的规定与旧的规定不一致的，适用新的规定。

8. 法律、行政法规、地方性法规、自治条例和单行条例、规章不溯及既往，但为了更好地保护公民、法人和其他组织的权利和利益而作的特别规定除外。

9. 法律之间对同一事项的新的一般规定与旧的特别规定不一致，不能确定如何适用时，由全国人大常务委员会裁决。行政法规之间对同一事项的新的一般规定与旧的特别规定不一致，不能确定如何适用时，由国务院裁决。

10. 地方性法规、规章之间不一致时，由有关机关依照下列规定的权限作出裁决：

（1）同一机关制定的新的一般规定与旧的特别规定不一致时，由制定机关裁决。

（2）地方性法规与部门规章之间对同一事项的规定不一致，不能确定如何适用时，由国务院提出意见，国务院认为应当适用地方性法规的，应当决定在该地方适用地方性法规的规定；认为应当适用部门规章的，应当提请全国人大常务委员会裁决。

（3）部门规章之间、部门规章与地方政府规章之间对同一事项的规定不一致时，由国务院裁决。

根据授权制定的法规与法律规定不一致，不能确定如何适用时，由全国人大常务委员会裁决。

历年试题

2016年试卷一第57题：耀亚公司未经依法批准经营危险化学品，2003年7月14日被区工商分局依据《危险化学品安全管理条例》罚款40万元。耀亚公司以处罚违法为由诉至法院。法院查明，《安全生产法》规定对该种行为的罚款不得超过10万元。关于该案，下列哪些说法是正确的？

A.《危险化学品安全管理条例》与《安全生产法》的效力位阶相同

B.《安全生产法》中有关行政处罚的法律规范属于公法

C. 应适用《安全生产法》判断行政处罚的合法性

D. 法院可在判决中撤销《危险化学品安全管理条例》中与上位法相抵触的条款

答案：BC。

考点四:当代中国非正式的法的渊源

命题题眼

在当今的中国,非正式的法的渊源主要包括:

1. 习惯

能够作为非正式的法的渊源的习惯只是指社会习惯,特别是那些与重要的社会事务即为了确保令人满意的集体社会而必须完成的各种相关的习惯。习惯之所以能够成为非正式的法的渊源,是因为它是特定共同体的人们在长久的生产生活实践中自然而然形成的,是该共同体的人们事实上的共同情感和要求的体现,也是他们共同理性的体现。

2. 判例

在中国,判例的重要性被人们普遍承认。判例之所以在法的适用中具有重要性,是因为它可以弥补制定法的不足。具体地说,任何判例都是法官结合特定案件事实将具有一般性和抽象性的制定法规范具体化的一种结果。这至少为将来的法官运用该制定法解决具体案件提供了思路、经验和指导。同理,任何判例都是法官针对具体案件事实将具有模糊性和歧义性的制定法进行解释而得到的一种结果。也就是说,任何判例都在一定程度上消除了语言的模糊性和歧义性,使制定法的语言的外延和内涵在一定程度上得到厘清。

3. 政策

在中国,作为非正式的法的渊源的政策也是指那些没有被整合到法律之中的政策,它既包括了国家政策,也包括了中国共产党的政策。

强化模拟题

1. 外国某著名化妆品公司认为我国某公司侵犯其商标权,起诉至法院。法院查明案情后,发现《商标法》及其实施条例在本案的情况下没有可以援引的规定,但查阅最高人民法院公报时,发现公报中刊登了一个十分类似的案例。于是法院依照该案例对本案作出了判决。对上述事实,说法正确的是:

A. 最高人民法院公报上刊登的典型案例,是对法律适用的重要解释说明,是我国正式的法的渊源之一

B. 法院在该案件中适用的法律推理属于演绎推理

C. 对被告行为的性质,法律没有明确规定,根据法治原则,不应判决被告侵犯了原告的商标权

D. 该事例说明法律漏洞普遍存在

答案:D。我国不是判例法国家,典型案例不能作为正式的法的渊源,因此 A 项错误。法院在该案件中适用的是类比推理,因此 B 项错误。在民事案件中,法律虽然没有规定,法院根据原则等判决被告侵犯了原告的商标权并不违反法治原则,因此 C 项错误。

2. 2000 年 6 月,最高人民法院决定定期向社会公布部分裁判文书,在汇编前言中指出:"最高人民法院的裁判文书,由于具有最高的司法效力,因而对各级人民法院的审判工作具有重要的指导作用,同时还可以为法律、法规的制定和修改提供参考,也是法律专家和学者开展法律教学和研究的宝贵素材。"对于此段文字的理解,下列哪一选项是正确的?

A. 最高人民法院的裁判文书可以构成法的渊源之一

B. 最高人民法院的裁判文书对各级法院审判工作具有重要指导作用,属于规范性法律文件

C. 最高人民法院的裁判文书具有最高的普遍法律效力

D. 最高人民法院的裁判文书属于司法解释范畴

答案:A。在当今中国,法的渊源包括正式的法的渊源和非正式的法的渊源。其中,非正式的法的渊源主要包括习惯、判例和政策。而作为判例的载体裁判文书自然可以构成法的渊源之一,故 A 项正确。最高人民法院的裁判文书对各级法院审判工作具有重要指导作用,但没有法律明文规定的效力,因此,它不属于规范性法律文件,故 B 项错误。最高人民法院的裁判文书属于非正式的法的渊源,其效力要低于正式的法的渊源,因此 C 项错误。最高人民法院所作的司法解释应当是以规范性文件形式出现,是对法律的适用的具体说明,而裁判文书属于非正式的法的渊源,不属于司法解释的范畴,故 D 项错误。综上,A 项为应选项。

第五节　法的效力

考点一:法的效力的含义及分类

命题题眼

法的效力,即法的约束力,是指人们应当按照法律规定作出行为,对法律必须服从的一种法律力量。

法的效力可以分为规范性法律文件的效力和非规范性法律文件的效力。规范性法律文件的效力,又称狭义的法的效力,是指法律的生效范围和适用范围;非规范性法律文件的效力,是指判决书、裁定书、逮捕证、许可证、合同等的效力。

考点二:法对人的效力

命题题眼

1. 法对人的效力的含义

法对人的效力,指法对谁有效力,适用于哪些人。

2. 法对人的效力的原则

世界各国先后采用过的法对人的效力的原则

包括：

（1）属人主义，即法只适用于本国公民，无论其身在何处。这是以国籍为标准。

（2）属地主义，即法只适用于身处该国管辖地区内的所有人，无论其国籍如何。这是以地域为标准。

（3）保护主义，即以维护本国利益为是否适用本国法律的依据，任何侵害了本国利益的人都应受到本国法律追究，无论其国籍和所在地域。

（4）以属地主义为主，与属人主义、保护主义相结合，又称综合或折中原则，这是近代以来多数国家包括我国所采用的原则。

3. 法对中国公民、外国人和无国籍人的效力

综合原则在我国的运用体现在如下两个方面：

（1）根据我国法律，中国法律对中国公民的效力可以表述为：中国公民在中国领域内一律适用中国法律（依属地主义）；中国公民在中国境外也应遵守中国法律并受中国法律保护（依属人主义）；适用中国法律与适用所在国法律的关系，应当根据法律，区别情况分别对待。

（2）根据我国法律，中国法律对外国人和无国籍人的效力可以表述为：外国人和无国籍人在中国领域内，除法律另有规定外，适用中国法律（依属地主义）；外国人在中国领域外对中国国家或者公民犯罪，并且按照《刑法》的规定最低刑为3年以上有期徒刑的，可以适用中国《刑法》，但是按照犯罪地的法律不受处罚的除外（依保护主义）。

考点三：法的空间效力

命题题眼

法的空间效力是指法在哪些地域有效力，法适用于哪些地区。

一般来说，一国法律适用于该国主权所及的全部领域，包括领土、领水及其底土和领空以及作为领土延伸的本国驻外使馆、在外船舶和飞机。

考点四：法的时间效力

命题题眼

1. 法的时间效力的含义

法的时间效力，是指法律何时开始生效、何时终止生效以及有无溯及力的问题。

2. 法的生效时间

（1）法律自公布之日起生效。

（2）由该法律规定具体生效时间。

（3）规定法律公布后符合一定条件时生效。

3. 法终止生效的时间

（1）明示的废止，即在新法或其他法律文件中明文规定，废止旧法。

（2）默示的废止，即在适用法律中出现新法与旧法冲突时，适用新法而使旧法事实上被废止。

4. 法的溯及力

（1）含义

法的溯及力，也称法的溯及既往的效力，是指法对其生效以前的事件和行为是否适用，如果适用，就具有溯及力；如果不适用，就没有溯及力。

（2）法律的溯及力的原则

我国和多数国家均采用"从旧兼从轻"的原则，新法原则上不溯及既往，即新法无溯及力；但是新法规定对行为人更为有利时，适用新法，即新法有溯及力。

历年试题

2015年试卷一第13题：赵某因涉嫌走私国家禁止出口的文物被立案侦查，在此期间逃往A国并一直滞留于该国。对此，下列哪一说法是正确的？

A. 该案涉及法对人的效力和空间效力问题

B. 根据我国法律的相关原则，赵某不在中国，故不能适用中国法律

C. 该案的处理与法的溯及力相关

D. 如果赵某长期滞留在A国，应当适用时效免责

答案：A。

2016年试卷一第11题：有法谚云："法律为未来作规定，法官为过去作判决。"关于该法谚，下列哪一说法是正确的？

A. 法律的内容规定总是超前的，法官的判决根据总是滞后的

B. 法官只考虑已经发生的事实，故判案时一律选择适用旧法

C. 法律绝对禁止溯及既往

D. 即使案件事实发生在过去，但"为未来作规定"的法律仍然可以作为其认定的根据

答案：D。

强化模拟题

"现今的很多法律格言都是在古罗马时期形成的，'法律仅仅适用于将来'就是一例。这一思想后来被古典自然法学派所推崇，并体现在法国《人权宣言》和美国宪法之中，形成了法不溯及既往原则。"根据此引文以及相关法学知识，下列表述正确的是：

A. 古罗马时期的法律是用法律格言的形式表现的

B. "法律仅仅适用于将来"已经成为现代社会的法律效力原则

C. 只有古典自然法学派强调法不溯及既往的原则

D. 法不溯及既往仅仅是《人权宣言》和宪法通行的效力原则

答案:B。法不溯及既往原则作为现代社会的法律效力原则,均为自然法学派和法实证主义所强调,也被包括《人权宣言》、宪法、刑法、民法等各种规范性文件所采纳。此外,古罗马时期的法律主要表现为习惯法、议会制定的法律、元老院决议、长老的告示、皇帝敕令、具有法律解答权的法学家的解答与著述等。故B项正确。

第六节　法律部门与法律体系

考点:法律部门和法律体系的含义、划分标准

命题题眼

1. 法律部门的含义

法律部门,是指根据一定标准和原则所划定的调整同一类社会关系的法律规范的总称。

2. 法律部门的划分标准

法律部门的划分标准包括:(1)法律调整对象,即社会关系的性质。这是主要标准,如将调整平等主体间的财产关系和人身关系的法律规范的总和,划分为民法部门;将调整行政管理关系的法律规范的总和,划分为行政法部门。(2)法律调整方法。刑法在调整对象上跨越了政治、经济、文化、家庭等诸多领域,但它独立为一个部门,是因为它独特的调整方法,即以刑罚方法为调整手段。

3. 公法、私法和社会法

公法与私法的划分,是大陆法系国家的一项基本分类。最早是由古罗马法学家乌尔比安提出来的。到目前为止,大陆法系的法学理论中并没有形成普遍可接受的单一的公法与私法的区分标准。目前已有的区分公法、私法标准有公共当局主体论、主从关系论、强制规范论、利益论和折中论。现在公认的公法部门包括宪法和行政法等,私法包括民法和商法等。

随着社会的发展,"法律社会化"现象的出现,又形成了一种新的法律即社会法,如社会保障法等。这是因为存在既非国家利益,又非私人利益的独立的社会利益。鉴于此,有人称社会法是介于公法和私法之间的法律。公法、社会法与私法在调整对象、调整方式、法的本位、价值目标等方面存在不同。

4. 法律体系的含义

法律体系,也称部门法体系,是指一国的全部现行法律规范,按照一定的标准和原则,划分为不同的法律部门而形成的内部和谐一致、有机联系的整体。

当代中国法律体系主要由七个法律部门构成:宪法及宪法相关法、行政法、民商法、经济法、社会法、刑法、诉讼与非诉讼程序法。

历年试题

2011 年试卷一第 51 题:关于法的渊源和法律部门,下列哪些判断是正确的?

A. 自治条例和单行条例是地方国家权力机关制定的规范性文件

B. 行政法部门就是由国务院制定的行政法规构成的

C. 国际公法是中国特色社会主义法律体系的组成部分

D. 划分法律部门的主要标准是法律规范所调整的社会关系

答案:AD。自治条例和单行条例都是民族自治地方的人民代表大会制定的规范性文件,所以,A项正确。行政法规只是行政法部门的一部分,所以,B项错误。C项"国际公法是中国特色社会主义法律体系的组成部分"错误。法律体系是一国国内法构成的体系,不包括完整意义的国际法,即国际公法。它不包括历史上废止的已经不再有效的法律,一般也不包括尚待制定、还没有生效的法律。

强化模拟题

下列有关法系与法律体系含义的表述,哪些是正确的?

A. 法系是根据英国普通法(判例法)和欧洲大陆法典法的历史传统而对法所作的分类

B. 法律体系是由一个国家的宪法、行政法、民法、经济法、刑法、诉讼法等构成的内部和谐一致、有机联系的整体

C. 法系是具有同一历史传统的国家和地区的法的总称

D. 法律体系是一国之内的法构成的体系,不包括其他国家的法或完整意义的国际法

答案:BCD。法系是依据法律的历史传统以及由此形成的不同存在样式和运行方式,而对现存的和历史上存在过的各种法律制度所作的分类。

第七节　法律关系

考点一:法律关系的概念与种类

命题题眼

1. 法律关系的概念

法律关系,是指在法律规范调整社会关系的过程中所形成的人们之间的权利和义务关系。

2. 法律关系的种类

根据不同的标准和认识的角度,可以对法律关系进行不同的分类:

(1)按照法律关系产生的依据、执行的职能和实现规范的内容不同,可以分为调整性法律关系和保护性法律关系。调整性法律关系是指基于人们的合法行为而产生的、执行法的调整职能、实现法律规范的行为规则的法律关系。保护性法律关系是指基于因违法行为而产生的、旨在恢复被破坏的权利和秩序、执行法的保护职能、实现法律规范的保护规则(否定式后果)的法律关系。

(2)根据法律主体在法律关系中的地位不同,可以分为纵向法律关系和横向法律关系。纵向法律关系,又称隶属法律关系,是指在不平等的法律主体之间建立的权力服从关系。在纵向法律关系中,法律主体处于不平等的地位,权利与义务具有强制性,不得任意转让和放弃。横向法律关系,又称平权法律关系,是指在平等主体之间建立的权利义务关系。在横向法律关系中,法律主体的地位是平等的,权利和义务的内容具有一定程度的任意性。

(3)根据法律主体的多少和权利义务是否一致,可以分为单向法律关系、双向法律关系和多向法律关系。单向法律关系是指权利人仅享有权利、义务人仅履行义务的法律关系。双向法律关系是指在特定的双方法律主体之间存在两个密不可分的单向权利义务关系的法律关系。多向法律关系,是指三个或者三个以上相关法律关系的复合体。

(4)按照法律关系作用和地位的不同,可以分为主法律关系和从法律关系。主法律关系(第一性法律关系)是指人们之间建立的不依赖于其他法律关系而独立存在的法律关系。从法律关系(第二性法律关系)是指人们之间建立的从属于其他法律关系而不能独立存在的法律关系。

历年试题

2014 年试卷一第 53 题:王某恋爱期间承担了男友刘某的开销计 20 万元。后刘某提出分手,王某要求刘某返还开销费用。经过协商,刘某自愿将该费用转为借款并出具了借条,不久刘某反悔,以不存在真实有效借款关系为由拒绝还款,王某诉至法院。法院认为,"刘某出具该借条系本人自愿,且并未违反法律强制性规定",遂判决刘某还款。对此,下列哪些说法是正确的?

A. "刘某出具该借条系本人自愿,且并未违反法律强制性规定"是对案件事实的认定

B. 出具借条是导致王某与刘某产生借款合同法律关系的法律事实之一

C. 因王某起诉产生的民事诉讼法律关系是第二性法律关系

D. 本案的裁判是以法律事件的发生为根据作出的

答案:ABC。

2015 年试卷一第 12 题:张某到某市公交公司办理公交卡退卡手续时,被告知:根据本公司公布施行的《某市公交卡使用须知》,退卡时应将卡内 200 元余额用完,否则不能退卡,张某遂提起诉讼。法院认为,公交公司依据《某市公交卡使用须知》拒绝张某要求,侵犯了张某自主选择服务方式的权利,该条款应属无效,遂判决公交公司退还卡中余额。关于此案,下列哪一说法是正确的?

A. 张某、公交公司之间的服务合同法律关系属于纵向法律关系

B. 该案中的诉讼法律关系是主法律关系

C. 公交公司的权利能力和行为能力是同时产生和同时消灭的

D.《某市公交卡使用须知》属于地方规章

答案:C。

2018 年试卷一考生回忆版:某家具厂老板张某与其员工李某发生纠纷,二人发生口角后张某威胁不给李某发工资,李某气愤之下拿了一个杯子砸向张某,但没有砸着,张某找人把李某打成重伤。李某报案后,公安局逮捕了张某,检察机关提起公诉,李某也提出刑事附带民事诉讼,法院依法进行了裁判。之前,检察院和张某签订了一项家具买卖合同。对此,下列说法不正确的是:

A. 张某和李某之间既有调整性法律关系又有保护性法律关系

B. 张某和检察院之间的买卖合同属于横向法律关系

C. 张某与法院之间是纵向法律关系

D. 张某和公安机关之间是调整性法律关系

答案:D。张某和李某之间因雇佣合同产生的是调整性法律关系,之后因张某找人把李某打成重伤引起的法律关系属于保护性法律关系。张某和检察院之间的买卖合同属于平等主体之间的民事法律关系,属于横向法律关系。张某和法院之间因审判而发生关系,属于纵向法律关系。张某和公安机关之间的法律关系因张某的犯罪行为所引发,故属于保护性法律关系。

2021 年试卷一考生回忆版:新婚夫妇张某与李某到某影楼拍摄婚纱照。由于影楼工作人员的疏忽,导致新拍婚纱照的底片报废,这对新婚夫妇遂将影楼诉至法院,有关法律关系的说法,下列哪些选项是正确的?

A. 新婚夫妇与影楼之间形成的是平权法律关系

B. 新婚夫妇与影楼之间形成的法律关系体现了双方的意志

C. 新婚夫妇与影楼之间形成的诉讼法律关系为相对法律关系

D. 如果底片没有报废,新婚夫妇与影楼之间形成的法律关系的客体是照片

答案:ABC。

强化模拟题

1. 甲公司和乙公司签订了一份购销合同,后乙公司违约。甲公司向法院提起诉讼,法院判决乙公司承担违约责任,乙公司不执行判决,由法院强制执行。关于此案中的法律关系,表述正确的是:

A. 法院对乙公司强制执行的法律关系是调整性法律关系

B. 法院与甲、乙公司在诉讼中的法律关系是平权法律关系

C. 甲、乙公司分别作为诉讼的原、被告是纵向法律关系

D. 甲、乙公司的合同关系是调整性法律关系

答案:D。法院是国家的审判机关,在法律上与当事人并不处于平等的地位,法院对乙公司强制执行的法律关系是保护性法律关系,因此A项不正确。法院在诉讼中与两公司的法律关系是纵向(隶属)法律关系,即在不平等的法律主体之间建立的权力服从关系,因此,B项不正确。甲、乙两公司作为诉讼当事人,具有平等的法律关系地位,它们之间的合同关系属于调整性法律关系,C项错误,D项正确。

2. 法律关系有纵向法律关系和横向法律关系之分,在以下法律关系中,属于横向法律关系的是:

A. 在父亲对儿子提起的民事诉讼中,二人之间的民事诉讼法律关系

B. 行政管理中上级国家机关与下级国家机关之间的法律关系

C. 甲市公安局于春节前向乙公司购买了一批葡萄酒,准备作为福利发放,据此,在甲市公安局与乙公司之间产生的买卖法律关系

D. 母公司与子公司达成原材料购销协议,因此形成的法律关系

答案:ACD。横向法律关系是指平权法律主体之间的权利义务关系。其特点在于,法律主体的地位是平等的,权利和义务的内容具有一定程度的任意性,如民事财产关系,民事诉讼之原、被告关系。A、C、D项都符合这一特征。

3. 孙某的狗曾咬伤过邻居钱某的小孙子,钱某为此一直耿耿于怀。一天,钱某趁孙某不备,将孙某的狗毒死。孙某掌握了钱某投毒的证据之后,起诉到法院,法院判决钱某赔偿孙某600元。对此,下列哪一选项是正确的?

A. 孙某因对其狗享有所有权而形成的法律关系属于保护性法律关系

B. 由于孙某起诉而形成的诉讼法律关系属于第二性法律关系

C. 因钱某毒死孙某的狗而形成的损害赔偿关系属于纵向法律关系

D. 在因钱某毒死孙某的狗而形成的损害赔偿关系中,孙某不得放弃自己的权利

答案:B。孙某对其狗享有所有权,这是受法律保护的,因此而形成的法律关系属于调整性法律关系。保护性法律关系则是在违法行为基础上产生的。钱某毒死孙某的狗的行为属侵权行为,由此形成的法律关系是保护性法律关系。由孙某起诉而形成的诉讼法律关系是由该保护性法律关系而产生的、居于从属地位的第二性法律关系。因钱某毒死孙某的狗而形成的损害赔偿关系属于横向法律关系,故孙某可以放弃自己的权利。所以B项正确。

考点二:法律关系主体

命题题眼

1. 法律关系主体的含义

法律关系主体,是指法律关系的参加者,即在法律关系中一定权利的享有者或一定义务的承担者。

2. 法律关系主体的种类

一般认为,法律关系的主体包括公民(自然人)、机构和组织(法人)、国家。

应注意的是:(1)公民既包括中国公民,也包括居住在中国境内或在境内活动的外国公民和无国籍人。(2)中国的国家机关和组织,可以是公法人,也可以是私法人。(3)在国内法上,国家可以直接以自己的名义参与国内的法律关系,如发行国库券,但在多数情况下则由国家机关或授权的组织作为代表参加法律关系。

3. 权利能力和行为能力

公民和法人要成为法律关系的主体,必须具有权利能力和行为能力。

(1)权利能力

权利能力,是指公民能够参与一定的法律关系,享有权利和承担义务的法律资格。

权利能力对公民来说有两大类:一类是一般权利能力,为所有公民终生享有,如民事上的权利能力;另一类是特殊权利能力,是与公民的年龄、职务等条件相联系的权利能力,如选举权需要达到法定的成年年龄才具备。

法人的权利能力没有上述类别。法人的权利能力自法人成立时产生,至法人终止时消灭。其权利能

力的内容和范围由有关法律和组织章程规定。

(2)行为能力

行为能力,是指法律关系主体能够通过自己的行为实际取得权利和履行义务的能力。

确定公民有无行为能力的标准是:①行为人能否认识自己行为的性质、意义和后果;②行为人能否控制自己的行为并对自己的行为负责。

根据行为能力的不同,各国法律一般将公民分为三种:

①完全行为能力人。这是指达到一定法定年龄、智力健全、能够对自己的行为负完全责任的自然人。

②限制行为能力人。这是指行为能力受到一定限制,只具有部分行为能力的自然人。

③无行为能力人。这是指完全不能以自己的行为行使权利、履行义务的自然人。

法人的行为能力与权利能力同时存在且范围相同。

考点三:法律关系的内容和客体

命题题眼

1. 法律关系的内容

法律关系的内容,是指法律关系主体之间的法律权利和法律义务。

法律关系主体的权利和义务实现的最重要途径是通过国家来保障。具体表现为:(1)通过明确规定行使权利的程序,使权利具有可操作性;(2)通过限制国家机关的权力来保障权利的实现;(3)通过及时制裁侵权行为,督促义务人履行义务从而使权利得以实现。

2. 法律关系的客体

法律关系的客体,是指法律关系主体之间权利和义务所指向的对象。

法律关系的客体包括:物、人身、精神产品和行为结果等。

(1)物。法律意义上的物,是指法律关系主体支配的、在生产中和生活中所需要的客观实体。与物理意义上的物相比,作为法律关系客体的物,不仅有物理属性,还应具有法律属性。

物理意义上的物要成为法律关系客体,应具备以下条件:得到法律的认可;为人类所认识和控制;能够给人类带来某种物质利益;具有独立性。

以下几种物不得进入国内商品流通领域,不能成为私人法律关系的客体:①人类公共之物或国家专有之物,如海洋、山川、水流、空气;②文物;③军事设施、武器(枪支、弹药等);④危害人类之物(如毒药、假药、淫秽书籍)等。

(2)人身。人身是指由各生理器官组成的人的生理整体。

人身作为法律关系的客体,应注意的问题是:①活人的身体不得视为法律上之"物",不得转让或买卖;②权利人对自己的人身不得进行违法或有伤风化的活动;③对人身行使权利必须依法进行,不得超出法律授权的界限。

(3)精神产品。精神产品是指人通过某种物体或大脑记载下来并加以流传的思维成果。精神产品不同于有体物,其价值在于物中所承载的信息。精神产品属于非物质财富。西方学者称为"无体物",我国法学界常称为"智力成果"。

(4)行为结果。行为结果,是指义务人完成其行为所产生的能够满足权利人利益要求的结果。行为结果包括物化结果和非物化结果。

考点四:法律关系的产生、变更与消灭

命题题眼

1. 法律关系的产生、变更与消灭的条件

法律关系的产生、变更与消灭有两个条件:(1)法律规范;(2)法律事实。

2. 法律事实

法律事实是指法律规范所规定的,能够引起法律关系产生、变更和消灭的客观情况或现象。法律事实包括两类:(1)法律事件;(2)法律行为。

3. 法律事件

法律事件,是法律规范规定的,不以当事人的意志为转移而引起法律关系产生、变更、消灭的客观事实。法律事件包括社会事件和自然事件。

4. 法律行为

法律行为,是指法律关系主体在正常意志支配之下作出的行为。法律行为既包括善意行为、合法行为,也包括恶意行为、违法行为。它们都可以引起法律关系的产生、变更与消灭。

历年试题

2016 年试卷一第 10 题:甲和乙系夫妻,因外出打工将女儿小琳交由甲母照顾两年,但从未支付过抚养费。后甲与乙闹离婚且均不愿抚养小琳。甲母将甲和乙告上法庭,要求支付抚养费 2 万元。法院认为,甲母对孙女无法定或约定的抚养义务,判决甲和乙支付甲母抚养费。关于该案,下列哪一选项是正确的?

A. 判决是规范性法律文件

B. 甲和乙对小琳的抚养义务是相对义务

C. 判决在原被告间不形成法律权利和义务关系

D. 小琳是民事诉讼法律关系的主体之一

答案:B。

强化模拟题

1. 张女穿行马路时遇车祸,致两颗门牙缺失。交警出具的责任认定书认定司机负全责。张女因无法与肇事司机达成赔偿协议,遂提起民事诉讼,认为司机虽赔偿3000元安装假牙,但假牙影响接吻,故司机还应就她的"接吻权"受到的损害予以赔偿。关于本案,下列哪一选项是正确的?

A. 张女与司机不存在产生法律关系的法律事实

B. 张女主张的"接吻权"属于法定权利

C. 交警出具的责任认定书是非规范性法律文件,具有法律效力

D. 司机赔偿3000元是绝对义务的承担方式

答案:C。张女和司机之间因为司机的侵权行为而产生法律关系,而侵权行为属于法律事实中的法律行为,故A项说法错误。法定权利是国家通过法律规定对法律关系主体可以自主决定作出某种行为的许可和保障手段,而试题中的"接吻权"无法律依据,故B项说法错误。交警出具的责任认定书属于非规范性法律文件,具有法律效力,C项是正确的。司机赔偿3000元是相对义务的承担方式,这种义务只存在于张女和司机之间,是相对的权利,故D项错误。

2. 下列哪些法律行为还需要其他法律事实,才能导致有关法律关系的产生、变更和消灭?

A. 甲与乙纸上协议离婚

B. 某公司到保险公司为其员工办理投保手续

C. 甲将自己的私房卖给乙

D. 甲参加所在选区的人民代表大会代表的选举

答案:AC。离婚和房屋买卖都需要经过登记、批准等行为才能成立。

3. 下列不属于法律行为的是:

A. 法官甲在家中调解邻里纠纷

B. 某派出所决定对乙某拘留10天

C. 15岁的丙某偷了一台电视机

D. 丁某购买了盗版光盘

答案:A。法官甲在家中调解邻里纠纷是一般的社会行为,不是履行法官职责的行为。B项是执法行为;C、D项均为违法行为。

第八节　法律责任

考点一:法律责任的概念、特点、种类及与相关概念的关系

命题题眼

1. 法律责任的概念

法律责任,是指行为人由于违法行为、违约行为或者由于法律规定而应承受的某种不利的法律后果。

2. 法律责任的特点

法律责任有两个特点:承担法律责任的最终依据是法律;法律责任具有国家强制性。

3. 法律责任的种类

以引起责任的行为性质为标准,法律责任可以分为:刑事责任、民事责任、行政责任、违宪责任和国家赔偿责任。

(1)刑事责任。这是指行为人因犯罪行为所必须承受的,由司法机关代表国家所确定的否定式后果。刑事责任的特点包括:①刑事责任的产生原因在于行为人行为具有严重社会危害性;②刑事责任是犯罪人向国家所负的法律责任;③刑事责任是一种惩罚性责任;④刑事责任基本上是个人责任,也包括集体责任;⑤刑事法律是追究刑事责任的唯一法律依据。

(2)民事责任。这是指由于违反民事法律、违约或者由民法规定所应承担的法律责任。民事责任的特点包括:①民事责任主要是一种救济责任;②民事责任主要是一种财产责任;③民事责任主要是一方当事人对另一方当事人的责任,在法律允许的条件下,多数民事责任可以由当事人协商解决。

(3)行政责任。这是指因违反行政法或由行政法规定所应承担的法律责任。行政责任的特点包括:①行政责任的主体包括行政主体和行政相对人;②产生行政责任的原因是存在行为人的行政违法行为和法律规定的特定情况;③通常情况下,实行过错推定,在法律规定的一些场合,实行严格责任;④行政责任的承担方式多样化。

(4)违宪责任。这是指由于有关国家机关制定的法律、法规违反宪法或者规章或者有关国家机关、社会组织或公民从事与宪法规定相抵触的活动而产生的法律责任。在我国,监督宪法实施的权力属于全国人大及其常务委员会。

(5)国家赔偿责任。这是指国家对于国家机关及其工作人员在执行职务、行使公共权力时损害公民、法人和其他组织的法定权利与合法利益所应承担的赔偿责任。国家赔偿责任的特点包括:①国家赔偿责任的产生原因在于国家机关及其工作人员在执行职务过程中存在不法侵害行为;②国家赔偿责任的主体是国家;③国家赔偿责任的范围包括行政赔偿与刑事赔偿。

4. 法律责任与权力、权利、义务的关系

(1)法律责任与法律权力有密切联系:①法律责任的认定与实现离不开司法、执法机关的权力;②法

律责任规定了行使权力的界限以及越权的后果。

(2)法律责任与法定权利、义务有密切联系:①法律责任规范了法律关系主体行使权利的界限,以否定式后果防止不当行使权利或滥用权利;②在权利受到妨害或义务被违反时,法律责任成为救济的依据;③法律责任通过否定式后果成为权利、义务得以顺利实现的保证。

强化模拟题

1. 下列哪一种或哪一项情形可能导致法律责任?

A. 大风吹毁某甲自盖的新房

B. 某甲与某乙吵架,某乙心脏病发作猝死

C. 某甲与某乙约定在饭店吃饭,某乙未赴约,某甲自杀

D. 在我国,十岁以下的人致人伤害

答案:D。B、C项说法中的行为和结果之间不存在直接的因果关系,A项属于不可抗力事件。

2. 西方法学家在研究法律责任时,就法律责任的本质问题出现过不同的理论。其中,影响较大的有道义责任论、社会责任论和规范责任论。下列选项为道义责任论观点的是:

A. 由于给社会造成了经济损失,因而需要承担法律责任

B. 违法者应对自己出于自由意志作出的违法行为负责,应该受到道义上的责难

C. 只能根据行为人行为的环境和行为的社会危险性来确定法律责任的有无和轻重

D. 法律对人的行为否定的态度体现在法律责任的认定和归结中,这种责任就是法律规范和根本的价值准则评价的结果

答案:B。A项没有这样的说法;C项是社会责任论的观点;D项是规范责任论的观点。

考点二:关于法律责任的竞合

命题题眼

1. 法律责任竞合的含义

竞合,从语义上讲,是竞相符合或同时该当之意,即同一行为同时符合不同法律责任的构成条件,从而导致了不同法律责任间的冲突。法律责任的竞合,是指由于某种法律事实的出现,导致两种或两种以上的法律责任产生,而这些责任之间相互冲突的现象。比如,卖方交付的货物质量不合格,致买方人身伤害,卖方不仅要对受害人的伤害承担侵权责任,还因违反合同约定而需要承担违约责任,但这两种责任不能同时追究,只能追究其中之一,这种情况就是法律责任的竞合。

2. 法律责任竞合的特点

(1)数个法律责任的主体为同一法律主体。

(2)法律责任的主体实施了一个行为。

(3)该行为符合两个或两个以上的法律责任的构成要件。

(4)数个法律责任之间相互冲突。如果数个责任可以吸收或可以并存则不存在竞合问题。

3. 法律责任竞合的原因

之所以会发生法律责任的竞合,是因为不同的法律规范从不同角度对社会关系加以调整,而由于法律规范的抽象性以及社会关系的复杂性,不同的法律规范在调整社会关系时可能会产生一定的重合,使一个行为同时触犯了不同的法律规范,面临数种法律责任,从而引起法律责任的竞合问题。

4. 法律责任竞合的处理原则

对于不同法律部门间法律责任的竞合,一般来说,应按重者处之。如果相对较轻的法律责任已经被追究,再追究较重的法律责任应当考虑折抵。目前在实践中,法律责任的竞合较多的是指民事上的侵权责任与违约责任的竞合。

历年试题

2014年试卷一第91题:下列构成法律责任竞合的情形是:

A. 方某因无医师资格开设诊所被卫生局没收非法所得,并被法院以非法行医罪判处3年有期徒刑

B. 王某通话时,其手机爆炸导致右耳失聪,可选择以侵权或违约为由追究手机制造商法律责任

C. 林某因故意伤害罪被追究刑事责任和民事责任

D. 戴某用10万元假币购买一块劳力士手表,其行为同时触犯诈骗罪与使用假币罪

答案:BD。

2016年试卷一第59题:李某向王某借款200万元,由赵某担保。后李某因涉嫌非法吸收公众存款罪被立案。王某将李某和赵某诉至法院,要求偿还借款。赵某认为,若李某罪名成立,则借款合同因违反法律的强制性规定而无效,赵某无需承担担保责任。法院认为,借款合同并不因李某犯罪而无效,判决李某和赵某承担还款和担保责任。关于该案,下列哪些说法是正确的?

A. 若李某罪名成立,则出现民事责任和刑事责任的竞合

B. 李某与王某间的借款合同法律关系属于调整性法律关系

C. 王某的起诉是引起民事诉讼法律关系产生的唯一法律事实

D. 王某可以免除李某的部分民事责任

答案:BD。

强化模拟题

张某过马路闯红灯，司机李某开车躲闪不及将张某撞伤，法院查明李某没有违章，依据《道路交通安全法》的规定判李某承担10%的赔偿责任。关于本案，下列哪一选项是错误的？

A.《道路交通安全法》属于正式的法的渊源

B. 违法行为并非承担法律责任的唯一根源

C. 如果李某自愿支付超过10%的赔偿金，法院以民事调解书加以确认，则李某不能反悔

D. 李某所承担的是一种竞合的责任

答案：D。《道路交通安全法》作为全国人大常委会制定的法律，属于我国正式的法的渊源。所以，A项的说法正确。在本案中，李某并未违章，他依法承担的法律责任并非由于其违法行为所致，而是来自法律的规定。所以，B项的说法正确。民事调解书确认李某自愿支付超过10%的赔偿金后，李某即不能反悔。所以，C项的说法正确。李某的行为不存在侵权责任和违约责任的竞合，所以，不存在责任竞合问题。故应选D项。

第二章　法的运行

第一节　立　　法

考点一：立法权、立法体制和立法原则

命题题眼

1. 立法权和立法体制的含义

（1）立法权是指一定的国家机关依法享有的制定、修改、废止规范性法律文件的权力。享有立法权是立法的前提，立法是行使立法权的表现。立法权依据不同标准有不同的分类，根据享有立法权的主体，立法权可以分为国家立法权、地方立法权；根据立法权的形式，可以分为行政立法权、授权立法权。

（2）立法权是立法体制的核心。立法体制就是以立法权为基础所构建的一整套制度。立法体制包括立法权限的划分、立法机关的设置以及立法权的行使等内容。

（3）当代中国的立法体制。当代中国是单一制国家，根据我国宪法和立法法的规定，我国的立法体制是一元多层次的立法体制。

2. 立法原则

立法原则是指导立法主体进行立法活动的基本准则，是立法过程中应当遵循的指导思想。

（1）科学立法原则

立法应当尊重社会的客观实际状况，根据客观需要反映客观规律的要求，要以理性的态度对待立法工作，注意总结立法现象背后的普遍联系，揭示立法的内在规律，避免主观武断、感情用事。

（2）民主立法原则

立法应当体现广大人民的意志和要求，确认和保障人民的利益；应当通过法律规定，保障人民通过各种途径参与立法活动，表达自己的意见；立法过程和立法程序应具有开放性、透明度，立法过程中要坚持群众路线。

（3）依法立法原则

这一原则要求一切立法活动都必须以宪法为依据，符合宪法的精神；立法活动都要有法律根据，立法主体、立法权限、立法内容、立法程序都应符合法律的规定，立法机关必须严格按照法律规范的要求行使职权，履行职责。

考点二：立法程序

命题题眼

立法程序的含义

立法程序是特定的国家机关制定、修改和废除法律以及规范性法律文件的方式和步骤。立法程序对于保证立法的规范化、维护法的稳定性、提高立法的质量都具有极其重大的意义。

考点三：立法技术

立法技术是指在立法过程中所形成的一切知识、经验、规则、方法和技巧的总和。根据立法的进程，立法技术可以分为立法预测技术、立法规划技术和立法表达技术。其中，就立法表达技术方面的要求而言，其主要内容包括：法的名称的表达要规范和统一；法律规范的表达要完整、概括和明确；法的体例安排要规范和统一；立法语言要做到精确、严谨和简明。

第二节　法　的　实　施

考点一：法的实施与实现

命题题眼

1. 法的实施的含义及方式

（1）法的实施是指法在社会生活中被人们所实际施行。法律在制定后只是一种文本上的法律，只有通过法的实施才能将文本意义的法律变成现实中的法律来规范人们的行为。

（2）按照实施法律的主体和法的内容，法的实施可分为：法的遵守、法的执行、法的适用。

2. 法的实现的含义

法的实现是指法的要求在社会生活中被转化为

现实;法的实现须以法的实施为前提,二者是法的运行中的不同环节,法的实施是一个过程,法的实现则是结果。

历年试题

2022 年试卷一考生回忆版:“法大行,则是为公是,非为公非。”关于这句话,正确的说法是?

A. 公法效力高于私法效力

B. 法律对社会行为进行规范性调整

C. 法律局限在于不调整私人利益

D. 法的实施的主体只能是公权力机关

答案:B。考查法的效力、法的特征、法的作用、法的实施。

考点二:执法

命题题眼

1. 执法的含义

执法有广义和狭义两种含义。广义的执法是指所有国家机关及其公职人员依照法定职权和程序实施法律的活动。狭义的执法专指国家行政机关及其公职人员依法行使管理职权、履行职责、实施法律的活动。国家行政机关执行法律是法的实施的重要方面。人们把行政机关称为执法机关,就是在狭义上使用执法含义。

2. 执法的特点

(1)执法是以国家名义作出的,具有国家权威性;

(2)执法的主体是国家行政机关及其公职人员;

(3)执法具有国家强制性;

(4)执法具有主动性和单方性。

3. 执法的基本原则

(1)依法行政的原则。行政机关进行行政管理时必须依据法定权限、法定程序和法治精神进行。这是现代法治国家行政活动的一条最基本的原则。

(2)讲求效能的原则。行政机关在依法行政的前提下,尽量提高行政效率。

(3)公平合理的原则。行政机关应权衡多方面的利益因素和情境因素,尽量做到公平、公正、合理。

强化模拟题

下列哪些行为不属于执法活动?

A. 甲某认为自己没有钱而拒绝同女友春节回家

B. 税务人员认为某人有偷税嫌疑而查办该案件

C. 检察机关根据群众检举对某法官的枉法裁判行为进行侦查

D. 法官出差办案途中发现两个人发生口角,而依事实和法律对其进行劝解

答案:ACD。执法是指国家行政机关及其公职人员在行使行政管理权的过程中,依照法定职权和程序,贯彻实施法律的活动,因此,只有 B 项属于执法活动。C 项属于司法活动。

考点三:司法

命题题眼

1. 司法的含义

司法又称法的适用,是指国家司法机关根据法定职权和程序具体应用法律处理各类案件的专门活动。司法在一国的法治体系中发挥着极其重要的作用。

2. 司法的特点

(1)司法是由特定国家机关及其公职人员按照法定职权实施法律的专门活动。

(2)司法是司法机关以国家强制力为后盾实施法律的活动,具有国家强制性。

(3)司法是司法机关依照法定程序、运用法律处理案件的活动,具有严格的程序性及合法性。

(4)司法必须有表明法的适用结果的法律文书,如判决书、裁定书和决定书等。这些法律文书具有法律约束力。它们也可以作为一种法律事实,引起具体法律关系的产生、变更和消灭。

3. 司法与执法的区别

(1)主体不同。司法是司法机关及其公职人员适用法律的活动,而执法是国家行政机关及其公职人员执行法律的活动。

(2)内容不同。司法活动的对象是案件,主要内容是裁决涉及法律问题的纠纷和争议及对案件进行处理;而执法是以国家名义对社会进行全面管理,涉及社会生活的各个方面。

(3)程序性要求不同。司法由于产生终局性的裁断结果,因而对司法规定了特别严格的程序,防止人的不确定性因素对公正的损害。

(4)主动性不同。司法活动具有被动性,以案件的发生为前提,且一般只有在诉讼主体提起诉讼时,司法活动才得以启动;执法则具有主动性,行政机关应积极主动地实施法律、履行职责,否则就是渎职。

4. 关于当代中国司法的原则

为了保证司法权的正确行使和法律的正确适用,我国宪法和法律规定了司法机关适用法律必须遵循的原则。主要有:

(1)司法公正原则。

公正是司法的生命,司法公正是社会正义的一个重要组成部分。司法公正既包括实质公正,也包

括形式公正。为了保证公正,司法活动设定了严格中立的诉讼程序,赋予了法官独立的地位,并设立诸如回避、审检分离等制度保证其实现。

(2)法律面前一律平等原则。

(3)以事实为依据,以法律为准绳。

(4)司法机关依法独立行使职权原则。

这一原则的基本含义为:①司法权的专属性,即司法权只能由国家各级审判机关和检察机关统一行使,其他任何机关、团体和个人都无权干涉;②司法权的相对独立性,即人民法院、人民检察院依照法律独立行使自己的职权,不受行政机关、社会团体和个人的非法干涉;③行使职权的合法性,即司法机关行使司法权必须严格依照法律规定,正确适用法律,不得滥用职权。

为了保证司法机关依法独立行使职权,需要处理好以下几个问题:司法机关与党组织的关系;司法权威的树立;司法改革的继续推进。

历年试题

2015年试卷一第14题:卡尔·马克思说:"法官是法律世界的国王,法官除了法律没有别的上司。"对于这句话,下列哪一理解是正确的?

A. 法官的法律世界与其他社会领域(政治、经济、文化等)没有关系

B. 法官的裁判权不受制约

C. 法官是法律世界的国王,但必须是法律的奴仆

D. 在法律世界中(包括在立法领域),法官永远是其他一切法律主体(或机构)的上司

答案:C。

考点四:守法

命题题眼

1. 守法的含义

守法是指公民、社会组织和国家机关以法律为行为准则,依照法律行使权利、履行义务的活动,不仅包括消极被动地守法,也包括根据授权性法律规范积极主动地行使自己权利的行为。

2. 守法的构成

守法的主体即要求谁守法,与法律的本质、政体的性质、社会力量对比关系、历史及文化传统有着直接的关系。

中华人民共和国所有人都是守法主体,这在我国《宪法》第5条第4款、第5款明确规定为:"一切国家机关和武装力量、各政党和各社会团体、各企业事业组织都必须遵守宪法和法律。一切违反宪法和法律的行为,必须予以追究。任何组织或者个人都不得有超越宪法和法律的特权。"

对于守法的范围,在我国不仅包括遵守宪法和全国人大及其常务委员会制定的法律,还包括遵守与宪法和法律相符合的行政法规、地方性法规、行政规章和其他所有法的渊源。

强化模拟题

下列说法正确的是:

A. 关某参加区人民代表大会代表选举的行为属于守法行为

B. 扈某阅报时针对某影星的行为,认为其将被判5年有期徒刑,这体现了法律的评价作用

C. 人民检察院根据群众检举,对某公安局局长的刑讯逼供行为进行侦查的行为属于国家法律监督

D. 方律师在为一件产品致人伤害案代理时指出,一年前该法院在审理一起类似案件时没有判决给予精神损害赔偿,所以本案也不应该给予精神损害赔偿。方律师的这一思维方式属于演绎推理

答案:ABC。方律师的这一思维方式属于类比推理。类比推理为根据两个或两类对象某些相同属性,从而推出它们在另一些属性上也可能存在相同点的推理。故D项不正确,A、B、C项可以成立。

考点五:法律监督

命题题眼

1. 法律监督的概念

法律监督在我国有广义和狭义两种含义。狭义的法律监督是指特定国家机关依照法定权限和法定程序对立法、执法和司法活动的合法性所进行的监督。广义的法律监督指由所有的国家机关、社会组织和公民对各种法律活动的合法性所进行的监督。

2. 法律监督的构成

一般来说,法律监督由五个要素组成,即法律监督的主体、法律监督的客体、法律监督的内容、法律监督的权力与权利和法律监督的规则,缺一不可,共同构筑了完整的法律监督机制。

(1)法律监督的主体是指由谁来实施监督。监督主体可概括为国家机关、社会组织和公民三类。

(2)法律监督的客体是关于谁被监督的问题。在现代民主社会,所有的国家机关、政党、社会团体、社会组织和公民既是法律监督的主体,也是法律监督的客体。

(3)法律监督的内容包括与监督客体行为的合法性有关的所有问题。

(4)法律监督的权力与权利,这是指监督主体监视、察看、约束、控制、督促客体的权力与权利。

(5)法律监督的规则包括实体规则和程序规则两部分。

3. 法律监督体系

(1)国家法律监督体系

国家机关的监督以国家名义进行,具有国家强制力,是我国法律监督体系的核心。

(2)社会法律监督体系

社会监督,即非国家机关的监督,是指由各政党、各社会组织和公民依照宪法和法律对各种法律活动的合法性所进行的监督。这种监督具有广泛性的特点,是对国家法律监督体系的有效补充。

历年试题

2016 年试卷一第 60 题:王某向市环保局提出信息公开申请,但未在法定期限内获得答复,遂诉至法院,法院判决环保局败诉。关于该案,下列哪些说法是正确的?

A. 王某申请信息公开属于守法行为

B. 判决环保局败诉体现了法的强制作用

C. 王某起诉环保局的行为属于社会监督

D. 王某的诉权属于绝对权利

答案:ABC。

强化模拟题

下列哪种行为在我国法的实施的监督体系中,属于国家法律监督机关的监督?

A. 人民代表大会及其常委会对检察院和法院的工作进行监督

B. 纪检部门对某法官的违纪行为进行审查

C. 法院对某检察员的犯罪行为进行审理

D. 检察院对某公司经理的贪污犯罪行为起诉后,向该公司提出司法建议

答案:D。本题考查国家法律监督的体系。A 项属于国家权力机关的监督,B 项属于社会法律监督中党的监督,C 项属于法的适用。

第三节　法适用的一般原理

考点一:法适用的目标

命题题眼

法律人适用法律最直接的目标就是要获得一个合理的法律决定。在法治社会,所谓合理的法律决定就是指法律决定具有可预测性和正当性。法律决定的可预测性是形式法治的要求,它的正当性是实质法治的要求。

可预测性意味着作出法律决定的人在决定过程中应该尽可能地避免武断和恣意。避免作出法律决定的人的武断和恣意,就是要求他们必须将法律决定建立在既存的一般性法律规范的基础上,而且他们必须要按照一定的方法适用法律规范,如推理规则和解释方法。

法律决定的正当性是指按照实质价值或者某些道德考量,法律决定是正当的或者正确的。这里的实质价值或者道德是有一定范围的或者受到限制的,主要是指特定法治国家或者宪政国家的宪法规定的一些该国家的公民都承认的、法律和公共权力应该保障与促进的实质价值。

历年试题

2014 年试卷一第 92 题:"法律人适用法律的最直接目标就是要获得一个合理的决定。在法治社会,所谓合理的法律决定就是指法律决定具有可预测性和正当性。"对于这一段话,下列说法正确的是:

A. 正当性是实质法治的要求

B. 可预测性要求法律人必须将法律决定建立在既存的一般性的法律规范的基础上

C. 在历史上,法律人通常借助法律解释方法缓解可预测性与正当性之间的紧张关系

D. 在法治国家,法律决定的可预测性是理当崇尚的一个价值目标

答案:ABCD。

强化模拟题

周某半夜驾车出游时发生交通事故致行人鲁某重伤残疾,检察院以交通肇事罪起诉周某。法院开庭,公诉人和辩护人就案件事实和证据进行质证,就法的适用展开辩论。法庭经过庭审查实,交通事故致鲁某重伤残疾并非周某行为引起的,宣判其无罪释放。依据法学原理,下列判断正确的是:

A. 法院审理案件目的在于获得正确的法律判决,该判决应当在形式上符合法律规定,具有可预测性,还应当在内容上符合法律的精神和价值,具有正当性

B. 在本案中,检察院使用了归纳推理的方法

C. 法院在庭审中认定交通事故致鲁某重伤残疾并非周某行为引起的,这主要解决的是事实问题

D. 法庭主持的调查和法庭辩论活动,从法律推理的角度讲,是在为演绎推理确定大小前提

答案:AD。本题考查法适用的目标和适用的步骤。A 项中,法适用的目的是获得一个正确的法律决定,而在法治社会,一个合理的法律决定是指法律决定具有可预测性和正当性。故 A 项说法正确。在本案中,检察院用的是演绎的三段论的推理方式,所以 B 项错误。在法院开庭时,公诉人和辩护人就案件事实和证据进行质证,这个是确定事实小前提,而就法的适用展开辩论,是对大前提的确定。故 D 项正确。

考点二:法适用的步骤

命题题眼

整体来说,法律人适用有效的法律规范解决具体个案纠纷的过程是形式逻辑中的三段论推理过程即大前提、小前提和结论。具体来说,法律人适用法律解决个案纠纷的过程,首先,要查明和确认案件事实,作为小前提;其次,要选择和确定与上述案件事实相符合的法律规范,作为大前提;最后,以整个法律体系的目的为标准,从两个前提中推导出法律决定或者法律裁决。

上述对法律人业务操作过程的划分是一种逻辑意义上的划分。在实际的法律活动中,法律人适用有效法律规范解决个案纠纷的这三个步骤之间界限模糊并且可以相互转换。例如,法律人查明和确认案件事实的过程就不是一个纯粹的事实归结过程,而是一个在法律规范与事实之间的循环过程,即目光在事实与规范之间来回穿梭。

历年试题

2015 年试卷一第 15 题:关于法的适用,下列哪一说法是正确的?

A. 在法治社会,获得具有可预测性的法律决定是法的适用的唯一目标

B. 法律人查明和确认案件事实的过程是一个与规范认定无关的过程

C. 法的适用过程是一个为法律决定提供充足理由的法律证成过程

D. 法的适用过程仅仅是运用演绎推理的过程

答案:C。

2017 年试卷一第 12 题:"当法律人在选择法律规范时,他必须以该国的整个法律体系为基础,也就是说,他必须对该国的法律有一个整体的理解和掌握,更为重要的是他要选择一个与他确定的案件事实相切合的法律规范,他不仅要理解和掌握法律的字面含义,还要了解和掌握法律背后的意义。"关于该表述,下列哪一理解是错误的?

A. 适用法律必须面对规范与事实问题

B. 当法律的字面含义不清晰时,可透过法律体系理解其含义

C. 法律体系由一国现行法和历史上曾经有效的法构成

D. 法律的字面含义有时与法律背后的意义不一致

答案:C。

考点三:内部证成与外部证成

命题题眼

法律人在适用法律的过程中,无论是依据一定的法律解释方法所获得的法律规范即大前提,还是根据法律所确定的案件事实即小前提,都是用来向法律决定提供支持性理由的。在这个意义上,法律适用过程也是一个法律证成的过程。因为,证成往往被定义为给一个决定提供充足理由的活动或者过程。

从法律证成的角度看,法律人的法律决定的合理性取决于两个方面:一方面,法律决定是按照一定的推理规则从前提中推导出来的;另一方面,推导法律决定所依赖的前提是合理的、正当的。从上述的视角出发,法律证成可分为内部证成和外部证成,即法律决定必须按照一定的推理规则从相关前提中合逻辑地推导出来,属于内部证成;对法律决定所依赖的前提的证成属于外部证成。前者关涉的只是从前提到结论之间推论是否是有效的,而推论的有效性或者真值依赖于是否符合推理规则或者规律。后者关涉的是对内部证成中所使用的前提本身的合理性,即对前提的证立。

内部证成保证了结论是从前提中合逻辑地推导出来的,它对前提是否是正当的、合理的没有任何的保障。如果法律决定所依赖的前提本身是不正当的、不合理的,那么该法律决定也就是不正当的、不合理的。内部证成的意义在于,在内部证成过程中,越来越清楚地显示:到底什么样的前提需要从外部来加以证成,从而使那些可能仍然隐而不彰的前提条件必须明确地予以表达。

在法适用中,内部证成和外部证成是相互关联的。外部证成是将一个新的三段论附加在论证的链条中,这个新的三段论是用来支持内部证成中的前提的。这就意味着在外部证成过程中也必然涉及内部证成。也就是说,对法律决定所依赖的前提的证成本身也是一个推理过程,故而也有一个内部证成的问题。因此,法律人在证成前提的过程中也必须遵循一定的推理规则。我们不能将内部证成只理解为通常所说的法律规范、案件事实与法律决定之间的推理规则,其包括了确立前提本身所要遵循的推理规则。

历年试题

2021 年试卷一考生回忆版:关于内部证成和外部证成的表述,下列哪些选项是正确的?

A. 内部证成和外部证成共同保证了法律决定的合理性

B. 内部证成由于采用演绎推理而可以保证法律

决定的合法性,外部证成由于采取归纳推理而可以保证法律决定的合理性

C. 外部证成是法官在审判中根据法条直接推导出判决结论的过程

D. 外部证成的过程必然涉及内部证成,对法律决定所依赖的前提的证成本身也是一个推理过程,也有一个内部证成的问题

答案:AD。

强化模拟题

关于法律论证中外部证成的说法,下列哪些选项是错误的?

A. 外部证成是对内部证成中所使用的前提本身之合理性的证成

B. 外部证成是法官在审判中根据法条直接推导出判决结论的过程

C. 外部证成与案件事实的法律认定无关

D. 外部证成本身也是一个推理过程

答案:BC。法律证成分为内部证成和外部证成。法律决定按照一定的推理规则从相关前提中合逻辑地推导出来,属于内部证成;对法律决定所依赖的前提本身合理性的证成属于外部证成,故 A 项正确,B 项错误;外部证成就是对法律决定所依赖的前提即案件事实进行法律认定,故 C 项错误;外部证成过程中也必然涉及内部证成。也就是说,对法律决定所依赖的前提的证成本身也是一个推理过程,故 D 项正确。综上,本题选 B、C 项。

第四节　法律解释

命题题眼

1. 法律解释的含义

法律解释是指一定的人或组织对法律规定的含义的说明,法律解释既是人们日常法律实践的重要组成部分,也是法的实施的一个重要前提。

2. 法律解释的特点

(1)法律解释的对象是法律规定和它的附随情况。法律解释的任务是要探求法律规定背后的法律意旨。

(2)法律解释与具体案件紧密相关。法律解释的任务,就是要确定某一法律规定对某一特定的法律事实是否有意义,是否可以适用。

(3)法律解释往往具有一定的价值取向。法律本身体现了一定的目的,这些目的又以某些基本价值为基础。这些目的和价值就是法律解释所要探求的法律意旨,因此法律解释就不可避免地具有价值取向。

(4)法律解释受解释学循环的制约。为理解整个制度,要先理解用语、条文;而要理解用语、条文,又需要以理解整个制度为前提。

3. 法律解释的种类

法律解释可以根据不同的标准分为不同的种类:

(1)依据解释主体和解释效力的不同,法律解释可分为正式解释和非正式解释。

正式解释又称法定解释,是指由特定的国家机关对法律作出的具有法律约束力的解释。根据解释机关的不同,正式解释又分为立法解释、行政解释和司法解释三种。

非正式解释通常又称学理解释,一般是指由学者或其他个人和组织对法律规定所作出的不具有法律约束力的解释。

是否具有法律上的约束力是区别正式解释与非正式解释的关键。这里的“法律上的约束力”特指具有普遍性意义的法律约束力。

(2)依据解释尺度的不同可以将法律解释分为限制解释、扩充解释和字面解释。

限制解释指在法律条文的字面含义显然比立法原意广时,作出比字面含义窄的解释。

扩充解释指法律条文的字面含义显然比立法原意窄时,作出比字面含义广的解释。

字面解释是指严格按照法律条文的通常含义解释法律,对于条文的含义既不限缩也不扩充。

4. 法律解释的方法

法律解释的方法指解释者进行法律解释时为了达到解释的目标所使用的方法,法律解释的方法大体上包括文义解释、历史解释、体系解释、比较解释、立法者目的解释和客观目的解释等。

(1)文义解释又称语法解释,是指从法律条文的字面意义来说明法律规定的含义,其特点是关注法律条文的语义。

(2)历史解释是指通过研究有关立法的历史资料或从新旧法律的对比中了解法律的含义,其目的是探求某一法律概念、条文、制度是如何被规定进法律体系中的。

(3)体系解释是指将被解释的法律条文放在整部法律中乃至整个法律体系中,联系此法条与其他法条的相互关系来解释法律。

(4)比较解释是指根据外国的立法例和判例学说对某个法律规定进行解释。

(5)立法者目的解释又被称为主观目的解释,是指根据参与立法的人的意志或者立法资料揭示某个法律规定的含义。或者说,将对某个法律规定的解

释建立在参与立法的人的意志或者立法资料的基础之上。

(6)客观目的解释是指根据理性的目的或者在有效的法秩序的框架中客观上所指示的目的,即法的客观目的而不是根据过去和目前事实上存在的任何个人的目的,对某个法律规定进行解释。

5. 法律解释方法的适用模式

法律解释方法有三种适用模式,即单一模式、累积模式与冲突模式。

单一模式是指法律人针对特定案件事实对特定法律文本或法的渊源进行解释时忽略了其他法律解释方法而只适用一种法律解释方法。从法律证成的角度看,单一模式是法律人将一个主要的法律解释方法作为证成法律解释结果的唯一理由或首要理由。

累积模式是指法律人针对特定案件事实同时适用两种以上的法律解释方法对特定法律文本或法的渊源进行解释,而且在最终意义上得到了相同的解释结果。从法律证成的角度来看,法律人运用几种不同的法律解释方法证成对某个法律文本或法的渊源的解释结果,而且所有的这些法律解释方法在最终的分析意义上都支持对该法律文本或法的渊源的相同解释结果。

冲突模式是指法律人针对特定案件事实同时适用两种以上的法律解释方法对特定法律文本或法的渊源进行解释而得到至少两个相互对立、冲突的解释结果,而且这些解释结果证成了不同的法律决定。由此可见,冲突模式的适用中存在两个层面的操作:一方面,法律人运用不同的相互独立的法律解释方法证成各自的相互对立的法律解释结果;另一方面,法律人必须运用其他论据证成哪一法律解释结果具有优先性。因此,冲突模式运用的关键和根本之处不在于法官或法律适用者运用不同的相互独立的法律解释方法证成不同的法律解释结果,而在于证成哪一个法律解释结果具有优先性,即解决冲突问题。这就必然涉及法律解释方法的位阶问题。

历年试题

2016 年试卷一第 13 题:《全国人民代表大会常务委员会关于〈中华人民共和国刑法〉第一百五十八条、第一百五十九条的解释》中规定:"刑法第一百五十八条、第一百五十九条的规定,只适用于依法实行注册资本实缴登记制的公司。"关于该解释,下列哪一说法是正确的?

A. 效力低于《刑法》

B. 全国人大常委会只能就《刑法》作法律解释

C. 对法律条文进行了限制解释

D. 是学理解释

答案:C。

2016 年试卷一第 90 题:在莎士比亚喜剧《威尼斯商人》中,安东尼与夏洛克订立契约,约定由夏洛克借款给安东尼,如不能按时还款,则夏洛克将在安东尼的胸口割取一磅肉。期限届至,安东尼无力还款,夏洛克遂要求严格履行契约。安东尼的未婚妻鲍西娅针锋相对地向夏洛克提出:可以割肉,但仅限一磅,不许相差分毫,也不许流一滴血,唯其如此方符合契约。关于该故事,下列说法正确的是:

A. 夏洛克主张有约必践,体现了强烈的权利意识和契约精神

B. 夏洛克有约必践(即使契约是不合理的)的主张本质上可以看作"恶法亦法"的观点

C. 鲍西娅对契约的解释运用了历史解释方法

D. 安东尼与夏洛克的约定遵循了人权原则而违背了平等原则

答案:AB。

2017 年试卷一第 60 题:依《刑法》第 180 条第 4 款之规定,证券从业人员利用未公开信息从事相关交易活动,情节严重的,依照第 1 款的规定处罚;该条第 1 款规定了"情节严重"和"情节特别严重"两个量刑档次。在审理史某利用未公开信息交易一案时,法院认为,尽管第 4 款中只有"情节严重"的表述,但仍应将其理解为包含"情节严重"和"情节特别严重"两个量刑档次,并认为史某的行为属"情节特别严重"。其理由是《刑法》其他条款中仅有"情节严重"的规定时,相关司法解释仍规定按照"情节严重""情节特别严重"两档量刑。对此,下列哪些说法是正确的?

A. 第 4 款中表达的是准用性规则

B. 法院运用了体系解释方法

C. 第 4 款的规定可以避免法条重复表述

D. 法院的解释将焦点集中在语言上,并未考虑解释的结果是否公正

答案:ABC。

2020 年试卷一考生回忆版:法谚云,"法官是会说话的法律"。对于这一表述理解正确的是:

A. 法律不经裁判,则不产生义务

B. 法律不经转化,则无法解释

C. 法律不经适用,则不发生效力

D. 法律不经解释,则无法适用

答案:D。"法官是会说话的法律,而法律则是沉默的法官。"这是爱德华·S. 考文的名言。本题考查了这句法谚的前半句,可以解读为,法官应该严格依法办事,但不等于简单而机械地直接依照法律进行判决。

司法者适用法律时，要在一定法律规则下，运用自己的知识与判断力，对法律进行解释。然后再根据查明的案件事实，进行判决与裁量。法律不经解释，则无法适用。D 项说法正确。

2023 年试卷一考生回忆版：王某，男，70 周岁，系某单位清洁工，已领取退休金。某日王某在打扫卫生时受伤，请求保险公司赔偿。保险公司以其超过退休年龄为由拒赔。王某诉至某法院。法院认为："根据《最高人民法院关于审理劳动争议案件适用法律问题的解释(一)》第三十二条第一款规定，用人单位与其招用的已经依法享受养老保险待遇或者领取退休金的人员发生用工争议而提起诉讼的，人民法院应当按劳务关系处理。据此，王某不能享有工伤劳动保险待遇。但王某孤苦伶仃，无人照料，生活极度贫困。考虑到我国社会老龄化加速的实际情况，为维护老年人合法权益，保险公司应支付保险费用。"王某胜诉。该案例体现的是：

A. 当然推理　　B. 反向推理

C. 历史解释　　D. 客观目的解释

答案：D。法官审判时考虑了当前社会老龄化的实际情况以及维护老年人合法权益这一社会的伦理与道德要求，属于客观目的解释，故 D 项正确。

2024 年试卷一考生回忆版：王某上班时发现门口道路非常拥堵，于是自行画了一条左转车道，结果被罚款。后有关部门发现该做法有效缓解了交通拥堵，便增设了左转车道。对此，下列说法正确的是？

A. 王某的做法没有法律依据，因此被罚款，这属于实证主义法学观点

B. 对于王某行为的评价的变化属于客观目的解释

C. 有关部门的做法自相矛盾

D. 有关部门应向王某退回罚款

答案：AB。考查法的概念、法律解释。

第五节　法律推理

命题题眼

1. 法律推理的含义

法律推理就是在法律辩论中运用法律理由的过程，或者说，是人们在有关法律问题的争议中，运用法律理由解决问题的过程。此处的"法律理由"包括正式的法的渊源或非正式的法的渊源。

2. 法律推理的特点

(1)法律推理是一种寻求正当性的推理。法律推理的核心是为确认行为规范或人的行为是否正确或妥当，包括规则的正确含义及其有效性问题、行为是否合法或是否正当的问题、当事人拥有何种权利义务的问题以及当事人是否应负法律责任的问题等提供正当理由。

(2)法律推理要受现行法律的约束。现行法律是法律推理的前提和制约法律推理的条件，正式的法的渊源和非正式的法的渊源都可以成为法律推理中的理由，成为行为正当性的根据。在我国，宪法、法律、行政法规和地方性法规是法律推理的前提，在缺乏法律明确规定的情况下，法律原则、政策、法理和习惯都可以成为法律推理的前提。

(3)法律推理是一种实践理性。进行法律推理时要根据实际情境，寻找最适合的理由在法律规定和事实之间建立起联系。法学家的任务，就是运用法律推理的方法，依照法律制度努力促进的价值，使法律的精神与文字协调一致。

3. 法律推理的类型

法律推理大致可以分为演绎推理、归纳推理、类比推理、反向推理、当然推理及设证推理六种类型。

(1)演绎推理

演绎推理在结构上由大前提、小前提和结论三部分构成。大前提是概括了若干同类个别事物中共性的普遍性判断；小前提是对某一个别事物属于大前提主词外延的一种说明；结论表明该个别事物也具有在大前提中普遍性判断所揭示的属性。演绎推理有三个关键步骤：识别一个权威的大前提、明确表述一个真实的小前提、判断重要程度。演绎推理在法律推理中被广泛使用。

(2)归纳推理

归纳推理是从个别到一般的推论。

(3)类比推理

类比推理是个别到个别的推论。类比推理是根据两个或者两类事物在某些属性上是相似的，从而推导出它们在另一个或者另一些属性上也是相似的。与归纳推理相同，类比推理所得到的结论也是具有或然性的，即既可能为真也可能为假。

法律人在类比推理的操作过程中，最为基本和关键的是确认哪些是重要的案情或者哪些是关键的相关案情。

(4)反向推理

反向推理又叫反面推理。指从法律规范赋予某种事实情形以某个法律后果推出，这一后果不适用于法律规范没有规定的情形。其推理形式就是如果有某种情形，就有一个特定的结果，如果没有某种情形就没有特定的结果。其逻辑结构就是：如果 A 那么 B，如果非 A 那么非 B。反向推理也是一种或然性推理。但是反向推理在两种情形下运用得比较多，

而且其推论也往往是正确的。一种是高度重视法律安定性或确定性价值的法律规范。例如,关乎特定国家机关职权的规范。再如,《宪法》第62条规定全国人大有修改宪法的权利,反向推理就可以得出如果不是全国人大就没有修宪的权利这样的结论。另一种情形就是例外条款。如果没有例外条款规定的情形就没有例外情形对应的结果。

(5)当然推理

当然推理就是指某个较强的规范有效,那么较弱的规范就更加有效。当然推理主要包括两种形式:举轻以明重、举重以明轻。

举轻以明重:如果某种程度较轻的行为都要为法律所规制,那么程度更重的行为就更要为法律所规制。比如在刑法中,某个危害程度较轻的行为构成犯罪,那么危害程度较重的行为也往往构成犯罪。不过当然推理在刑法中的运用需要一个前提,就是罪刑法定原则。

举重以明轻:如果某种程度更重的行为都不为法律所规制,那么程度更轻的行为就更不为法律所规制。在刑法中就体现为:如果某个危害程度更重的行为都不构成犯罪,那么危害程度更轻的行为就更加不构成犯罪。当然此种推理也需要在罪刑法定的原则下进行。

(6)设证推理

设证推理是对从所有能够解释事实的假设中优先选择一个假设的推论。设证推理是一种效力很弱的推论,但是它在法律适用的过程中是不可放弃的。设证推理是法律人在其工作中必然会运用到的一种方法,但是它的结论是不确定的。

历年试题

2015年试卷一第89题:李某因热水器漏电受伤,经鉴定为重伤,遂诉至法院要求厂家赔偿损失,其中包括精神损害赔偿。庭审时被告代理律师辩称,一年前该法院在审理一起类似案件时并未判决给予精神损害赔偿,本案也应作相同处理。但法院援引最新颁布的司法解释,支持了李某的诉讼请求。关于此案,下列认识正确的是:

A.“经鉴定为重伤”是价值判断而非事实判断

B. 此案表明判例不是我国正式的法的渊源

C. 被告律师运用了类比推理

D. 法院生效的判决具有普遍约束力

答案:BC。

2016年试卷一第12题:在宋代话本小说《错斩崔宁》中,刘贵之妾陈二姐因轻信刘贵欲将她休弃的戏言连夜回娘家,路遇年轻后生崔宁并与之结伴同行。当夜盗贼自刘贵家盗走15贯钱并杀死刘贵,邻居追赶盗贼遇到陈、崔二人,因见崔宁刚好携带15贯钱,遂将二人作为凶手捉拿送官。官府当庭拷讯二人,陈、崔屈打成招,后被处斩。关于该案,下列哪一说法是正确的?

A. 话本小说《错斩崔宁》可视为一种非正式的法的渊源

B. 邻居运用设证推理方法断定崔宁为凶手

C.“盗贼自刘贵家盗走15贯钱并杀死刘贵”所表述的是法律规则中的假定条件

D. 从生活事实向法律事实转化需要一个证成过程,从法治的角度看,官府的行为符合证成标准

答案:B。

2017年试卷一第90题:据《二刻拍案惊奇》,大儒朱熹作知县时专好锄强扶弱。一日有百姓诉称:“有乡绅夺去祖先坟茔作了自家坟地。”朱熹知当地颇重风水,常有乡绅强占百姓风水吉地之事,遂亲往踏勘。但见坟地山环水绕,确是宝地,遂问之,但乡绅矢口否认。朱熹大怒,令掘坟取证,见青石一块,其上多有百姓祖先名字。朱熹遂将坟地断给百姓,并治乡绅强占田土之罪。殊不知青石是那百姓暗中埋下的,朱熹一片好心办了错案。对此,下列说法正确的是:

A. 青石上有百姓祖先名字的生活事实只能被建构为乡绅夺去百姓祖先坟茔的案件事实

B.“有乡绅夺去祖先坟茔作了自家坟地”是一个规范语句

C. 勘查现场是确定案件事实的必要条件,但并非充分条件

D. 裁判者自身的价值判断可能干扰其对案件事实的认定

答案:CD。

2021年试卷一考生回忆版:朱男和吕女结婚前,给予吕女母亲一笔钱款。后朱男与吕女离婚,朱男未向吕女母亲要求返还,吕女向其母索要该钱无果后诉至法院。法院经调查风俗习惯后认定该钱款系朱男婚前向吕女母亲支付的彩礼,而非赠与吕女的财产。法律规定只有给付彩礼方有权请求接受方返还彩礼,而吕女无权向其母亲索要该笔彩礼,故吕女败诉。以下正确选项有哪些?

A. 法院在适用返还彩礼相关规定时,进行了反向推理

B. 在认定该笔款项性质时,法院以当地习俗为大前提

C. 法院查明习俗的过程,属于法的发现

D. 整个推理过程,法院采用了涵摄的方法

答案:AC。

2024年试卷一考生回忆版:陈某认为某商场外显示屏存在“光污染”,将商场诉至法院。法院根据经验法则,认定该显示屏的亮度确实超过一般人能忍受的

程度，确认商场外显示屏存在光污染，判决陈某胜诉。关于本案，下列哪一选项是正确的？

A. 法院的判决，运用了设证推理

B. 法院的判决，运用了当然推理

C. 对于光污染的概念，法院运用了体系解释

D. 对于光污染的概念，法院运用了比较解释

答案：A。考查法律推理、法律解释。

2022年试卷一考生回忆版：甲乙已婚，甲却在游戏网络空间和丙组成夫妻。乙起诉甲重婚，法院认为网络空间的婚姻不是法定婚姻，法院最终判决甲不构成重婚罪。对此，下列哪一说法是正确的？

A. 法院判决甲无罪，运用了反向推理

B. 法院如果判决甲构成重婚罪，不是运用涵摄推理

C. 法院对网络空间的婚姻不是法定婚姻的推理不必然涉及内部证成

D. 法院可以直接依据公序良俗判决甲无罪

答案：B。考查法律推理、法律论证、法律原则。

强化模拟题

1. 某地电缆受到破坏，大面积停电3小时，后查知为邢某偷割电缆所致。邢某被控犯危害公共安全罪，处以5年有期徒刑。邢某不服上诉，理由是自己偷割电缆变卖所得仅50元，顶多属于“小偷小摸”行为。二审法官依照最高人民法院《关于审理破坏公用电信设施刑事案件具体应用法律若干问题的解释》维持原判。对此，下列哪一种理解是错误的？

A. 法官根据最高人民法院的解释对邢某行为所作出的判断是一种事实判断

B. 最高人民法院《关于审理破坏公用电信设施刑事案件具体应用法律若干问题的解释》是司法解释

C. 在这个案件中，法官主要运用了演绎推理

D. 邢某对自己行为的辩解是对法律的认识错误

答案：A。在司法实践中，事实判断就是对案件事实的一种认定。价值判断就是法官依据法律作出司法判决。故A项表述错误。

2. 青年男女在去结婚登记的路上被迎面驶来的卡车撞伤，未能登记即被送往医院抢救。女方伤势过重成为植物人，男方遂悔婚约。女方父母把男方告到法院，要求男方对女方承担照顾抚养的责任。法院以法无明文规定为由，裁定不予受理。关于本案，下列哪些评论是错误的？

A. 支持不受理，因为法官面对的是法律不调整的“法外空间”事项

B. 支持不受理，因为法官正确运用了类比推理而没有采用设证推理

C. 反对不受理，因为法官违反了“禁止拒绝裁判原则”

D. 反对不受理，因为法官没有发挥法律在社会中的创造作用

答案：ABD。本案法院应当受理，这是保障当事人诉权的要求，也是“禁止拒绝裁判原则”的要求。但是，法律也不能超出社会的发展需要去创造社会。故选A、B、D项。

3. 谢某、阮某与曾某在曾某经营的酒吧喝酒，离开时谢某从楼梯上摔下，被扶起后要求在酒吧休息，第二天被发现已死亡。经鉴定，谢某系“醉酒后猝死”。该案审理中，合议庭对“餐饮经营者对醉酒者是否负有义务”产生争议。刘法官认为，我国相关法律对此没有明确规定，但根据德国、奥地利、芬兰等国判例，餐饮经营者负有确保醉酒顾客安全的义务，认定曾某负赔偿责任符合法律保护弱者的立法潮流。依据法学原理，下列哪一说法是正确的？

A. 刘法官的解释属于我国正式解释体制中的司法解释

B. 刘法官在该案的论证中运用了有关非正式的法的渊源的知识

C. 从法律推理角度看，“经鉴定，谢某系‘醉酒后猝死’”是推理的大前提

D. 从德国、奥地利、芬兰等国家存在判例的情形看，这些国家的法律属于判例法系

答案：B。在我国，正式解释只能由机构作出，司法解释仅指最高人民法院、最高人民检察院作出的对法律的适用的解释，故刘法官的解释属于非正式解释，不具有法律效力，不是司法解释，A项说法错误。非正式的法的渊源是指没有法律明文的规定，但是具有法律说服力的依据。而在本案中，刘法官根据的是德国等国的判例，而在中国，判例属于非正式的法的渊源，故B项说法正确。法律推理中的演绎推理是以法律为大前提，事实为小前提，然后得出法律决定，而在本案中，“谢某系‘醉酒后猝死’”是推理的小前提而非大前提，故C项说法错误。德国、奥地利、芬兰等国家虽然存在判例的情形，但这些国家的法律属于大陆法系，判例并不是正式的法的渊源，故D项错误。综上，故B项为应选项。

第六节　法律漏洞的填补

考点一：法律漏洞及其分类

命题题眼

法律漏洞指违反立法计划的不圆满性，即某事项本应由法律规定但法律却未作规定。法律漏洞不是法外空间，法外空间不属于法律调整的范围。只有在不属于法外空间的事项，且法律没有规定时，才存在法律漏洞。

法律漏洞的分类：

1. 根据法律对某事项是否完全没有规定，分为全部漏洞与部分漏洞

(1)全部漏洞，也叫立法空白。从法律体系观察，法律应该规定，但未作规定。

(2)部分漏洞，从法律体系观察，有法律规定，但不完整。

2. 根据表现形态，漏洞分为明显漏洞与隐藏漏洞

(1)明显漏洞：法律应该规定，却没有规定。

(2)隐藏漏洞：法律虽已规定，却不完善，有例外情形应当排除但没有排除。

3. 根据漏洞产生时间，分为自始漏洞和嗣后漏洞

(1)自始漏洞指法律制定时，该漏洞就已经存在。自始漏洞又可以分为明知漏洞和不明知漏洞。

①明知漏洞，指立法者在制定法律时考虑到社会客观情况，有意不作规定，而是交由有关部门决定情形下的漏洞，这属于“法政策漏洞”。

②不明知漏洞，指立法者在制定法律时，由于疏忽或者认知能力欠缺，没有意识到的法律漏洞。

(2)嗣后漏洞指法律制定后，因客观情况的变化，出现新情况而导致的漏洞。

考点二：法律漏洞的填补方法

命题题眼

填补明显漏洞的方法是目的论扩张，填补隐藏漏洞的方法是目的论限缩。

1. 目的论扩张

目的论扩张指法律规范的文义未能涵盖某类案件，但依其规范目的应当包含该类案件，因而扩张该规范的适用范围。目的论扩张是法律文义的范围窄于法律规范目的范围，也即“词不达意”的情形，扩张词的含义以满足规范的目的。

法官进行目的论扩张时，必须做到：(1)论证清楚何为规范目的或者立法计划；(2)证明该案件和规范文义涵盖的案件可为该规范目的所涵盖。

目的论扩张和扩充解释不同：(1)扩充解释属于文义解释中的一种情形，因条文的文义不足以表达立法意旨，而扩张条文中的词语意义，但该扩张并未超出规范文义的范围。(2)目的论扩张所适用之案件，已经超越了规范文义所涵盖的范围，因为该案件满足规范目的而适用该规范。

2. 目的论限缩

目的论限缩指法律规范的文义涵盖了某类案件，但依据规范目的，不应涵盖该类案件，因而限缩规范的适用范围，将该类案件排除在外。目的论限缩是规范文义所指的范围宽于规范目的所指的范围，也即“言过其实”。其基本原理是不同案件应作不同处理，排除掉不同类案件在同一规范的适用。

法官进行目的论限缩时，必须做到：(1)论证清楚何为规范目的或者立法计划；(2)论证规范文义已包含案件和待证案件为不同类型的案件，不能为该规范目的所涵盖。

目的性限缩与限制解释的区别：(1)目的论限缩是将某一类案件排除在该规范适用范围之外，而限制解释则是该规范已经适用于案件，但文义过于宽泛，从而限缩该规范的文义，以便正确适用。(2)目的性限缩是增添了新的限制性规范，限制解释则是压缩了规范的文义范围。

第三章　法的演进

第一节　法的产生与历史类型

考点一：法的产生

命题题眼

法与原始社会规范的主要区别

(1)两者产生的方式不同。法是由国家制定或认可的，原始社会规范是人们在长期的共同生产和生活过程中自发形成的。

(2)两者反映的利益和意志不同。法反映统治阶级的利益和意志，原始社会规范反映原始社会全体成员的利益和意志。

(3)两者保证实施的力量不同。法是以国家强制力保证实施的，原始社会规范是依靠社会舆论的力量、传统力量和氏族部落领袖的威信保证实施的。

(4)两者适用的范围不同。法适用于国家主权所及的地域内的所有居民，原始社会规范只适用于同血缘的本氏族部落成员。

考点二：法的产生的一般规律

命题题眼

法的产生有其独特的发展规律，这主要表现在以下几方面：

(1)法的产生经历了从个别调整到规范性调整、从一般规范性调整到法的调整的发展过程。早期的社会调整往往是对个别行为的个别调整。这种调整针对具体人、具体行为进行。其缺陷是带有一定的偶然性和任意性。随着个别调整所指向的社会关系发展成为经常、普遍的现象，该个别调整也就因被反复适用而发展成为人们共同遵守的行为规则。这种共同规则的形成带有自发性，表现为习惯。习惯的

形成使个别调整规范化为一般调整，即规范性调整。以后随着社会的发展，社会形成两个利益对立的阶级，统治阶级需要一种特殊的社会规范来维护其利益，迫使社会成员按照统治阶级意志行事，于是法的调整从一般的规范性调整中分离出来，逐渐成为社会关系的主要调整方式。

(2)法的产生经历了从习惯到习惯法，再由习惯法到制定法的发展过程。进入阶级社会后，原始社会的许多习惯被赋予了阶级内容，成为奴隶主阶级用来实现社会控制的工具，并由新产生的国家公共权力保障实施，实现了习惯法的质变。随着社会关系的复杂化和社会文明的发展，国家根据一定的程序把体现统治阶级意志和利益的规范以明确的文字形式表现出来，逐渐产生了制定法。最早的制定法主要是习惯法的整理和记载，以及个别立法文件和最主要的判决的记载。之后，国家适应社会的需要主动地制定新的法律规范，制定法成为法的主要渊源。因此，法的产生过程，是一个由简单到复杂、由不完善到完善、由自发形成到自觉形成的长期发展过程。

(3)法的产生经历了法与宗教规范、道德规范浑然一体到法与宗教规范、道德规范分化和法的相对独立的发展过程。原始社会中，各种行为规范浑然一体；国家产生之初，不同规范之间的界限也不明显。随着社会的发展和人们管理经验的积累，分辨一种行为对社会产生的影响的性质和程度成为需要并有了可能，法律便与宗教、道德区别开来。法在调整方式、手段、范围等方面自成一体、相对独立，在社会调整体系中占有独特的地位，发挥特殊的作用。

历年试题

2017年试卷一第13题：有学者这样解释法的产生：最初的纠纷解决方式可能是双方找到一位共同信赖的长者，向他讲述事情的原委并由他作出裁决；但是当纠纷多到需要占用一百位长者的全部时间时，一种制度化的纠纷解决机制就成为必要了，这就是最初的法律。对此，下列哪一说法是正确的？

A. 反映了社会调整从个别调整到规范性调整的规律

B. 说明法律始终是社会调整的首要工具

C. 看到了经济因素和政治因素在法产生过程中的作用

D. 强调了法律与其他社会规范的区别

答案：A。

强化模拟题

法律是一种历史现象，下列选项说法正确的是：

A. 法律是凝结的历史，或者说是历史的产物。在人类社会的转折点，都可以看到法律的旗帜或标志

B. 法律制度都是历史的产物，有其产生和演变的过程。要想准确而深刻地把握它们，并在此基础上丰富和发展它们，就必须运用历史学的理论和方法

C.《汉谟拉比法典》《梭伦法典》《英国大宪章》《独立宣言》《人权宣言》《拿破仑法典》《联合国宪章》等文献被称为“人类历史的里程碑”，反映了人类进步的足迹

D. 法律的历史发展的总体过程表明，从奴隶制法到封建制法，继而发展为资本主义法和社会主义法，是法律历史发展的一般规律，因而在人类社会发展过程中，每一个国家、民族的法律都经过了法律的这四种历史类型

答案：ABC。法律的历史发展的总体过程表明，从奴隶制法到封建制法，继而发展为资本主义法和社会主义法，是法律历史发展的一般规律。但在人类社会发展过程中，并不是每一个国家、民族的法律都一定经过法律的这四种历史类型，有的国家、民族的法律发展可能没有经过某种历史类型，故D项错误。

考点三：法的历史类型

命题题眼

1. 法的历史类型的含义

所谓法的历史类型，是按照法所产生和赖以存在的经济基础及所体现的阶级的意志，对人类历史上存在过的法所作的划分。凡是建立在相同的经济基础之上，体现相同阶级意志的法，属于同一历史类型的法。

2. 法的历史类型的种类

马克思主义认为，人类历史上存在四种历史类型的法：奴隶制法、封建制法、资本主义法和社会主义法。在人类社会发展中，并非每一个国家、民族的法都一定经历过这四种历史类型。但法的历史发展的总体表明，从奴隶制法到封建制法，继而发展为资本主义法和社会主义法，是法的历史发展的一般规律。随着人类社会的发展，法的历史类型也由低级类型向高级类型的法依次更替。

3. 法的历史类型更替原因

法的历史类型的更替是不以人的意志为转移的历史必然，社会基本矛盾的运动是法的历史类型更替的根本原因。

第二节　法的传统、继承与移植

考点一：法的传统

命题题眼

1. 法的传统

法的传统是指特定国家和民族世代相传、辗转

相承的有关法的制度和观念的总和。

法的传统可以通过法律制度体现和传承。以法典为例,中华法系的《永徽律疏》、罗马帝国的《国法大全》,分别成为中华法系和古代欧洲的代表性法典。

法的传统也可以以法律观念或者法律意识的方式体现和传承。法律意识是指人们关于法律现象的思想、观念、知识和心理的总称,是社会意识的一种特殊形式。法律意识本身在结构上可以分为两个层次:法律心理和法律思想体系。法律心理是人们对法律现象表面、直观的感性认识和情绪,是法律意识的初级形式和阶段。法律思想体系是法律意识的高级阶段,它以理性化、理论化和体系化为特征,是人们对法律现象进行理性认识的产物,也是人们对法律现象的自觉的反映形式。

2. 中国和西方的传统法律文化

(1)中国的传统法律文化

我国古代的"法"与西方的"法"具有不同的涵义。汉语中,古人所说的法、刑、律三词涵义是相通的,核心是刑。另外,古代汉语中的法完全是以权力为基础的,法自君出,君主言出法随。从功能上看,我国古代的法主要是统治工具。中国古代"法"的指导思想是以儒家学说为基础的道德理想主义。中国古代法的传统体现在礼、法之间的关系中。

中国古代法的传统表现形式:

①在秩序的规范基础方面,礼法结合,德主刑辅;

②在秩序价值基础上,等级有序,家族本位;

③在法律体系的内部结构上,以刑为主,民刑不分;

④在秩序的形成方式上,重视调解,无讼是求。

(2)西方的传统法律文化

以欧洲大陆罗马法和英国普通法为代表的西方传统法律文化具有如下特点:

①法律受宗教影响较大。

②强调个体的地位和价值。

③私法文化相对发达。

④以正义为法律的价值取向。

考点二:法的继承与法的移植

命题题眼

1. 法的继承的含义

法的继承是不同历史类型的法律制度之间的延续和继受。一般表现为旧法对新法的影响和新法对旧法的承接和继受。法的继承是客观存在的,法就是在继承中发展的。法作为文化现象,其发展表现为文化积累的过程,继承是不可避免的。

2. 法的继承的根据

(1)社会生活条件的历史延续性决定了法的继承性。社会存在决定社会意识,社会物质生活条件决定法的内容。而在社会发展史上,每一代人开始生活时,都不能自由地选择社会物质生活条件,而必须适应这些既定的生活条件。

(2)法的相对独立性决定了法的发展过程的延续性和继承性。法不但受一定的经济基础的制约,而且对经济基础具有反作用,经济基础改变了,法律制度和法律观念不会全部消失,并可以被新兴的阶级在不同程度上加以利用。法的相对独立性决定了法律发展过程的延续性和继承性。法的相对独立性是社会意识相对独立性的体现。

(3)法作为人类文明成果决定了法的继承的必要性。在法的历史发展过程中,围绕各个不同阶段的法所形成的法律形式、术语、概念、典籍、著作等就成为人类共同的文化成果,并作为文化遗产代代相传。

(4)法的发展的历史事实验证了法的继承性,如法国资产阶级以奴隶制时代的罗马法为基础制定了《法国民法典》。

3. 法的继承的内容

(1)法律术语、技术、形式。基本的法律概念和术语如权利、义务、法律行为、法律责任等;立法、执法和司法程序;法律解释方法;法律体系的结构、形式以及法律机构的设置等都是可以继承的。

(2)有关社会公共事务的法律规定。在公共事务规范中有许多属于技术性规范或者是反映社会整体利益的规范,如有关交通、自然资源、环境保护、人口、卫生、水利、城市建设等的法律规定是可以继承的。

(3)反映市场经济的法律原则和规范,如关于市场主体、市场要素、市场行为、市场调控的法律规定。

(4)反映法的一般价值的原则,如法律面前人人平等原则、无罪推定原则、罪刑法定原则、公开审判原则、法治原则等,这些都是可以继承的。

4. 法的移植的含义

法的移植是指在鉴别、认同、调适、整合的基础上,引进、吸收、采纳、摄取、同化外国法,使之成为本国法律体系的有机组成部分,为本国所用。

法的继承体现了时间上的先后关系,法的移植则反映了一个国家对同时代其他国家法律制度的吸收和借鉴,法的移植的范围除了外国的法律外,还包括国际法律和惯例。法的移植的前提是供体(被移植的法)和受体(接受移植的法)之间存在共性,即受同一规律的支配、互不排斥、可互相吸纳。

法的移植有以下几种类型:(1)经济、文化和政治处于相同或基本相同的发展阶段和发展水平的国家相互吸收对方的法律,以达到融合和趋同;(2)落后国家或发展中国家直接采纳先进国家或发达国家的法律;(3)区域性法律统一运动和世界性法律统一运动或法律全球化。

法的移植是一项十分复杂的工作,要避免不加选择地盲目移植,应选择优秀的、适合本国国情和需要的法律进行移植,注意外国法与本国法之间的同构性和兼容性,注意法律体系的系统性,同时法的移植要有适当的超前性。

强化模拟题

关于法的移植和法的继承,下列哪些选项的表述正确?

A. 法的继承更强调不同时间法律的承接和继受,即纵向意义上的法律之间的承接和继受

B. 法的移植则更偏向于同时代的法律的吸收和借鉴,即横向意义上的法律之间的承接和继受

C. 在法律内容方面,法的继承不可能全盘接受,法的移植则在理论上有可能

D. 法的移植与法的继承完全不存在重合

答案:ABC。法的继承强调的是较后历史类型的法律对较前历史类型的法律的承接和继受;法的移植强调的是对同时代的其他国家的法律的吸收和借鉴,这就可能存在重合。

第三节　法　　系

命题题眼

法系的含义

法系是比较法学的核心概念,是根据法的历史传统和外部特征的不同,对法所作出的分类。据此分类标准,凡属于同一传统的法律就构成一个法系。

第四节　法的现代化

考点一:法的现代化

命题题眼

1. 法的现代化的意义

首先,法的现代化意味着法与道德的完全分离。其次,法的现代化意味着法成为形式法。最后,法的现代化意味着法具有可理解性、精确性、一致性、普遍性、公开性,一般来说是成文的以及不具有溯及既往的效力等。

2. 法的现代化的动力来源

根据法的现代化的动力来源,法的现代化过程大体上可以分为内发型法的现代化和外源型法的现代化。

内发型法的现代化是指由特定社会自身力量产生的法的内部创新。这种现代化是一个自发的、自下而上的、缓慢的、渐进变革的过程。这种类型的法的现代化是在西方文明的特定社会历史背景中孕育、发展起来的。

外源型法的现代化是指在外部环境影响下,社会受外力冲击,引起思想、政治、经济领域的变革,最终导致法律文化领域的革新。在这种法的现代化过程中,外来因素是最初的推动力。这种类型法的现代化的重要特点,不仅表现为正式法律制度的内部矛盾,而且反映在正式法律制度与传统习惯、风俗、礼仪的激烈斗争中。传统的利益群体和传统观念相结合,一方面成为法的现代化的强大阻力,另一方面又使法的现代化进程呈现多样性。外源型法的现代化的特点在于:(1)具有被动性。(2)具有依附性。(3)具有反复性。对于外源型法的现代化国家来说,外来法律资源与本土法律传统文化的关系始终是法的现代化能否成功的一个关键。

历年试题

2017 年试卷一第 14 题:关于法的现代化,下列哪一说法是正确的?

A. 内发型法的现代化具有依附性,带有明显的工具色彩

B. 外源型法的现代化是在西方文明的特定历史背景中孕育、发展起来的

C. 外源型法的现代化具有被动性,外来因素是最初的推动力

D. 中国法的现代化的启动形式是司法主导型

答案:C。

考点二:当代中国法的现代化的历史进程与特点

命题题眼

1. 历史进程

鸦片战争后的封建法律面临来自两方面的压力:一方面,清朝政府在被迫签订的不平等条约中承认了外国领事裁判权,对中国传统法律造成极大的修改压力;另一方面,当时的有识之士在鸦片战争前后已经看到了中国的落后,要求变法图强。1902年,张之洞以兼办通商大臣的身份,与各国修订商约。英、日、美、葡四国表示,在清政府改良司法"皆臻完善"之后,愿意放弃领事裁判权。为此,清政府下诏,派沈家本、伍廷芳主持修律。以收回领事裁判权为契机,中国法的现代化在制度层面上正式启动了。

由此,从起因看,中国法的现代化明显属于外源

型法的现代化，西方法律资源也就必然成为中国法的现代化的主要参照。

2. 特点

中国法的现代化的历史，与所有外源型法的现代化既有共同之处，又有自己的独特之处，表现在以下几方面：

(1)由被动接受到主动选择。清末修律，从历史的角度看是极其必要的，但当时显然是屈辱的、被动的。

(2)由模仿大陆法系到建立有中国特色的社会主义法律制度。由于近代以来法的现代化方式的影响，加上中华人民共和国成立后引入的苏联法律模式也是受大陆法系的影响，所以，我国总体上仍然倾向于大陆法系，但吸收了普通法系的一些经验，如审判程序等。

(3)法的现代化的启动形式是立法主导型。一方面是因为历史上缺乏法治传统；另一方面则是由于现实的迫切需要，在双重压力夹击下的现代化过程中，法制建设具有浓厚的“工具”色彩和“功利”性。清末修律开始至此后的历届政府，都用立法的方式推行新政策，反映在阶级斗争中胜利了的那个阶级的意志。这种法的现代化的启动方式，虽然能够迅速实现变法的意图，但是由于法律的社会基础不稳定，以致容易形成国家与社会之间的紧张关系，其作用就比较有限。

(4)法律制度变革在前，法律观念更新在后，思想领域斗争激烈。

历年试题

2020年试卷一考生回忆版：关于法的现代化，说法正确的是：

A. 法的现代化仅要求法律制度的变革

B. 外源型法的现代化具有自发性和渐进性特征

C. 从清末开始，中国法的现代化一直是司法主导型

D. 法的现代化要求法具备形式合理性(合法性)

答案：D。法的现代化是指法与社会的政治、经济、文化等方面的现代化需要相适应的一个变化过程。法的现代化不仅需要法律制度的变革，还需要法律观念的更新，法律文化的革新等，因此A项说法错误。

依据法的现代化动力来源，可将法的现代化分为两类：内发型现代化和外源型现代化。在法的外源型现代化中，由于外来因素是最初的推动力，与固有的传统习惯之间存在激烈斗争，双方互有进退，因而表现为过程的反复性。自发性和渐进性是内发型法的现代化的特征，而不是外源型法的现代化的特征。因此B项错误。

中国法的现代化属于外源型。在鸦片战争后，面对欧洲列强的殖民压力和国内有识之士变法图强的要求，清政府下诏，派沈家本和伍廷芳主持修律，因此中国法的现代化启动形式是立法主导型，并非“一直”是司法主导型，因此C项错误。

法的现代化的标志之一就是法律具有一致性、普遍性、公开性等形式理性，具备形式合理性。因此D项正确。

第五节　法治理论

考点一：法治

命题题眼

1. 法治的含义

社会主义法治，是指社会主义国家的依法治国的原则和方略，即与人治相对的治国理论、原则、制度和方法，“法治”一词明确了法律在社会生活中的最高权威。

2. 法治与人治的区别

法治是与人治对立的治国方略。这两种治国方略的界限不在于是否承认法律运行中人的因素，而在于：从主体上，法治是众人之治(民主政治)，人治是一人(或几人)之治(君主专制或贵族政治)；法治依据的是反映人民大众意志的法律，人治则依据领导人个人的意志；法治之法是政治的目的性所在，人治之法是政治意志的工具。法治和人治的分界线是：当法律与当权者的个人意志发生冲突时，是法律高于个人意志，还是个人意志高于法律。

3. 法治与法制的区别

社会主义法制和法治的含义在强调法律要建立在社会主义民主的基础上、体现人民的意志、反映社会发展规律、依法办事等方面是相同或接近的，但它们也有重大区别。比较起来，两者的主要区别在于：

(1)“法治”一词显示了法律介入社会生活的广泛性。

从字面上看，法制主要强调法律和制度及其实施。狭义地说，它仅指相对于政治制度、经济制度的一种制度；广义地说，它也只是包括法律实施在内的一种活动，对法律在社会生活中的作用和范围从字面上是无法界定的。

而“法治”一词的含义比较明确，就是在全部国家生活和社会生活中都必须依法办事。不仅普通公民、一般社会组织和企事业单位要依法办事，国家机关、政党、武装力量也要依法办事；尤其是各

级党的组织和党员干部，要带头执行、遵守法律。法律在社会生活中具有重大作用，在国家的政治生活中也同样具有重要作用。因此，法治要求法律更全面地、全方位地介入社会生活。

（2）“法治”一词蕴涵了法律调整社会生活的正当性。

法制所包含的法律和制度，其含义从字面看是中性的。“有法可依，有法必依，执法必严，违法必究”解决不了社会主义制度下人们对所依之法的正当性要求。历史上，法律长期被少数人用作镇压人民、维护自己统治地位和腐朽政权的工具；法律和制度也曾经被德国纳粹政权作为实行种族灭绝暴行的工具。因此，我国社会主义法制建设需要的法律必须有与社会主义性质一致的正当性。这种正当性正是我国社会主义法制建设的重要价值之一。

“法治”一词则蕴涵了这种正当性。

历年试题

2013 年试卷一第 51 题：“近现代法治的实质和精义在于控权，即对权力在形式和实质上的合法性的强调，包括权力制约权力、权利制约权力和法律的制约。法律的制约是一种权限、程序和责任的制约。”关于这段话的理解，下列哪些选项是正确的？

A. 法律既可以强化权力，也可以弱化权力

B. 近现代法治只控制公权，而不限制私权

C. 在法治国家，权力若不加限制，将失去在形式和实质上的合法性

D. 从法理学角度看，权力制约权力、权利制约权力实际上也应当是在法律范围内的制约和法律程序上的制约

答案：ACD。首先，法律可以表述和确认国家权力，通过对国家权力的合法性肯定来强化和维护国家权力，所以，法律是可以强化权力的；其次，法的精义在于控权，通过各种法律程序来严格监督国家权力的行使，所以，法律也可以弱化权力。所以，A 项正确。

法治的目标不仅仅是要控制公权力以防止其侵犯私权利，同时也要限制私权利的滥用。所以，B 项错误。

强化模拟题

1. 下列有关法治的表述正确的是：

A. 法治是一个复杂的法律概念，它既是一种治国的思想体系又是一种治国的方式、原则和制度

B. 法治是一种静态的概念，是法律制度和法律及制度的简称

C. 法治强调对国家权力的限制和制约，强调对公共权力的合理运用

D. 法治符合社会生活理性化的要求，增强了社会成员的安全感

答案：ACD。法治明确法律在社会生活中的最高权威，显示了法律介入社会生活中的广泛性，要求在全部国家生活和社会生活中都必须依法办事。法治是一个复杂的法律概念，它既是一种治国的思想体系又是一种治国的方式、原则和制度，所以，A 项正确。法制是一种静态的概念，是法律制度和法律及制度的简称，所以 B 项错误。法治强调对国家权力的限制和制约，符合社会生活理性化的要求，增强了社会成员的安全感，所以，C、D 项正确。

2. 下列说明了法治所体现的法律价值、法律精神的是：

A. 在法治社会，法律必须体现人民主权原则，必须反映广大人民的意志并体现客观规律，是以维护和促进全体人民的共同利益为目标的

B. 法律必须以保护人民权利为核心，尊重和关怀人权，公民的权利和自由非依正当的法律程序不受剥夺，一切非法的侵害都能得到公正、合理、及时的处理

C. 国家的一切权力来源于法律，权力必须在法定范围内行使，权力必须互相制衡，滥用权力应受到追究

D. 法律至高无上，法律具有极大的权威

答案：ABCD。法治体现了人民主权、权利保障、法律至上、权力制约这样一些法律价值、法律精神。

考点二：法治国家与社会主义法治国家

命题题眼

1. 法治国家的含义

法治国家是最先在德语中使用的概念。早期的法治国家是指中世纪欧洲的某种国家形式尤其是德意志帝国，当时被认为是“和平与法律秩序的守卫者”。现代意义上的法治国家，是德国资产阶级宪政运动的产物，其基本含义是国家权力，特别是行政权力必须依法行使，所以，法治国家有时又称法治政府。

2. 法治国家的基本条件

（1）通过法律保障人权，限制公共权力的滥用；

（2）良法的治理；

（3）通过宪法确立分权与权力制约的国家权力关系；

（4）赋予广泛的公民权利；

（5）确立普遍的司法原则，如司法独立。

3. 社会主义法治国家的基本条件

社会主义法治国家的基本条件，可以分为制度条件和思想条件两个方面。

（1）制度条件包括：

①社会主义法治国家必须有完备的法律和系统的法律体系。

②社会主义法治国家必须具有相对平衡和相互制约的符合社会主义制度需要的权力运行的法律机制。

③社会主义法治国家必须有一个独立的具有极大权威的司法系统和一支高素质的司法队伍。

④社会主义法治国家必须有健全的律师制度。

(2)思想条件是指,在社会主义法治国家,人们普遍对法律的观点、认识应该达到的规格和标准,包括以下几个方面:

①法律至上,这是指法律在社会规范中具有最高权威,所有的社会规范都必须符合法律的精神。

②权利平等,这是指全社会范围内人们的平等,就是承认所有的社会成员法律地位平等。

③权力制约,这是指所有以国家强制力保证实现的公共权力(主要是国家机构的权力),在其运行的同时,必须受到其他公共权力的制约。

④权利本位,这是指在国家权力和人民权利的关系中,人民权利是具有决定性的、根本的;在法律权利与法律义务之间,权利是具有决定性的,起主导作用的。

第四章 法与社会

第一节 法与社会的一般理论

考点:法与社会的一般关系

命题题眼

所谓社会,就是以共同的物质生活为基础而相互联系的人类生活共同体,是人们相互作用的结果。社会是由各种相互联系、相互作用的因素所构成的复合体,包括经济、政治、文化等社会领域以及法律、道德、宗教等社会规范。在这个复合体中,任何一个社会因素的变化,都会直接或间接地影响社会整体的均衡和稳定。社会生活的各个方面相互之间乃是有密切联系的统一体,法律作为社会中的一种制度形态和规范体系,是与其他社会现象不可分割的。为了使法的功能得以充分发挥,就必须使法与社会不断地协调。

法与社会的关系问题,是法理学研究的一个重要领域。学习法律,先从法律本身来理解法律是理解不了法律的。因此,法之理在法外,认识法律,须先认识社会;掌握了社会的存在机理,才能了解法律的结构及其运行的规律。

历年试题

2017年试卷一第86题:孟子的弟子问孟子,舜为天子时,若舜的父亲犯法,舜该如何处理?孟子认为,舜既不能以天子之权要求有司枉法,也不能罔顾亲情坐视父亲受刑,正确的处理方式应是放弃天子之位,与父亲一起隐居到偏远之地。对此,下列说法正确的是:

A. 情与法的冲突总能找到两全其美的解决方案

B. 中华传统文化重视伦理和亲情,对当代法治建设具有借鉴意义

C. 孟子的方案虽然保全了亲情,但完全未顾及法律

D. 不同法律传统对情与法的矛盾可能有不同的处理方式

答案:BD。

2021年试卷一考生回忆版:后西村民委员会在开展“争创精神文明户”活动中,将子女是否孝敬老人作为一项重要的指标。张老汉的儿子张三书面承诺,每月至少给父亲500元的赡养费。之后,张三家被评为“精神文明户”。但是张三始终没有履行过承诺。村民委员会撤销了张三家“精神文明户”的称号,并支持张老汉向法院起诉。法院审理后,判令张三每月向张老汉支付赡养费500元,并支付张老汉看病的费用。几个月后,张老汉再次找到原审法官,请求撤销原判决。理由是判决生效后,虽然张三履行了判决,但是他的孙子和孙女从此再也不喊他“爷爷”了,他为此感到非常伤心。对此事件,下列说法哪些是正确的?

A. 在农村地区,应当优先适用风俗习惯

B. 风俗习惯与国家法律之间存在紧张关系

C. 建设法治国家,必须综合运用法律、道德等手段

D. 该案法官应当按照张老汉的要求,撤销原判决

答案:BC。

2024年试卷一考生回忆版:法律具有自主性。法律可以作为工具和手段,影响个人行为,进而影响到群体以及个人与群体、群体间的行为准则,从而影响整个社会的行为准则。对此,下列说法正确的是?

A. 法律的自主性意味着法律可以调整所有社会关系

B. 法律的发展独立于道德和宗教

C. 社会以法律为基础

D. 法律可以重塑人们的实践行为和行为模式

答案:D。考查法的作用、法与社会的关系。

第二节 法与经济

考点一:法与经济的一般关系

命题题眼

按照传统的理解,所谓经济或称经济状况,指的

是整个社会的物质资料的生产和再生产；经济活动及社会物质的生产、分配、交换和消费活动的统称；经济基础即一定社会的生产关系的各个方面的总和。

理解法与经济的一般关系，应该重点把握以下几点：

1. 法律是由经济基础决定的。经济基础与上层建筑是互相对应的，有什么样的经济基础，就有什么样的上层建筑与之相对应。经济基础的性质决定了上层建筑的性质。法律作为上层建筑的一部分，也是由经济基础决定的。法律必须适应经济基础的要求，作出相应的变化，否则就不能达到为经济基础服务的目的。法不仅随着经济基础的根本变革而发生本质的变化，即使在同一社会形态里，当经济基础发生局部变化时，也会引起法律的相应变化。法律的产生和发展变化都有其客观规律，任何法律要具有尊严和权威性，就必须正确反映经济关系和社会发展的客观规律，符合经济基础和生产力发展的要求。

2. 法律对经济也有反作用。法律对经济的反作用指法律对社会经济关系和经济活动直接发生影响的能力，目的在于建立和维护一定的社会经济关系和经济秩序，促进社会发展和生产力进步。法律对经济基础有能动的反作用，主要表现为：(1)确认经济关系；(2)规范经济行为；(3)维护经济秩序；(4)为经济活动提供服务。法律对于经济的这种反作用不是自发实现的，而是在人们的自觉活动过程中进行和实现的，因此必须遵循经济规律。

考点二：法与科学技术

命题题眼

科学是指研究自然现象及其规律的自然科学；技术指根据自然科学原理和生产实践经验，为某一实际目的而协同组成的各种工具、设备和工艺体系，不包括与社会科学相应的技术内容。本部分内容重点掌握科技进步对法的影响和法对科技进步的作用。

1. 科技进步对法的影响

(1)科技进步对立法的影响。科技进步给一些传统法律领域提出了新问题，要求各个法律部门的发展要不断深化。科技发展还带出了大量新的立法领域，科技法日益成为一个独立的法律部门。

(2)科技进步对于司法过程也有重大影响。司法过程的主要环节——事实认定、法律适用和法律推理受到了现代科学技术进步的影响。

(3)科技进步对法律思想的影响。科技发展启迪人们的法律意识；科技进步促进新的法学思想和法学理论的产生；科技进步对于法学流派的发展也有重要的影响。

(4)科技进步对法律方法论的影响。科技进步为处理复杂的法律问题提供了新的具体手段。

2. 法对科技进步的作用

(1)运用法律管理科技活动，确立国家科技事业的地位以及国际间科技竞争与合作的准则。

(2)法律在促进科技成果商品化、形成科技经济一体化协调发展的良性循环方面发挥作用。

(3)法律具有对科技活动和科技发展所引发的各种社会问题的抑制和预防作用。

历年试题

2018年试卷一考生回忆版：近期，无人驾驶汽车在公共交通道路行驶，公众围绕其是否违法、事故后是否担责、如何加强立法进行规制展开讨论，下列说法中正确的是：

A. 若无人驾驶汽车上路行驶引发民事纠纷被诉至法院，因法无明文规定，法院不得裁判

B. 科技发展引发的问题只能通过法律解决

C. 现行交通法规对无人驾驶汽车上路行驶尚无规定，这反映了法律的局限性

D. 只有当科技发展造成了实际危害后果时，才能动用法律手段干预

答案：C。A项错误，根据禁止拒绝裁判原则，即“法官不得以法律没有规定或规定得不清楚为理由拒绝裁判”，故在民事案件的处理过程中，在法律没有明文规定的情况下，法官仍可以采用非正式的法的渊源或法律漏洞填补技术对案件进行处理。B项错误，法律的作用具有局限性，在社会治理的过程中，除了可以利用法律手段来处理社会问题外，还可以依靠政策、道德等其他社会规范来进行规制。C项正确，现行交通法规对无人驾驶汽车上路行驶尚无规定本身属于立法空白，这是法律局限性的具体表现。D项错误，立法本身就应当具有一定的前瞻性，完全可以对可能出现的社会问题进行事前预防，因此并非只有当科技发展造成了实际危害后果时，才能动用法律手段干预。

第三节　法与政治

考点一：法与政治的一般关系

命题题眼

所谓政治就是围绕国家政权问题而进行的，处理阶级关系、党政关系、民族关系、国家关系以及其他有关社会关系的活动。法与政治都属于上层建筑，都受制约和反作用于一定的经济基础。二者的

关系主要表现为二者的相互作用。

1. 政治对法的作用

通说认为,政治在上层建筑中居主导地位,因而总体上法的产生和实现与一定的政治活动相关,反映和服务于一定的政治,政治关系的发展变化也在一定程度上影响法的发展变化。

2. 法对政治的作用

法作为上层建筑相对独立的部分,对政治也有很大的影响,主要表现在以下几个方面:

(1)协调政治关系;

(2)规范政治行为;

(3)促进政治发展;

(4)解决政治问题。

考点二:法与国家

命题题眼

1. 法与国家的一般关系

这里的"国家"是指国家权力意义上的国家。国家权力指国家凭借其特殊地位和对资源的控制,使个人和组织服从其意志以实现一定目的的支配、控制和影响的能力。在最一般意义上,法与国家权力构成相互依存、相互支撑的关系。

第一,法表述和确认国家权力,以赋予国家权力合法性的形式强化和维护国家权力。

第二,国家权力是对法的必要的保障力量:(1)国家义务实现需要国家权力;(2)个体权利保护需要国家权力;(3)社会整合需要国家权力;(4)法的创设和实施需要国家权力。

2. 法治与国家权力制约

近代法治的实质和核心在于控权,即对国家权力在形式和实质上的合法性的强调,包括国家权力制约国家权力和法律的制约。法律的制约是一种权限、程序和责任的制约。

但国家权力制约机制也有局限,因为:(1)国家权力制约在根本上不能妨害权力的效能;(2)法的至上性是指法相对于任何一个具体的国家权力具有至上地位,并不意味着法在总体上高于或脱离国家权力存在;(3)法自身的局限以及国家权力的内在扩张趋势,都使国家权力制约不可能完全实现。

3. 社会主义法治与社会主义民主政治

社会主义民主政治与社会主义法治是与上层建筑密切相关的组成部分,建立在共同的经济基础之上,有共同的政治职能和历史使命,存在相互依存、渗透、促进和保障的关系。

(1)社会主义民主政治是社会主义法治的前提和基础。社会主义民主政治是社会主义法治发展的依据,社会主义民主政治决定社会主义法治的性质和内容,社会主义民主政治是社会主义法治权威和力量的来源。

(2)社会主义法治是社会主义民主政治的体现和保障。社会主义法治确认人民当家作主的地位,确认民主的国家制度及其活动原则的合法性和正当性;它将人民民主具体化为公民的政治权利和国家机关的职权,并为其实现规定了程序、原则和方法;社会主义法治创造和维护使民主政治稳定的条件和环境,保障在政治稳定的基础上不断完善和扩展民主政治。

第四节 法与道德

考点一:法与道德的联系

命题题眼

道德是由人们的物质生活条件决定的,评价人们的思想和行为的善与恶、荣誉与耻辱、正义与非正义、公正与偏私、诚实与虚伪等问题的观念、原则和规范的统一体。人类社会早期法与道德是不分的,随着人类社会的发展进步,法与道德逐渐分离开来,但是二者仍然具有一定的共同性。法与道德的联系表现为以下几个方面:

1. 法律与社会主流道德在本质上是一致的。法律与社会主流道德都是掌握国家政权的社会集团意志的体现,都是同一经济基础之上的上层建筑,二者为相同的经济基础所决定并共同为其服务。因此,二者的内容是一致的。在法律的制定过程中,掌握国家政权的社会集团往往将社会主流道德的原则用法律形式规定下来;而在法律的实现过程中,又离不开道德准则的辅助和约束。

2. 法律与道德在内容上相互渗透。近代以前的法在内容上与道德的重合程度相当高,有时甚至浑然一体。近现代法在确认和体现道德时大多注意二者重合的限度,倾向于只将最低限度的道德要求转化为法律义务,注意明确法与道德的调整界限。

3. 法律与道德的历史使命相同。法律与社会主流道德都是实现社会控制的手段,都通过调整和规范人们的行为为社会秩序提供保障,服务于一定的政治制度和经济制度。它们作为调整社会关系的行为规范,规定了人们应该怎样行为、不应该怎样行为,为人们的行为提供模式、标准。

4. 法律与道德都是社会价值的具体表现形式。二者是同一社会价值的不同表现形式,因此二者的总体精神和内容大体相同。

考点二:法与道德的区别

命题题眼

法律与道德的区别为:

1. 生成方式上的建构性与非建构性。道德是自然、自发形成的;而法是人为制定的,即法具有建构性,而道德则没有。

2. 行为标准上的确定性与模糊性。法是确定的,有确定的行为模式和法律后果;而道德很难提供确定的行为标准,其对行为的要求笼统,原则、标准模糊。

3. 存在形态上的一元性与多元性,即有多少不同的人就有多少不同的道德,而法律制度在大多数情况下都是统一的。

4. 调整方式上的外在侧重与内在关注。法律注重人的外在行为;而道德不仅注重行为还注重精神。

5. 运作机制上的程序性与非程序性。法律的施行讲程序,法的实体内容通过程序选择和决定;而道德则不需要。

6. 强调方式上的外在强制与内在约束。

7. 解决方式上的可诉性与不可诉性。法律以其确定性的规定和程序性的设置,具有了通过诉讼维持一致性和平等性的条件;道德不具有可诉性,且其舆论的评价或谴责也往往是多元的。

历年试题

2016 年试卷一第 14 题:王某参加战友金某婚礼期间,自愿帮忙接待客人。婚礼后王某返程途中遭遇车祸,住院治疗花去费用 1 万元。王某认为,参加婚礼并帮忙接待客人属帮工行为,遂将金某诉至法院要求赔偿损失。法院认为,王某行为属由道德规范的情谊行为,不在法律调整范围内。关于该案,下列哪一说法是正确的?

A. 在法治社会中,法律可以调整所有社会关系

B. 法官审案应区分法与道德问题,但可进行价值判断

C. 道德规范在任何情况下均不能作为司法裁判的理由

D. 一般而言,道德规范具有国家强制性

答案:B。

强化模拟题

道德与法律都属于社会规范的范畴,都具有规范性、强制性和有效性,道德与法律既有区别又有联系。下列有关法与道德的几种表述中,哪种说法是错误的?

A. 法律具有既重权利又重义务的“两面性”,道德具有只重义务的“一面性”

B. 道德的强制是一种精神上的强制

C. 马克思主义法学认为,片面强调法的安定性优先是错误的

D. 法律所反映的道德是抽象的

答案:D。道德更多规定的是义务,法律既赋予权利又设定义务。A 项正确。道德主要作用于内心,并靠舆论的力量和内心的自觉来保障实施,所以,道德的强制主要是一种精神上的强制。故 B 项正确。在法与道德发生冲突的时候,分析实证主义法学认为,法的安定性优先;自然法学派认为,法的正义性优先。马克思主义法学认为,在法与道德的关系上,既要看到它们的一致性和相互作用,又要看到它们的区别,片面强调安定性优先或者正义性优先都是错误的。故 C 项正确。马克思主义法学认为法律所反映的道德不是抽象的,而是具体的、历史的,是统治阶级的道德,故 D 项错误。

中国法律史

考点一:中国法律史中的立法思想

中国的每个朝代都有其相应的立法指导思想,但也有一根主线贯穿其中,即"礼"。"礼"是中国传统法律思想的核心,从西周统治者开始,主流的法律思想就将礼法结合起来,这是后世一切正统法律思想所标榜的基调,礼法结合是中国传统法制的理论基础。本书只明确写出了西周的立法思想,对于其他朝代的立法思想并没有明确阐释,而是通过对具体法律制度的介绍来阐明。

命题题眼　西周的立法思想

1. 西周的"以德配天,明德慎罚"思想

周初统治者继承了夏商以来的神权政治学说,提出了"以德配天,明德慎罚"的政治法律主张。"德"的要求主要包括三个基本方面:敬天、敬祖和保民。在"以德配天"的基本政治观之下,提出了"明德慎罚"的法律主张,要求统治者首先要用德教的办法来治理国家。"明德慎罚"的具体要求可以归纳为"实施德教,用刑宽缓"。其中,"实施德教"是前提,是第一位的。"德教"的具体内容逐渐归纳为"礼治"。

"以德配天,明德慎罚"成为后世政治法律制度理想的原则与标本,汉代中期后,这种主张被儒家发挥成"德主刑辅,礼刑并用"的基本策略,为后世以"礼法结合"为特征的中国传统法制奠定了理论基础。

2. 出礼入刑的礼刑关系

(1)礼的内容和性质

①礼的内容

礼是中国古代社会长期存在的、维护血缘关系宗法关系和宗法等级制度的一系列精神原则以及言行规范的总称。周礼的调整范围从国家政治到人们的日常生活细节。

中国古代的礼有两层含义:

第一,抽象的精神原则,可归纳为"亲亲"与"尊尊"两个方面。"亲亲"是对家族范围内的要求,"亲亲父为首",以"孝"为核心,旨在维护家庭、家族及宗族内部的伦理道德秩序;"尊尊"是对社会范围内的要求,"尊尊君为首",以"忠"为核心,旨在维护整个国家的君臣贵贱秩序。在"亲亲""尊尊"两大原则下,又形成了"忠""孝""义"等具体精神规范。

第二,具体的礼仪形式。西周时期主要有五个方面,通称"五礼":吉礼(祭祀之礼)、凶礼(丧葬之礼)、军礼(行兵仗之礼)、宾礼(迎宾待客之礼)、嘉礼(冠婚之礼)。

②礼的性质

西周时期的礼已具备法的性质,因为周礼完全具有法的规范性、国家意志性和强制性的三个基本特性,周礼在当时对社会生活各个方面都有实际的调整作用。

(2)礼与刑的关系

①礼和刑都是当时的社会规范,共同发挥法律的作用。礼与刑共同构成西周法律关系的完整体系。

②"出礼入刑"。西周时期"刑"多指刑法和刑罚。"礼"是正面、积极规范人们的言行,"刑"是对一切违背礼的行为进行处罚。

③"礼不下庶人,刑不上大夫"。这是中国古代法律中的一项重要法律原则,强调平民百姓与贵族官僚之间的不平等,强调官僚贵族的法律特权。"礼不下庶人"强调礼有等级差别,禁止任何越礼的行为;"刑不上大夫"强调贵族官僚在适用刑罚上的特权。

注意:"礼不下庶人"并不是说礼对庶人没有约束力,只是强调等级差别,天子有天子的礼,诸侯有诸侯的礼,不能僭越,禁止任何越礼的行为;"刑不上大夫"也不是说贵族犯罪一律不加惩罚,只是强调贵族官僚在适用刑罚上的特权。

历年试题

2022年试卷一考生回忆版:中国古代法律讲究"天人合一",下列选项中未能直接体现"天人感应"的是?

A. 以德配天　　B. 德主刑辅

C. 春秋决狱　　D. 秋冬行刑

答案:BC。"德主刑辅"只强调了国家治理方面道德与刑罚的关系,并未直接体现"天人感应"。"春秋决狱"是特定历史条件下的特殊审判方式,未体现"天人感应"。

考点二:中国法制史中的立法活动

命题题眼一　春秋战国时期的立法活动

1. 铸刑书与铸刑鼎

春秋中期后,公布成文法的活动在一些诸侯国中出现，否定了“刑不可知，威不可测”的旧传统，明确了法律公开这一新兴地主阶级的立法原则。

(1)铸刑书

①中国历史上第一次公布成文法活动；

②时间及作者：公元前536年，郑国子产；

③内容：郑国的法律条文。

(2)竹刑

①作者：郑国邓析；

②内容：郑国内外的法律规范；

③性质：私人著作。

(3)铸刑鼎

①中国历史上第二次公布成文法活动；

②时间及作者：公元前513年，晋国赵鞅；

③内容：范宣子所为刑书。

2.《法经》

(1)历史地位：我国历史上第一部比较系统的封建成文法典。

(2)作者：战国时期魏国李悝。

(3)体系：共六篇，即盗法、贼法、网法、捕法、杂法、具法。

①盗法、贼法是关于惩罚危害国家安全、危害他人及侵犯财产的法律规定。王者之政莫急于盗贼，因此，盗法、贼法位于法典的前面。

②网法又称囚法，是关于囚禁和审判罪犯的法律规定。

③捕法是关于追捕盗贼及其他犯罪者的法律规定。捕法与网法多属于诉讼法的范围。

④杂法是关于惩罚除盗贼之外其他犯罪与刑罚的法律。

⑤具法则相当于今天的“总则”，内容主要是关于加减刑的适用。

(4)内容特点：《法经》在内容方面的一个主要特征是贯彻轻罪重刑的法治理论。

3. 商鞅变法

公元前359年，法家著名代表人物商鞅在秦国实施变法改革，是战国时期封建法制发展过程中又一次意义重大的法制改革。

(1)商鞅的变法主张：运用法律手段达到建立强大封建政权的目的，把自己的思想主张与秦国“富国强兵”的要求结合起来。

(2)基本情况：在秦孝公的支持下，先后进行过两次；基本手段是法律、法令，涉及政治、经济以及其他社会领域。

(3)主要内容：

①改法为律，扩充法律内容。

②运用法律手段推行“富国强兵”的措施。“富国强兵”是变法的最终目的。

③运用法律手段剥夺旧贵族的特权。例如，废除世卿世禄制度，实行按军功授爵；取消分封制，实行郡县制等。

④颁布系列法令。

其一，奖励耕织；

其二，鼓励发展小农经济，扩大户赋的来源，颁布《分户令》；

其三，奖励军功，颁布《军爵律》。

⑤全面贯彻法家“以法治国”和“明法重刑”的主张。

其一，强调“以法治国”，要求全体臣民特别是国家官吏学法、“明法”，百姓学习法律者，“以吏为师”。

其二，“轻罪重刑”。尽力贯彻重刑原则，加重量刑幅度，对轻罪也施以重刑。

其三，不赦不宥。强调国家法律的严肃性，反对赦宥，凡有罪者皆应受罚。

其四，鼓励告奸。鼓励臣民相互告发奸谋，规定“告奸者与斩敌首同赏”。

其五，实行连坐，以十家为什，五家为伍，什伍之内相互有告奸、举盗的责任。

其六，实行军事连坐、家庭连坐。

历年试题

2016年试卷一第16题：春秋时期，针对以往传统法律体制的不合理性，出现了诸如晋国赵鞅“铸刑鼎”，郑国执政子产“铸刑书”等变革活动。对此，下列哪一说法是正确的？

A. 晋国赵鞅“铸刑鼎”为中国历史上首次公布成文法

B. 奴隶主贵族对公布法律并不反对，认为利于其统治

C. 打破了“刑不可知，则威不可测”的壁垒

D. 孔子作为春秋时期思想家，肯定赵鞅“铸刑鼎”的举措

答案：C。

强化模拟题

1. 关于公元前359年商鞅在秦国变法，下列哪些选项是正确的？

A. 商鞅取消郡县制，实行分封制，剥夺了旧贵族对地方政权的垄断权

B. 商鞅“改法为律”，突出了法律规范的伦理基础

C. 商鞅推行“连坐”制度，鼓励臣民相互告发奸谋

D. 商鞅提出“轻罪重刑”，反对赦免罪犯，认为凡有罪者皆应受罚

答案:CD。

2. 关于《法经》的叙述:①《法经》的作者是魏国李悝;②《法经》中的《具法》概括了盗、贼以外的各种犯罪行为和刑罚;③《法经》在内容方面的一个主要特征是贯彻轻罪重刑的法治理论;④《杂法》《捕法》多属于诉讼法的范围;⑤《法经》是中国历史上第一部比较系统的封建成文法典。正确的是( )。

A. ①　　B. ①②④　　C. ③　　D. ⑤

答案:ACD。

命题题眼二　唐律

1. 唐律的修订过程

(1)《武德律》是唐代首部法典,共12篇500条。《贞观律》基本上确定了唐律的主要内容和风格,确定了"五刑""十恶""八议"以及类推等原则和制度。

(2)《永徽律疏》的颁行。

①制定:《永徽律疏》又称《唐律疏议》,是唐高宗永徽年间完成的一部极为重要的法典。高宗永徽二年(公元651年),长孙无忌、李勣等在《贞观律》基础上修订,总共12卷,是为《永徽律》。

②疏议:鉴于当时中央、地方在审判中对法律条文理解不一,每年科举考试中明法科考试也无统一权威标准的情况,唐高宗在永徽三年下令召集律学通才和一些重要臣僚对《永徽律》进行逐条逐句的解释,"条义疏奏以闻",继承汉晋以来,特别是晋代张斐、杜预注释律文的已有成果,历时1年,撰《律疏》30卷奏上,与《永徽律》合编在一起,于永徽四年十月经高宗批准,将疏议分附于律文之后颁行。计分12篇,共30卷,称为《永徽律疏》。至元代后,人们以疏文皆以"议曰"二字始,故又称为《唐律疏议》。

③历史地位:

第一,《永徽律疏》总结了汉魏晋以来立法和注律的经验,不仅对主要的法律原则和制度作了精确的解释与说明,而且尽可能引用儒家经典作为律文的理论根据。

第二,标志着中国古代立法达到了最高水平。作为中国封建法制的最高成就,《永徽律疏》全面体现了中国古代法律制度的水平、风格和基本特征,成为中华法系的代表性法典,对后世及周边国家产生了极为深远的影响。

第三,是中国历史上迄今保存下来的最完整、最早、最具有社会影响的古代成文法典。

2.《唐律疏议》的特点与中华法系

(1)"礼法合一"。承袭和发展以往礼法并用的统治方法,使法律统治"一准乎礼",真正实现了礼与法的统一。

(2)科条简要与宽简适中。

(3)立法技术完善。

(4)《唐律疏议》是中国传统法典的楷模与中华法系形成的标志,具有封建法律的典型性,对宋元明清产生了深刻影响。

(5)《唐律疏议》对亚洲诸国的法律制度产生了重大影响,如朝鲜的《高丽律》、日本的《大宝律令》、越南的《刑书》。

因此,唐律不仅在本国,而且在世界法制史上也占有重要地位。

历年试题

2013年试卷一第56题:《唐律疏议·贼盗》载"祖父母为人杀私和"疏:"若杀祖父母、父母应偿死者,虽会赦,仍移乡避仇。以其与子孙为仇,故令移配。"下列哪些理解是正确的?

A. 杀害同乡人的祖父母、父母依律应处死刑者,若遇赦虽能免罪,但须移居外乡

B. 该条文规定的移乡避仇制体现了情法并列、相互避让的精神

C. 该条文将法律与社会生活相结合统一考虑,表现出唐律较为高超的立法技术

D. 该条文侧面反映了唐律"礼律合一"的特点,为法律确立了解决亲情与法律相冲突的特殊模式

答案:ABCD。杀害同乡人的祖父母、父母依律应处死者,若遇赦虽能免罪,但须移居外乡。这样规定的目的就是避免复仇,可见唐律规定体现情法并列、相互避让的精神。所以,B项正确。

从唐律的内容看,礼刑并用、礼法合一是其主要特点。唐统治者借助《唐律疏议》,把德、礼都赋予法的内容。"祖父母为人杀私和"的疏就表现了唐律"礼法合一"的特点。所以,D项正确。

2016年试卷一第17题:元代人在《唐律疏议·序》中说:"乘之(指唐律)则过,除之则不及,过与不及,其失均矣。"表达了对唐律的敬畏之心。下列关于唐律的哪一表述是错误的?

A. 促使法律统治"一准乎礼",实现了礼律统一

B. 科条简要、宽简适中、立法技术高超,结构严谨

C. 是我国传统法典的楷模与中华法系形成的标志

D. 对古代亚洲及欧洲诸国产生了重大影响,成为其立法渊源

答案:D。

2018年试卷一考生回忆版:《唐律疏议》开篇言明"德礼为政教之本,刑罚为政教之用",如唐太宗所说"失礼之禁,著在刑书",根据上述说法,下列哪些选项是错误的?

A.《唐律》“礼律合一”的统治方法体现了对西周“德主刑辅,礼刑并用”的法律思想的承袭

B.《唐律》具有继往开来,承前启后的重要地位,其“礼律合一”的思想和方法对后世产生深远影响

C.《唐律》注重“礼律合一”的理论基础,是汉代中期儒家提出的“以德配天,明德慎刑”的策略思想

D.《唐律》与春秋战国时期法家思想同受西周法律思想影响,都主张和实行礼刑合一

答案:ACD。西周时期的法制思想为“以德配天,明德慎罚”,汉代在此基础上发展为“德主刑辅,礼刑并用”。据此,A、C项均错误。D项明显错误,战国时期的法家思想重视刑罚的价值,主张重刑主义,与《唐律》和西周的法律思想迥异。

强化模拟题

1. 关于《永徽律疏》,下列哪些选项是错误的?

A.《永徽律疏》又称《唐律疏议》,是唐太宗在位时制定的

B.《永徽律疏》首次确立了“十恶”即“重罪十条”制度

C.《永徽律疏》对主要的法律原则和制度作了精确的解释,而且尽可能以儒家经典为根据

D.《永徽律疏》是对《贞观律》的解释,在中国立法史上的地位不如《贞观律》

答案:ABD。《永徽律疏》又称《唐律疏议》,是唐高宗在位时制定并颁行天下的。其中,《永徽律》是唐高宗李治永徽二年完成,而“疏议”部分在永徽四年完成,故A项错误。

“重罪十条”正式确立于《北齐律》,包括反逆、大逆、叛、降、恶逆、不道、不敬、不孝、不义、内乱。隋朝《开皇律》中将其加以损益;确定为谋反、谋大逆、谋叛、恶逆、不道、大不敬、不孝、不睦、不义、内乱,自此“十恶”制度正式确立。《永徽律疏》中的“十恶”只是因袭隋律,非其首创,故B项错误。

《永徽律疏》中对律文的解释分为“注”、“疏”、“议”和“问答”几个层次,引用大量的儒家经典令、格、式,协调律文间的关系,《永徽律疏》总结了汉魏晋以来立法和注律的经验,不仅对主要的法律原则和制度作了精确的解释与说明,而且尽可能引用儒家经典作为律文的理论依据,故C项正确。

《永徽律》是在《贞观律》的基础上修订的律典,“疏议”是对律文的详细解释,二者合为《永徽律疏》,故不能说《永徽律疏》是对《贞观律》的解释。《永徽律疏》是我国迄今为止完整保存下来的一部最早、最完备、影响最大的封建成文法典。它总结了中国历代统治者立法和注律的经验,继承了汉代以来德主刑辅的思想和礼律结合的传统,使中国封建法律至此发展到最成熟、最完备的阶段,标志着中国封建立法技术达到了最高水平,故D项错误。

2. 关于唐律,下列叙述错误的是(　　)。

A. 体现了“一准乎礼”的特点

B. 科条简要,宽简适中

C. 是中华法系的代表

D. 对亚欧诸国产生了重大影响

答案:D。作为中华法系的代表作,唐律对亚洲诸国产生了重大影响,故C项正确而D项错误。

命题题眼三　宋朝的法典

1.《宋刑统》

《宋刑统》是中国历史上第一部刊印颁行的法典,全称《宋建隆重详定刑统》,简称《宋刑统》。

(1)《宋刑统》的编纂体例可追溯至唐宣宗时颁行的《大中刑律统类》。北宋初一度沿用的《大周刑统》,便是刑统体例在五代时发展的结果。

(2)刑统在具体编纂上,仍然以刑律为主,同时将有关敕、令、格、式和朝廷禁令、州县常科等条文,都分类编附于后,成为一部具有统括性和综合性的法典。

(3)《宋刑统》和《永徽律疏》相比有这样一些特点:

①与《永徽律疏》的篇目、内容大体相同;

②将性质相同或相近的律条及有关的敕、令、格、式、起请等条文作为一门;

③收录了五代时通行的部分敕、令、格、式,形成一种律令合编的法典结构;

④删去《永徽律疏》每篇前的历史渊源部分,因避讳对个别字也有改动,如将“大不敬”的“敬”字改为“恭”等。

2. 编敕

(1)敕是皇帝对特定的人或事所作的命令,效力往往高于律,能够成为断案的依据。

(2)编敕:将一个个单行的敕令整理成册,上升为一般法律的一种立法过程,是宋代一项重要和频繁的立法活动。其特点是:

①仁宗前基本是“敕律并行”,编敕一般依律的体例分类,但独立于《宋刑统》之外。

②神宗朝敕地位提高,“凡律所不载者,一断于敕”,敕已到足以破律、代律的地步。

③敕主要是关于犯罪与刑罚方面的规定,所谓“丽刑名轻重者,皆为敕”。

历年试题

2012年试卷一第18题:关于中国古代法律历史地位的表述,下列哪一选项是正确的?

A.《法经》是中国历史上第一部比较系统的成文法典

B.《北魏律》在中国古代法律史上起着承先启后的作用

C.《宋刑统》是中国历史上第一部刊印颁行的仅含刑事内容的法典

D.《大明会典》以《元典章》为渊源，为《大清会典》所承继

答案：A。

强化模拟题

1. 关于宋代法律和法制，下列哪一选项是错误的？

A.《宋刑统》为我国历史上第一部刊印颁行的法典

B. 宋代法律因袭唐制，对借与贷作了区分

C. 宋仁宗朝敕、例地位提高，“凡律所不载者，一断于敕、例”

D. 宋建隆四年颁行“折杖法”

答案：C。宋代的法律形式最大的特点是“敕”和“律”的关系，宋仁宗的时候，是敕律并存，在宋神宗时，是敕高于律，故C项是错误的。A、B和D项正确。因此，本题答案是C。

2. 关于《宋刑统》，下列叙述正确的是（　　）。

A. 是历史上第一部刊印颁行的法典

B. 每篇前是相关的历史渊源部分

C. 在12篇的502条中又分为213门，将性质相同或相近的律条及有关的敕、令、格、式、起请等条文作为一门

D. 是一部具有统括性和综合性的法典

答案：ACD。

命题题眼四　明朝的法典

1.《大明律》

（1）明太祖朱元璋于洪武三十年完成并颁布天下的法典，共计7篇30卷460条。

（2）特点：一改传统刑律体例，在保持“名例第一”的前提下，分为吏、户、礼、兵、刑、工六部的篇目结构。这样既有继承又有重大变化。保持名例第一，将刑律总则的有关内容冠于律首，强调总则在律文中的地位并增强其指导作用。同时，将整个洪武朝所颁布实行的单行的诰、例、律等都附入《大明律》，增强了律的实用性。同时，还将服制图、八礼图、六赃图等置于律首，以贯彻礼法结合的治世思想。

（3）历史地位：《大明律》在法制史上具有重要地位，其律文简于唐律，精神严于宋律，成为终明之世通行不改的封建大法。

2. 明《大诰》

（1）明初的一种特别刑事法规，朱元璋在修订《大明律》时，为防止“法外遗奸”，手订的四编明《大诰》，集中体现了他“重典治世”的思想。明《大诰》共236条，具有与《大明律》相同的法律效力。

（2）大诰：原为周公东征殷民时对臣民的训诫。

（3）明《大诰》：明太祖将其亲自审理的案例加以整理汇编，并加上因案而发的“训导”，作为训诫臣民的特别法令。

（4）特点：

①对于律中原有的罪名，一般都加重处罚；

②滥用法外之刑；

③“重典治吏”，其中大多数条文专为惩治贪官污吏而定，以此强化统治效能；

④明《大诰》也是中国法制史上空前普及的法规，明太祖死后，明《大诰》不具法律效力。

历年试题

2014年试卷一第57题：明太祖朱元璋在洪武十八年（公元1385年）至洪武二十年（公元1387年）间，手订四编《大诰》，共236条。关于明《大诰》，下列哪些说法是正确的？

A.《大明律》中原有的罪名，《大诰》一般都加重了刑罚

B.《大诰》的内容也列入科举考试中

C.“重典治吏”是《大诰》的特点之一

D. 朱元璋死后《大诰》被明文废除

答案：ABC。

强化模拟题

明朝的基本法典是（　　），它采用了“名例第一”，并按照吏、户、礼、兵、刑、工六部的篇目结构来进行编撰。

A.《大明律》　　B. 明《大诰》

C.《问刑条例》　　D.《教民榜文》

答案：A。

命题题眼五　清代的立法

1.《大清律例》

（1）时间：于乾隆元年开始制定。

（2）结构与内容：《大清律例》以《大明律》为蓝本，在结构、形式、体例、篇目方面与《大明律》基本相同，共分名例律、吏律、户律、礼律、兵律、刑律、工律七部分，其中《律目》《诸图》《服制》各一卷。

（3）地位：《大清律例》是中国历史上最后一部封建成文法典，也是中国传统封建法典的集大成者。汉唐以来确立的封建法律的基本精神、主要制度，在此都得到充分体现。

2. 清代的例

（1）清代最重要的法律形式。

（2）例包括条例、则例、事例、成例等。

①条例：专指刑事单行法规，是由刑部或其他行政部门就一些相似的案例先提出一项立法建议，经皇帝批准后成为一项事例，指导类似案件的审理判决。

②则例：某一行政部门或某项专门事务方面的单行法规汇编。它是针对政府各部门的职责、办事规程而制定的基本规则。

③事例：皇帝就某项事物发布的"上谕"或经皇帝批准的政府部门提出的建议，一般不自动具有永久的、普遍的效力，但可以作为处理该事务的指导原则。

④成例（"定例"）：经过整理编订的事例，是一项单行法规。成例是一种统称，包括条例及行政方面的单行法规。

历年试题

2013年试卷一第18题：“名例律”作为中国古代律典的“总则”篇，经历了发展、变化的过程。下列哪一表述是不正确的？

A.《法经》六篇中有“具法”篇，置于末尾，为关于定罪量刑中从轻从重法律原则的规定

B.《晋律》共20篇，在刑名律后增加了法例律，丰富了刑法总则的内容

C.《北齐律》共12篇，将刑名与法例律合并为名例律一篇，充实了刑法总则，并对其进行逐条逐句的疏议

D.《大清律例》的结构、体例、篇目与《大明律》基本相同，名例律置首，后为吏律、户律、礼律、兵律、刑律、工律

答案：C。

命题题眼六 清末"预备立宪"

1. 清末变法修律

1840年鸦片战争以后，清朝统治者在内外各种压力之下，于20世纪初的10年间，对原有法律制度进行的不同程度的改革。主要特点：

（1）指导思想：自始至终贯穿"仿效外国资本主义法律形式，固守中国封建法制传统"的方针。

（2）内容：封建专制主义传统与西方资本主义法学最新成果的奇怪混合，坚行君主专制体制及封建伦理纲常，又大量引用西方法律理论、原则、制度和法律术语，使保守落后的封建法律内容与先进的近现代法律形式同时显现在这些新的法律法规之中。

（3）改变"诸法合体"形式，明确实体法之间、实体法与程序法之间的差别，分别制定、颁行或者起草了宪法、刑法、民法、商法、诉讼法、法院组织法等方面的法典或者法规，形成了近代法律体系的雏形。

（4）不能反映人民群众的要求和愿望，也没有真正的民主形式。

2. 清末变法修律的主要影响

（1）它为中国法律的近代化奠定了初步基础。

（2）它是中国历史上第一次全面系统地介绍西方近代法律学说和法律制度，普及近代法律知识，促进了部分中国人法治观念的形成。

（3）在客观上有助于推动中国资本主义经济的发展和教育制度的变化。

3. "预备立宪"主要活动

新政、仿行宪政（五大臣出洋、设宪政编查馆）、预备立宪、颁布《钦定宪法大纲》、各省设立谘议局、成立资政院、发布《宪法重大信条十九条》。

五大臣认为，立宪之利最重要的有三点：皇位永固、外患渐轻、内乱可弥。

1906年，清廷以光绪帝的名义颁布了《预备立宪上谕》，以"大权统于朝廷，庶政公诸舆论"为立宪根本原则。随后进行官制改革，仿照"三权分立"原则，使司法与行政分离，一改几千年来司法行政合一的体制。

4.《钦定宪法大纲》

（1）性质：中国近代史上第一个宪法性文件。

（2）结构与主要内容：正文"君上大权"；附录"臣民权利义务"。

（3）特点：皇帝专权，人民无权。

（4）实质：给封建君主专制制度披上"宪法"外衣，以法律形式确认君主绝对权力，体现满族贵族维护专制统治的意志及愿望。

5. "十九信条"（《宪法重大信条十九条》）

（1）武昌起义后，清政府抛出的又一个宪法性文件。

（2）背景：迫于武昌革命风暴。

（3）内容：形式上缩小了皇帝的权力，相对扩大了议会和总理的权力，仍然强调皇权至上，对人民权利只字未提。

6. 谘议局

（1）"预备立宪"时期设立的地方咨询机关。1909年各省开始设立。

（2）实质：各省巡抚的附属机构。

（3）宗旨、权限：地方权限包括讨论本省兴革事宜、预算决算、选举资政议员、申复资政院或者本省督抚的咨询等。

7. 资政院

（1）定义："预备立宪"时期设立的中央咨询

机关。

(2)性质:御用机构,与现代社会的国家议会有根本的不同。

(3)内容:一切决议须报请皇帝定夺,皇帝有权谕令停会或解散及指定钦选议员。

历年试题

2014年试卷一第19题:武昌起义爆发后,清王朝于1911年11月3日公布了《宪法重大信条十九条》。关于该宪法性文件,下列哪一说法是错误的?

A. 缩小了皇帝的权力

B. 扩大了人民的权利

C. 扩大了议会的权力

D. 扩大了总理的权力

答案:B。

强化模拟题

1. 关于清末"预备立宪",下列哪一选项可以成立?

A. 1908年颁布的《钦定宪法大纲》作为中国近代史上第一部宪法性文件,确立了资产阶级民主共和国的国家制度

B.《宪法重大信条十九条》取消了皇权至上,大大缩小了皇帝的权力,扩大了国会与内阁总理的权力

C. 清末成立的资政院是中国近代第一届国家议会

D. 清末各省成立了谘议局作为地方督抚的咨询机关,权限包括讨论本省兴革事宜、预决算等

答案:D。《钦定宪法大纲》给封建君主专制制度披上"宪法"外衣,以法律形式确认君主绝对权力,体现满族贵族维护专制统治的意志及愿望。所以,A项错误。

《宪法重大信条十九条》只是在形式上缩小了皇帝的权力,相对扩大了议会和总理的权力,仍然强调皇权至上,对人民权利只字未提。所以,B项错误。

清末成立的资政院是"预备立宪"时期设立的中央咨询机关,是御用机构,与现代社会的国家议会有根本的不同。所以,C项错误。

2. 关于清末变法修律,叙述正确的有(　　)。

A. 自始至终贯穿着"仿效外国资本主义法律形式,固守中国封建法制传统"的方针

B. 修订的法律表现出封建专制主义传统与西方资本主义法学最新成果的奇怪混合

C. 形成了近代法律体系的雏形

D. 反映了资产阶级的要求和愿望,具有一定的民主形式

答案:ABC。

考点三:中国法制史中的罪名与刑罚制度

命题题眼一 秦代的罪名与刑罚制度

1. 秦代的罪名

秦代法律所规定的罪名极为繁多,且尚无系统分类,更未形成较为科学的罪名体系。但大致而言,秦代的罪名主要有以下5类:

(1)危害皇权罪。具体有:谋反,这在当时被视为最严重的犯罪;操国事不道,主要是指操纵国家政务大权、发动政变以及其他倒行逆施的行为;泄露皇帝行踪、住所、言语机密;偶语诗书、以古非今;诽谤、妖言;诅咒、妄言;非所宜言;投书,即投寄匿名信;不行君令等。

(2)侵犯财产和人身罪。秦代侵犯财产方面的罪名主要是"盗",盗窃在当时被列为重罪,按盗窃数额量刑。除了一般意义上的盗,秦代还有共盗、群盗之分,共盗指5人以上共同盗窃,群盗则是指聚众反抗统治秩序,属于危害皇权的重大政治犯罪。

侵犯人身方面的罪名主要是贼杀、伤人,这里的"贼"与今义不同,而是荀子和西晋张斐所说的"害良曰贼""无变斩击谓之贼",即杀死、伤害好人,以及在未发生变故的正常情况下杀人、伤人。此外,斗伤、斗杀在秦代亦属于侵犯人身罪。

(3)渎职罪。渎职罪主要有以下几类:

一是官吏失职造成经济损失的犯罪。

二是军职罪。

三是有关司法官吏渎职的犯罪。

(4)妨害社会管理秩序罪。妨害社会管理秩序罪又分:

①《田律》中规定的违令卖酒罪。

②逃避徭役,在《法律答问》中包括"逋事"与"乏徭"。前者指已下达征发徭役命令而逃走不报到;后者指到达服徭役地点又逃走。《徭律》还规定,主管官吏征发徭役迟延的,也要加以处罚。

③逃避赋税。《秦律杂抄》为防止逃避口赋即人口税,规定隐匿成年男子,以及申报废、疾不实,里典、伍老要被处刑。

(5)破坏婚姻家庭秩序罪。主要分为以下两类:

一类是关于婚姻关系的,包括夫殴妻、夫通奸、妻私逃,等等。秦简《法律答问》中有关惩治妻子私逃的刑法规定尤其较多。

另一类是关于家庭秩序的,包括擅杀子、子不孝、子女控告父母、卑幼殴尊长、乱伦,等等。秦律禁止杀子,特别是禁止杀嗣子。秦律对家庭内部乱伦行为的惩罚同样十分严厉,如《法律答问》中指出:"同母异父相与奸,何论?弃市。"

2. 秦代的刑罚

秦代的刑罚主要包括8大类：笞刑、徒刑、流放刑、肉刑、死刑、羞辱刑、经济刑、株连刑。其中，前5类相当于现代的主刑，后3类相当于现代的附加刑。

特征：秦代的刑罚种类极为繁多，尚未形成完整的刑罚体系，且刑罚极为残酷，一切都呈现过渡时期的特征。

(1)笞刑。笞刑是以竹、木板责打犯人背部的轻刑，是秦代经常使用的一种刑罚方法，秦简中有"笞十""笞五十""笞一百"等多种等级，大多针对轻微犯罪而设，也有的是作为减刑后的刑罚。

(2)徒刑。徒刑即剥夺罪犯人身自由，强制其服劳役的刑罚。主要包括以下几种：

①城旦舂，男犯筑城，女犯舂米，但实际从事的劳役并不限于筑城舂米；

②鬼薪、白粲，男犯为祠祀鬼神伐薪，女犯为祠祀择米，但实际劳役也绝不限于为宗庙取薪择米；

③隶臣妾，即将罪犯及其家属罚为官奴婢，男为隶臣，女为隶妾，其刑轻于鬼薪、白粲；

④司寇，即伺寇，意为伺察寇盗，其刑轻于隶臣妾；

⑤候，即发往边地充当斥候，是秦代徒刑的最轻等级。

(3)流放刑。流放刑包括迁刑和谪刑，都是将犯人迁往边远地区的刑罚，其中谪刑适用于犯罪的官吏，但两者都比后世的流刑要轻。

(4)肉刑。肉刑即黥(或墨)、劓、刖(或斩趾)、宫四种残害肢体的刑罚，它们源于奴隶制时代，在秦时不仅沿用，且适用范围十分广泛。从《睡虎地秦墓竹简》来看，秦的肉刑大多与城旦舂等较重的徒刑结合使用。

(5)死刑。秦代的死刑执行方法有很多，主要有：

①弃市，即所谓杀之于市，与众弃之；

②戮，即先对犯人使用痛苦难堪的羞辱刑，然后斩杀；

③磔，即裂其肢体而杀之；

④腰斩；

⑤车裂；

⑥阬，又作坑，即活埋；

⑦定杀，即将患疾疫的罪人抛入水中或生埋处死；

⑧枭首，即处死后悬其首级于木上；

⑨族刑，通常称为夷三族或灭三族；

⑩具五刑。

(6)羞辱刑。秦时经常使用"髡""耐""完"等羞辱刑作为徒刑的附加刑。

理解："髡"是指剃光犯人的头发和胡须、鬓毛；"耐"与"完"是一刑二称，指仅剃去胡须和鬓毛，而保留犯人的头发。此外，死刑中的"戮"刑也含有羞辱之意。

(7)经济刑。秦律中对轻微罪适用的强制缴纳一定财物的刑罚主要是"赀"，同时，赎刑也可归入这一范畴。

理解："赀"是用经济制裁来惩治官吏的一般失职行为和普通百姓的一般违法行为的独立刑种，它包括以下3种：

①纯属罚金性质的"赀甲""赀盾"。

②"赀戍"，即发往边地做戍卒。

③"赀徭"，即罚服劳役。

赎刑不是独立刑种，而是一种允许已判刑的犯人用缴纳一定金钱或服一定劳役来赎免刑罚的办法。从《睡虎地秦墓竹简》来看，秦代的赎刑适用范围非常广泛，从"赎耐""赎黥""赎迁"到"赎宫""赎死"，均可赎免。

(8)株连刑。主要是族刑(见死刑条)和"收"。收，亦称收孥、籍家，就是在对犯人判处某种刑罚时，还同时将其妻子、儿女等家属没收为官奴婢。

3. 秦代的刑罚适用原则

秦统治者经过长期的司法实践，总结前代的经验，根据犯罪主体、客体、动机和后果以及其他因素形成了一系列刑罚适用原则。

(1)刑事责任能力的规定——根据秦律的规定，凡属未成年犯罪，不负刑事责任或减轻刑事处罚。

标准：秦律以身高判定是否成年，大约六尺五寸为成年身高标准，低于六尺五寸的为未成年人。

(2)区分故意与过失的原则——秦律重视故意与过失犯罪的区别。

处理：故意诬告者，实行反坐；主观上没有故意的，按告不审从轻处理。

(3)盗窃按赃值定罪的原则——秦律把赃值划分为三等，即一百一十钱、二百二十钱与六百六十钱。对于侵犯财产的盗窃罪，依据以上不同等级的赃值，分别定罪。一般赃值少的定罪轻，赃值多的定罪重。

(4)共同犯罪与集团犯罪加重处罚的原则——秦律在处罚侵犯财产罪上共同犯罪较个体犯罪处罚从重，集团犯罪(5人以上)较一般犯罪处罚从重。

(5)累犯加重处罚原则——本身已犯罪，再犯诬告他人罪，加重处罚。除去耐为隶臣外还要判处城旦苦役6年。

(6)教唆犯罪加重处罚的原则——根据秦律的规定，教唆未成年人犯罪者加重处罚。教唆未满15

岁的人抢劫杀人，虽分赃仅为十文钱，教唆者也要处以碎尸刑。

(7)自首减轻处罚的原则——根据秦律的规定：凡携带所借公物外逃，主动自首者，不以盗窃论处，而以逃亡论处。如隶臣妾在服刑期间逃亡后又自首，只笞五十，补足期限。若犯罪后能主动消除犯罪后果，可以减免处罚。

(8)诬告反坐原则——根据秦律的规定，故意捏造事实与罪名诬告他人，即构成诬告罪。诬告者实行反坐原则，即以被诬告人所受的处罚，反过来制裁诬告者。

历年试题

2017 年试卷一第 16 题：秦统治者总结前代法律实施方面的经验，结合本朝特点，形成了一些刑罚适用原则。对于秦律原则的相关表述，下列哪一选项是正确的？

A. 关于刑事责任能力的确定，以身高作为标准，男、女身高六尺二寸以上为成年人，其犯罪应负刑事责任

B. 重视人的主观意识状态，对故意行为要追究刑事责任，对过失行为则认为无犯罪意识，不予追究

C. 对共犯、累犯等加重处罚，对自首、犯后主动消除犯罪后果等减轻处罚

D. 无论教唆成年人、未成年人犯罪，对教唆人均实行同罪，加重处罚

答案：C。

强化模拟题

1. 据史书载，以下均为秦朝刑事罪名。下列哪一选项最不具有秦朝法律文化的专制特色？

A. “偶语诗书”　　B. “以古非今”

C. “非所宜言”　　D. “失刑”

答案：D。秦朝的法律文化、法律制度具有的专制特色，本题要求回答的是以下秦朝刑事罪名中“哪一选项最不具有秦朝法律文化的专制特色”，A 项“偶语诗书”、B 项“以古非今”、C 项“非所宜言”均为危害皇权罪，显然体现了秦朝的法律文化、法律制度的专制特点，不符合题目要求。而 D 项“失刑”为渎职罪，是中国古代官吏职务犯罪的罪名，最不具有秦朝法律文化的专制特色，因此符合题目要求。

2. 秦始皇时期，某地有甲乙两家相邻而居，但积怨甚深。有一天，该地发生了一起抢劫杀人案件，乙遂向官府告发系甲所为。甲遭逮捕并被定为死罪。不久案犯被捕获，始知甲无辜系被乙诬告。依据秦律，诬告者乙应获下列哪种刑罚？

A. 死刑　　B. 迁刑

C. 城旦舂　　D. 笞一百

答案：A。秦律规定，故意捏造事实与罪名诬告他人，即构成诬告罪。诬告者实行反坐原则，即以被诬告人所受的处罚，反过来制裁诬告者。因此，本题的答案比较清楚，应为 A 项。

命题题眼二　汉代的罪名与刑罚制度

1. 汉代文帝、景帝废除肉刑

(1)背景

①西汉建立后，重视总结秦亡教训。

②汉文帝时鉴于当时继续沿用黥、劓、斩左右趾等肉刑，不利于政权的稳固，开始考虑改革肉刑。当时经济发展，社会稳定，出现了前所未有的盛世，为改革刑制提供了良好的社会条件。

③直接动因：文帝开始刑罚改革的直接起因是在文帝十三年，齐太仓令获罪当施黥刑，其小女缇萦上书请求将自己没为官奴，替父赎罪，并指出肉刑制度断绝犯人自新之路的严重危害。文帝为之所动，下令废除肉刑。

(2)刑制改革的内容

①把黥刑(墨刑)改为髡钳城旦舂(去发颈部系铁圈服苦役五年)；

②劓刑改为笞三百；

③斩左趾(砍左脚)改为笞五百，斩右趾改为死刑弃市。

文帝的改革，从法律上宣布了废除肉刑，具有重要意义。

景帝继位后在文帝的改革基础上对肉刑制度作进一步改革。他主持重定律令：

①将文帝时劓刑笞三百，改为笞二百；

②斩左趾笞五百，改为笞三百；

③又颁布《令》，规定笞杖尺寸，以竹板制成，削平竹节，以及行刑不得换人等，使刑制改革向前迈了一大步。

(3)刑制改革的意义

文帝、景帝时期的刑制改革，顺应了历史发展，为结束奴隶制肉刑制度，建立封建刑罚制度奠定了重要基础。尽管这次改革还有不足之处，但同周秦时期广泛使用肉刑相比，无疑是历史性的进步，在法制发展史上具有重要的意义。

2. 亲亲得相首匿

亲亲得相首匿原则是汉宣帝时期确立的。主张亲属间首谋藏匿犯罪可以不负刑事责任。来源于儒家“父为子隐，子为父隐，直在其中矣”的理论，对卑幼亲属首匿尊长亲属的犯罪行为，不追究刑事责任。尊长亲属首匿卑幼亲属，罪应处死的，可上请皇帝宽贷。它反映出汉律的儒家化，并且一直影响后世封建立法。

强化模拟题

1. 汉宣帝时期，一村民甲的儿子将邻居的女儿强奸。事发后，甲将儿子隐匿于山中，后被官府发现，两人一同被拘捕监禁，则下列说法不正确的有哪些？

A. 对甲的儿子应处以具亲刑

B. 对甲处以与儿子同样的刑罚

C. 对甲处以比其子稍低一等的刑罚

D. 对甲不处以刑罚

答案：ABC。具亲刑是肉刑的一种，汉宣帝时肉刑已被废除，因此，A 项不正确。汉宣帝诏令"父子之亲，夫妇之道，天性也……自今子首匿父母，妻匿夫，孙匿大父母，皆勿坐。其父母匿子，夫匿妻，大父母匿孙，罪殊死，皆上请廷尉以闻"。也就是说，亲属间的卑幼首匿尊长的犯罪行为，不追究刑事责任；对亲属中的尊长首匿卑幼的犯罪，一般犯罪不负刑事责任，死刑案件则上请廷尉，即有条件地不负刑事责任。因此，B、C 项错误，D 项正确。依题意，A、B、C 项当选。

2. 西汉末年，某地一男子偷盗他人一头牛并贩卖到外乡，回家后将此事告诉了妻子。其妻隐瞒未向官府举报。案发后，该男子受到惩处。依照汉代法律，其妻的行为应如何处理？

A. 完全不负刑事责任

B. 按包庇罪论处

C. 与其丈夫同罪

D. 按其丈夫之罪减一等处罚

答案：A。

命题题眼三 魏晋南北朝时期的罪名与刑罚制度

这个时期的罪名与刑罚制度主要特征是礼法更进一步结合，儒家的伦理规范更多、更直接地上升为法律规范，主要体现在：

1. "八议"入律与"官当"制度确立

(1)"八议"。魏明帝在制定《魏律》时，以《周礼》"八辟"为依据，正式规定了此制度，其核心内容是对封建特权人物犯罪实行减免处罚的法律规定，包括议亲（皇帝亲戚）、议故（皇帝故旧）、议贤（有传统德行与影响的人）、议能（有大才能）、议功（有大功勋）、议贵（贵族官僚）、议勤（为朝廷勤劳服务）、议宾（前代皇室宗亲）。"八议"后来成为各代刑律的重要内容，沿用至清末。

注意，有例外：犯"十恶"罪的不享有此特权。"其犯十恶，不用此律。"

(2)"官当"。正式出现在《北魏律》与《陈律》中。《北魏律·法例篇》规定，每一爵级抵当徒罪 2 年；南朝《陈律》规定更细，凡以官折抵徒刑，同赎刑结合使用。官当是封建社会允许官吏以官职爵位折抵徒罪的特权制度。元朝开始废除官当制度。

2. "重罪十条"

《北齐律》首次规定此制度，置于律首，是对危害统治阶级根本利益的 10 种重罪的总称，具体包括：①反逆（造反）；②大逆（毁坏皇帝宗庙、山陵与宫殿）；③叛（叛变）；④降（投降）；⑤恶逆（殴打谋杀尊亲属）；⑥不道（凶残杀人）；⑦不敬（盗用皇室器物及对皇帝不尊重）；⑧不孝（不侍奉父母，不按礼制服丧）；⑨不义（杀本府长官与授业恩师）；⑩内乱（亲属间的乱伦行为）。

上述重罪，不在"八议"论赎的范围内。

3. 刑罚制度改革

刑罚制度改革主要包括：一是规定绞、斩等死刑制度。二是规定流刑，作为死刑宽贷的一种措施。北周时流刑为五等，以距都城 2500 里为第一等，每等以 500 里为基数，至 4500 里，同时还要施加鞭刑。三是规定鞭刑与杖刑。四是废除宫刑，北朝与南朝相继宣布废除，自此结束了宫刑的历史。

4. "准五服以制罪"的确立

(1)确立的法典：《晋律》第一次把"五服"制度纳入法典之中，《北齐律》也相继确立。

(2)内容："准五服以制罪"就是按照"五服"所表示的亲属关系远近及尊卑，来判断是否构成犯罪及衡量罪行轻重。服制越近，即血缘关系越近，以尊犯卑者，处刑越轻；以卑犯尊者，处刑越重。服制越远，即血缘关系疏远者，以尊犯卑，处刑相对加重；以卑犯尊，相对减轻。

按服制依亲属远近关系分为五等：斩衰、齐衰、大功、小功、缌麻。

(3)本质：维护家族的等级制，是礼法结合的体现。"五服"制罪原则的确立，使得儒家的礼仪制度与法律的适用完全结合在一起，它不仅体现了晋律"礼律并重"的特点，也是儒家思想在封建法律制度中的集中表现。

(4)影响："准五服以制罪"是封建法律制度的重要内容，影响广泛，直到明清。

5. 死刑复奏制度

(1)确立时间：北魏太武帝时期；

(2)内容：奏请皇帝批准执行死刑判决的制度；

(3)意义及影响：加强了皇帝对司法审判的控制，又体现了皇帝对民众的体恤，为唐代的死刑三复奏奠定了基础。

强化模拟题

1. 关于"准五服以制罪"原则，叙述正确的有（　　）。

A. 首先在《晋律》中确立

B. "五服"是指斩衰、齐衰、大功、小功、缌麻五等

丧服

C. 是亲属相犯时确定刑罚轻重的依据

D. 依"五服"制罪成为封建法律制度的重要内容，影响广泛，直到明清

答案：ABCD。

2. 下列属于魏晋南北朝时期刑罚制度改革的内容有：

A. 规定绞、斩等死刑制度

B. 规定徒刑

C. 规定鞭刑与杖刑

D. 废除宫刑制度

答案：ACD。

命题题眼四 唐朝时期的罪名与刑罚制度

1. "十恶"

"十恶"就是隋唐以后历代法律中规定的严重危害统治阶级根本利益的十种最严重犯罪，源于《北齐律》的"重罪十条"。隋《开皇律》确定了"十恶"制度，唐律将"十恶"列入《名例律》中。

唐律中的"十恶"大致可以分为两类：侵犯皇权与特权的犯罪和违反纲常伦理的犯罪。具体包括：

(1)谋反：谓谋危社稷，指谋害皇帝、危害国家的行为。

(2)谋大逆：指图谋破坏国家宗庙、皇帝陵寝以及宫殿的行为。

(3)谋叛：谓背国从伪，指背叛本朝、投奔敌国的行为。

(4)恶逆：指殴打或谋杀祖父母、父母等尊亲属的行为。

(5)不道：指杀一家三人及肢解人的行为。

(6)大不敬：指盗窃皇帝祭祀物品或皇帝御用物、伪造或盗窃皇帝印玺、调配御药误违原方、御膳误犯食禁以及指斥皇帝、无人臣之礼等损害皇帝尊严的行为。

(7)不孝：指控告祖父母、父母，未经祖父母、父母同意私立门户、分异财产，对祖父母、父母供养有缺，为父母尊长服丧不如礼等不孝行为。

(8)不睦：指谋杀或卖五服以内亲属，殴打或者控告丈夫和大功以上尊长等行为。

(9)不义：指杀本管上司、受业师及夫丧违礼的行为。

(10)内乱：指奸小功以上亲属等乱伦行为。

对"十恶"犯罪不适用"八议"等规定，即十恶不赦。

2. "六赃"与保辜

(1)"六赃"

①内容："六赃"指《唐律》规定的六种非法获取公私财物的犯罪。在量刑上，唐律对于官吏以权谋私、贪赃枉法的行为，都规定了较常人犯财产罪更重的刑罚。"六赃"具体包括：

一是"受财枉法"，指官吏收受财物导致枉法裁判的行为。

二是"受财不枉法"，指官吏收受财物，但未枉法裁判行为。

此外，唐律还规定了"事后受财"的行为。事后受财枉法者，以"受财枉法"论；事后受财不枉法的，以"受所监临"论处。

三是"受所监临"，指官吏利用职权非法收受所辖范围内百姓或下属财物的行为。

四是"强盗"，指以暴力获取公私财物的行为。

五是"窃盗"，指以隐蔽的手段将公私财物据为己有的行为。

六是"坐赃"，指官吏或常人非因职权之便非法收受财物的行为。

②意义："六赃"的分类与诸多具体惩罚收受贿赂行为的规定，特别是对官员集体受贿行为的分别论处、对行贿人的处罚、对介绍行贿人的严惩等规范，至今仍然有意义。这些规范和按赃定罪的原则为后世立法所继承，在明清律典中均有《六赃图》的配附。

(2)保辜

保辜，是指对伤人罪的后果不是立即显露的，规定加害方在一定期限内对被害方伤情变化负责的一项特别制度。

唐律规定：手足殴伤人限10日，以他物殴伤人者20日，以刃及汤火伤人者30日，折跌肢体及破骨者50日。在限定的时间内受伤者死去，伤人者承担杀人的刑事责任；限定的时间外死去或限定的时间内因他故死亡者，伤人者只承担伤人的刑事责任。

注意：唐代确定保辜期限，用以判明伤人者的刑事责任，尽管不够科学，但较之以往却是一个进步。

3. 唐律中的"五刑"

承用隋《开皇律》中所确立的"五刑"即笞、杖、徒、流、死五种刑罚，作为基本的法定刑，其具体规格与《开皇律》稍有不同。

(1)笞刑，为"五刑"中最轻一级刑罚，分为五等，由笞十到笞五十，每等加笞十。

(2)杖刑，分五等，由六十至一百，每等加杖十。

(3)徒刑，分为五等，由徒一年至徒三年，以半年为等差。

(4)流刑，分为三等，即流二千里、流二千五百里、流三千里。另有加役流。

(5)死刑，分斩、绞二等。

4. 唐律中的刑罚原则

(1)区分公、私罪的原则——公罪从轻，私罪从重

①公罪,是指在执行公务中,由于公务上的关系造成某些失误或差错,而不是为了追求私利而犯罪,处罚从轻。

②私罪,包括两种:

一是所犯之罪与公事无关,如盗窃、强奸等;

二是利用职权,徇私枉法,如受人嘱托,枉法裁判等,虽因公事,也以私罪论处。

注意:适用官当时,也要区分公罪和私罪,犯公罪者可以多当1年徒刑。

(2)自首原则

①严格区分自首与自新的界限:犯罪未被举发而能到官府交待罪行的,叫作自首;犯罪被揭发或被官府查知逃亡后,再投案者,唐代称作自新。

注意:自新是被迫的,与自首性质不同,对自新采取减轻刑事处罚的原则。

②谋反等重罪或造成严重危害后果无法挽回的犯罪不适用自首。

③规定自首者可以免罪,但赃物必须按法律规定如数偿还。

④自首不彻底的叫"自首不实",对犯罪情节交待不彻底的叫"自首不尽"。

注意:《名例律》规定:"自首不实及自首不尽者",各依"不实不尽之罪罪之。至死者,听减一等。"至于如实交待的部分,不再追究。

⑤其他规定:轻罪已发,能首重罪,免其重罪;审问它罪而能自首余罪的,免其余罪。

(3)类推原则:对律文无明文规定的同类案件,凡应减轻处罚的,则列举重罪处罚规定,比照以解决轻案;凡应加重处罚的罪案,则列举轻罪处罚规定,比照以解决重案。总结起来,就是应出罪者,则举重以明轻;应入罪者,则举轻以明重。如《永徽律疏》举律文说,谋杀尊亲处斩,但无已伤已杀重罪的条文,在处理已杀已伤尊亲的案件时,通过类推就可以知道更应处以斩刑。又举例说,夜半闯入人家,主人出于防卫,登时杀死闯入者,不论罪。律文没有致伤的条文,但比照规定,杀死已不论罪,致伤更不论罪。

(4)化外人原则:"诸化外人,同类相犯者,各依本俗法;异类相犯者,以法律论。"同国籍外国侨民在中国犯罪的,由唐王朝按其所属本国法律处理,实行属人主义原则;不同国籍侨民在中国犯罪者,按唐律处罚,实行属地主义原则。

历年试题

2015年试卷一第17题:唐永徽年间,甲由祖父乙抚养成人。甲好赌欠债,多次索要乙一祖传玉坠未果,起意杀乙。某日,甲趁乙熟睡,以木棒狠击乙头部,以为致死(后被救活),遂夺玉坠逃走。唐律规定,谋杀尊亲处斩,但无致伤如何处理的规定。对甲应当实行下列哪一处罚?

A. 按"诸断罪而无正条,其应入罪者,则举轻以明重",应处斩刑

B. 按"诸断罪而无正条,其应出罪者,则举重以明轻",应处绞刑

C. 致伤未死,应处流三千里

D. 属于"十恶"犯罪中的"不孝"行为,应处极刑

答案:A。

2017年试卷一第17题:唐代诉讼制度不断完善,并具有承前启后的特点。下列哪一选项体现了唐律据证定罪的原则?

A. 唐律规定,审判时"必先以情,审察辞理,反复参验,犹未能决,事须拷问者,立案同判,然后拷讯,违者杖六十"

B.《断狱律》说:"若赃状露验,理不可疑,虽不成引,即据状断之"

C. 唐律规定,对应议、请、减和老幼残疾之人"不合拷讯"

D.《断狱律》说:"(断狱)皆须具引律、令、格、式正文,违者笞三十"

答案:B。

2018年试卷一考生回忆版:下列关于唐律中公罪和私罪说法正确的是:

A. 缘公事致罪就是公罪

B."公罪"处刑从重

C."私罪"处刑从轻

D. 不缘公事,私自犯者是私罪

答案:D。唐律规定官吏"缘公事致罪,而无私曲者"为"公罪";"不缘公事,私自犯者",或"虽缘公事,意涉阿曲"的为"私罪"。"公罪"处刑从轻,"私罪"处刑从重。

2024年试卷一考生回忆版:关于十恶,下列说法正确的是?

A. 去皇家陵园砍伐树木,并偷走了香炉,成立"谋反"

B. 报复杀人,杀了下人和主人,成立"不道"

C. 半路遇到老师,打了老师,成立"不义"

D. 兄弟分家,没经过父母同意,成立"不孝"

答案:D。考查"十恶"。

命题题眼五　明朝时期的罪名与刑罚制度

1. 罪名

奸党罪。朱元璋洪武年间创设,用以惩办官吏结党危害皇权统治的犯罪。

2. 明朝时期的刑罚与刑罚原则

"重其所重,轻其所轻"的原则。明代对于贼盗

及有关钱粮等事，不分情节，一律处以重刑且扩大株连范围，比唐律处刑重。对于“典礼及风俗教化”等一般性犯罪，从轻处罚。

3. 故杀和谋杀

故杀和谋杀的概念渊源已久，是一对需要认真区别的概念。考生应当特别注意各个律例中对于故杀和谋杀的不同规定。

(1)故杀。故杀的渊源已久，北魏时的《斗律》中已经出现了“故杀”。《隋律》中也有“故杀”。按《唐律》规定，故杀是“非因斗争，无事而杀”，即双方并非因为斗殴，一方突然起意杀人。这样，从前的贼杀就被新出现的故杀和单独进行的谋杀所分解了。以后明清都继承了唐律对故杀的这一定义，并对之进行更进一步的阐释，从而将谋杀和与谋杀关系最为密切的故杀这一概念相区别。

(2)谋杀。在《大明律·名例律》中这样解释“谋”：“称‘谋’者，二人以上。”可见，明律仍然以为谋杀首先是二人以上共同犯罪。同时，明律也承认一个人也可以成为谋杀罪的主体。

到了清代，我国传统社会谋杀的概念已经定型，即谋杀是有预谋的故意杀人，而故杀是没有预谋、突然起意的故意杀人。有无事先预谋是区分谋杀和故杀的根本标准。同时，谋杀又包括共同谋杀和单独谋杀。如果故意杀人的主体为二人以上，因为二人以上的主体本身就是事先预谋的标志，所以二人以上故意杀人毋庸置疑为谋杀。这时，需要进行区分的便主要是单独谋杀与故杀，而区分单独谋杀与故杀的唯一标准则是事先预谋的存在与否，而恰恰是这一点有时很难认定。但是，显然，在传统法律的框架之内已经很难进一步解决这一问题。

历年试题

2021年试卷一考生回忆版：关于明代刑事法律原则，下列表述错误的是？

A.“轻其轻罪，重其重罪”的原则，是与唐律相比。在伦理纲常以及危害封建统治犯罪上，明律加重处罚

B. 祖父母、父母在，子孙别籍异财。唐律规定徒3年，明律规定处杖100

C.“引律比附”原则在律令不尽事理、断罪无正条情况下适用，但须由皇帝批准。若辄引比，构成犯罪

D. 根据《大明律·名例》相关规定，化外人犯罪科刑适用属地原则，一体适用明律

答案：A。

强化模拟题

1. 乾隆五十一年，四川发生一起杀人案：唐达根与宋万田本不相识，因赴集市买苞谷遂结伴同行。途中山洞避雨，宋万田提议二人赌钱。后宋万田得赢，唐达根将钱如数送上。归途，宋万田再次提议赌钱，唐达根得赢。宋万田声称唐达根要骗不肯给钱，唐达根与之争吵进而双方互殴，争斗中唐达根将宋万田打死。依据《大清律例》及《大清律辑注》，你认为唐达根有可能被官府认定犯下列哪些罪行？

A. 唐达根系没有预谋、临时起意将宋万田打死，应定“故杀”

B. 唐达根系恼羞成怒，欲夺赌钱故意将宋万田打死，应定“谋杀”

C. 唐达根系无心之下，斗殴中不期将宋万田打死，应定“斗杀”

D. 唐达根系无怨恨杀人动机，“以力共戏”将宋万田打死，应定“戏杀”

答案：AC。《唐律》贼盗、斗讼篇中依犯罪人主观意图区分了“六杀”，即“谋杀”“故杀”“斗杀”“误杀”“过失杀”“戏杀”。“谋杀”是指预谋杀人；“故杀”是指事先虽无预谋，但情急杀人时已有杀人的意念；“斗杀”指在斗殴中出于激愤失手将人杀死；“误杀”指由于种种原因错置了杀人对象；“过失杀”指“耳目所不及，思虑所不到”，即出于过失杀人；“戏杀”指“以力共戏”而导致杀人。该原则被后来的法律继承，包括《大清律例》。从本题中可以看出，唐达根并无事先预谋，而是情急时杀人，故A项正确，B项错误，唐达根和宋万田属于斗殴而非嬉戏中产生了杀人的后果，应当定“斗杀”，故C项正确，D项错误。综上所述，应选A、C项。

2. 与唐律相比较，明律中对下列哪些犯罪行为的处罚会加重？

A. 不孝罪　　B. 谋反

C. 谋大逆　　D. 强盗罪

答案：BCD。

考点四：中国法制史中的司法机关和司法制度

命题题眼一　西周、秦汉、魏晋南北朝时期的司法机关和司法制度

1. 司法机关

(1)西周时期：周天子是最高裁判者。中央设大司寇，下设下司寇。此外，基层设有士师、乡士、遂士等负责具体司法事宜。

(2)秦时期：皇帝掌握最高审判权；廷尉为中央司法机关的长官，审理全国案件。

(3)汉时期：

①汉承秦制，廷尉仍是中央司法长官；

②郡守为地方行政长官也是当地司法长官，负责全郡案件审理；

③县令兼理本县司法，负责全县审判工作；

④基层设乡里组织，负责本地治安与调解工作。

(4)北齐时期：北齐正式设置大理寺，一直沿用至清。大理寺以大理寺卿和少卿为正副长官。此时，还提供了尚书台的地位，其中的“三公曹”和“二千石曹”执掌司法审判，同时掌囚账。

2. 御史制度

御史之名在西周时就已有之，其职责是掌管文书。至秦时，御史成为纠察百官的最高监察官吏。

(1)秦代御史大夫与监察御史，对全国进行法律监督。

(2)汉代时期御史大夫（西汉）、御史中丞（东汉），负责法律监督；西汉武帝以后设立司隶校尉，监督中央百官与京师地方司法官吏，刺史专司各地行政与法律监督之职。

(3)三国两晋南北朝时期，御史台直属皇帝节制，强化了中央监察机构，有权纠举一切不法案件，又设治书侍御史，纠举审判官吏的不法行为。

3. 诉讼制度

(1)西周时期的“狱”与“讼”

①民事案件为“讼”，审理民事案件为“听讼”；

②刑事案件为“狱”，审理刑事案件为“断狱”。

(2)西周时期的“五听”“三刺”制度

①“五听”：西周时审理案件的官员判断当事人陈述真假的五种方式，分别是辞听、色听、气听、耳听、目听。“五听”通过观察当事人的言语表达（辞听）、面部表情（色听）、呼吸（气听）、听觉（耳听）、眼神（目听）来确定其陈述之真假。这是心理学在当时司法活动中的运用。

②“三刺”：西周时，凡遇重大疑难案件，先交群臣讨论，群臣不能决断，再交官吏们讨论，还不能决定的则交给所有国民讨论决定。这就是所谓“三刺”，说明当时判案的慎重，体现了“明德慎罚”的思想。

(3)秦律中的公室告与非公室告

公室告，是指控告主体对其家庭以外的人所犯的杀伤人、偷窃财物之类的行为所提出的控告。官府必须受理。

非公室告，是指控告主体对其家庭内部的犯罪行为向官府提出的控告，对此种控告，官府不予受理。子女强行告诉，还要给予处罚。

与此同时，提倡官吏主动纠举罪犯的同时鼓励罪犯投案自首，用以减少官府侦缉与追捕的困难。

(4)春秋决狱

①朝代：汉代。

②本质：法律儒家化在司法领域的反映。

③内容：“春秋决狱”是指在审判案件时，如果法律无明文规定，则以儒家经义为定罪量刑的依据。其首创者为董仲舒，基本精神是“本其事而原其志。志邪者不待成，首恶者罪特重，本直者其论轻”，即根据案情事实，追究行为人的动机；动机邪恶者即便犯罪未遂也不免刑责；首恶者从重惩治；主观上无恶念者从轻处理。这里强调审断时应重视行为人的主观动机，在考察动机的同时，还要根据事实，区别首犯、从犯和已遂、未遂。

“春秋决狱”实行“论心定罪”，即以犯罪者的主观动机“心”“志”定罪。具体来说，如犯罪人主观动机符合儒家“忠”“孝”精神，即使其行为有社会危害性，也可减免刑事处罚。相反，如果犯罪人主观动机严重违背儒家倡导的精神，即使没有造成严重危害后果，也要认定犯罪并给予严惩。

④评价：在法律烦琐而又不完备的当时及此后相当长的时间里，以《春秋》经义决狱不失为司法原则的发展和审判上的一种积极的补充。但是，以主观动机的“心”“志”的善恶，判断有罪无罪或罪轻罪重，往往会成为司法官吏主观臆断和陷害无辜的口实，所谓“论心定罪，志善而违于法者，免；志恶而合于法者，诛”。可见，春秋决狱在运作中容易产生流弊，在某种程度上为“擅断论”提供了切实的依据。

(5)汉代的“秋冬行刑”

汉代对死刑的执行，实行“秋冬行刑”的制度。汉代统治者根据“天人感应”理论，规定春夏不执行死刑。除谋反、大逆“决不待时”以外，一般死刑须在秋天霜降以后，冬天以前执行。因为这时“天地始肃”，杀气已至，便可以“申严百刑”，以示所谓“顺天行诛”。秋冬行刑制度，对后世有深远的影响，唐律规定“立春后不决死刑”；明清律中的“朝审”“秋审”制度亦是渊源于此。

历年试题

2013 年试卷一第 57 题：董仲舒解说“春秋决狱”：“春秋之听狱也，必本其事而原其志；志邪者不待成，首恶者罪特重，本直者其论轻。”关于该解说之要旨和倡导，下列哪些表述是正确的？

A. 断案必须根据事实，要追究犯罪人的动机，动机邪恶者即使犯罪未遂也不免刑责

B. 在着重考察动机的同时，还要依据事实，分别首犯、从犯和已遂、未遂

C. 如犯罪人主观动机符合儒家“忠”、“孝”精神，即使行为构成社会危害，也不给予刑事处罚

D. 以《春秋》经义决狱为司法原则，对当时传统司法审判有积极意义，但某种程度上为司法擅断提供了依据

答案：ABD。董仲舒在《春秋繁露》篇中对“春秋决狱”作了解说，其要旨是：必须根据案情事实，追究行为人的动机；动机邪恶者即使犯罪未遂也不免刑责。所以，A 项正确。

董仲舒在《春秋繁露》篇中对“春秋决狱”作了解说，对首恶者从重惩治；主观上无恶念者从轻处理。这里强调审断时应重视行为人在案情中的主观动机；在着重考察动机的同时，还要依据事实，分为首犯、从犯和已遂、未遂。所以，B 项正确。

《春秋》决狱实行“论心定罪”原则，如犯罪人主观动机符合儒家“忠”“孝”精神，即使其行为构成社会危害，也可以减免刑事处罚。这里强调的是可以减免刑事处罚而不是免除刑事处罚。所以，C 项错误。

以《春秋》经义决狱为司法原则，对传统的司法和审判是一种积极的补充。但是，如果专以主观动机“心”“志”的“善恶”，判断有罪无罪或罪行轻重，也往往会成为司法官吏主观臆断和陷害无辜的口实，在某种程度上为司法擅断提供了依据。所以，D 项正确。

强化模拟题

1. 关于春秋决狱，叙述正确的是（　　）。

A. 依据儒家经典《春秋》等著作中提倡的精神原则审判案件

B.《春秋》决狱实行“论心定罪”原则

C. 是法律儒家化在司法领域的反映

D. 某种程度上为司法擅断提供了依据

答案：ABCD。

2. 将廷尉改大理寺作为最高司法审判机关的是（　　）。

A. 晋朝　　B. 曹魏

C. 北齐　　D. 北魏

答案：C。

命题题眼二　唐宋时期的司法机关

唐沿袭隋制，宋沿唐制，在皇帝以下设置大理寺、刑部、御史台三大司法机构，分掌中央司法审判职权。

1. 大理寺

以正卿和少卿为正、副长官，审理中央百官与京师徒刑以上案件。流、徒案件的判决，须送刑部复核；死刑案件必须奏请皇帝批准。大理寺对刑部移送的死刑与疑难案件具有重审权。

2. 刑部

（1）唐代刑部：以尚书、侍郎为正、副长官，下设刑部、都官、比部和司门四司。刑部有权参与重大案件的审理，对中央、地方上报的案件具有复核权，并有权受理在押犯申诉的案件。

（2）宋代刑部：负责大理寺详断的全国死刑已决案件的复核及官员叙复、昭雪等事。

注意：神宗后，刑部分设左、右曹，左曹负责死刑案件复核，右曹负责官吏犯罪案件的审核。其职能有所扩大，处理有关刑法、狱讼、奏谳、赦宥、叙复等事。

3. 御史台

御史台以御史大夫和御史中丞为正、副长官，下设台、殿、察三院，是中央监察机构。御史台有权监督大理寺、刑部的审判工作，同时参与疑难案件的审判，并受理行政诉讼案件。分设台院、殿院、察院，统辖下属的诸御史。

（1）台院：御史台的基本组成部分，执掌纠弹中央百官，参与大理寺的审判和审理皇帝交付的重大案件。

（2）殿院：执掌纠察百官在宫殿中违反朝仪的失礼行为，并巡视京城及其他朝会、郊祀等，以维护皇帝尊严为主要职责。

（3）察院：执掌纠察州县地方官吏的违法行为。

4. 唐代的“三司推事”

中央或地方发生重大案件时，由刑部侍郎、御史中丞、大理寺卿组成临时最高法庭审理。有些地方重案，则派大理寺评事、刑部员外郎、监察御史为“三司使”。

唐代还设立都堂集议制，即发生重大死刑案件，皇帝下令“中书、门下四品以上及尚书议之”，以示慎刑。

5. 地方司法机关

（1）唐代地方司法机关由行政长官兼理，县以下乡官、里正对犯罪案件具有纠举责任，对轻微犯罪与民事案件具有调解处理的权利，但结果须呈报上级。

（2）宋代地方州县仍实行司法与行政合一之制。但从太宗时起加强地方司法监督，在州县之上，设立提点刑狱司，作为中央在地方各路的司法派出机构。提点刑狱司对地方官吏审判违法的，轻者，可以立即处断；重者，上报皇帝裁决。

强化模拟题

1. 唐朝对大案、疑案常由大理寺、刑部和御史台长官会同审理，称（　　）。

A. 三司会审　　B. 会审

C. 小三司　　D. 三司推事

答案：D。

2. 宋初为了加强皇帝对司法的直接控制，在中央设立了（　　）。

A. 审刑院　　B. 都察院

C. 刑部　　D. 提点刑狱司

答案：A。

3. 宋初为了加强皇帝对司法的直接控制，在中央和地方上分别设立（　　）。

A. 审刑院　　B. 大理寺

C. 刑部　　D. 提点刑狱司

答案：AD。

命题题眼三　明清时期的司法机关

1. 中央司法机构为刑部、大理寺、都察院。一改隋唐以来的大理寺、刑部、御史台体系。

2. 明代刑部增设十三清吏司，分掌各省刑民案件。

清代刑部是清朝的主审机关,为六部之一,下设十七清吏司分掌京师和各省审判事务,还设有督捕司、秋审处和修订法律馆。

清代刑部主要负责:(1)审理中央百官犯罪;(2)审核地方上报的重案(死刑应交大理寺复核);(3)审理发生在京师的笞杖刑以上案件;(4)处理地方上诉案及秋审事宜;(5)主持司法行政与律例修订事宜。

3. 明代大理寺掌复核驳正,发现有"情词不明或失出入者",驳回刑部改判,并再行复核;如此三改不当者,奏请皇帝裁决。

依清律规定,大理寺的主要职责是复核死刑案件,平反冤狱,同时参与秋审、热审等会审,如发现刑部定罪量刑有误,可提出封驳。

4. 明代都察院掌纠察,主要是纠察百司,会审及审理官吏犯罪案件。设有十三道御史。

清承明制,都察院是全国最高监察机关,同时负有监督刑部、大理寺之责,也可参与重大案件的会审。

中央刑部、大理寺、都察院三大司法机关统称"三法司"。对重大疑难案件三法司共同会审,称"三司会审"。

5. 地方司法机关。

(1)明朝地方司法机关分为省、府(直隶州)、县三级,沿宋制,省设提刑按察司,有权判处徒刑及以下案件。府、县两级实行行政司法合一体制。明代越诉受重惩。

明朝还在各州、县及乡设立"申明亭",张贴榜文,申明教化,由民间德高望重的老人受理民间纠纷,加以调处解决。

(2)清朝,地方司法分州县、府、省按察司,总督(及巡抚)四级。

历年试题

2020年试卷一考生回忆版:1904年,都察院御史蒋某某据传闻弹劾军机大臣亲王奕劻,指其将120万银元存入洋商银行,洋商银行账目不示人,仅口头表示无来往,清廷以蒋某某弹劾不实、污蔑亲贵,罢去其御史之职,下列说法正确的是:

A. 蒋某某据传闻弹劾不实,是诬告

B. 古老的监察制度已经丧失生命力,无法发挥作用

C. 洋商银行拒不出示账目是丧失司法主权的表现

D. 清末司法改革之中都察院被裁撤

答案:C。都察院有纠察、弹劾的职权。即使都察院弹劾的内容不能证实,也不会以诬告论处。因此,即使蒋御史据传闻弹劾不实,也不能看作诬告。A项说法错误。

中国古代监察制度以官吏为治理对象,以察官治官为主要目标。即使晚清时期皇权高度集中,机能有所减弱,但直到清末,仍发挥着监察百官、整饬纲纪的作用。这个案件中清廷以蒋弹劾不实、污蔑亲贵,罢去其御史之职,是对监察制度的破坏,但不能以偏概全,说明监察制度"已经丧失生命力,无法发挥作用"。因此B项说法错误。

司法主权是一个国家对其管辖区域内的司法活动所拥有的至高无上的、排他性的政治权力。司法活动包括侦查、公诉、审判、执行等一系列行为。而调查取证是侦查活动重要的一部分,本题中,清政府调查官员贪腐,银行应有协助司法机关调查取证的义务。但汇丰作为洋商银行,不愿出示账目,清政府也无法约束或制裁,无法行使排他性的司法权,是丧失司法主权的表现。C项说法正确。

清末司法改革中,清政府制定《都察院整顿变通章程》,对都察院的机构设置进行调整,并没有裁撤都察院,因此D项说法错误。

强化模拟题

1. 明代的"三法司"是指(　　)。

A. 刑部、大理寺、御史台

B. 台院、御史台、察院

C. 刑部、大理寺、都察院

D. 刑部、御史台、宣政院

答案:C。

2. 按照明代的诉讼审级管辖原则,省一级的提刑按察使可以审理(　　)以下的案件。

A. 死刑　　B. 流刑

C. 杖刑　　D. 徒刑

答案:D。

3. 关于清代地方司法制度,下列叙述正确的是(　　)。

A. 地方司法分州县、府、省按察司,总督(及巡抚)四级

B. 州或县为第一审级,有权决定笞杖刑,徒刑以上案件上报

C. 在各州县及乡设立"申明亭"

D. 总督(及巡抚)为第四审级,有权批复徒刑案件,复核军流案件

答案:ABD。

命题题眼四　明朝时期的管辖制度、廷杖与厂卫

1. 明朝时期的管辖制度

(1)明朝在交叉案件的管辖上,继承了唐律"以轻就重,以少就多,以后就先"的原则,同时规定实行被告原则。

(2)明朝还实行军民分诉分辖制。具体是指凡军官、军人有犯"与民不相干者",一律"从本管军职衙门自行追问"。"在外军民词讼"有涉"叛逆机密重事"

者，可允许"镇守总兵参将守备等官受理"。若军案"与民相干者"，由管军衙门与当地官府一体约问。

2. 明朝的廷杖与厂卫

(1)廷杖。廷杖是指由皇帝下令，司礼监监刑，锦衣卫施刑，在朝堂之上杖责大臣的制度。

(2)"厂""卫"特务司法机关。这既是明代司法的一大特点，又是一大弊政。"厂"是直属皇帝的特务机关。"卫"是指皇帝亲军十二卫中的"锦衣卫"，下设镇抚司，由皇帝任命亲信"提督"。"厂""卫"，多由宦官充当。"厂""卫"干预司法始于太祖时期洪武十五年(1382 年)。太祖始令锦衣卫负责刑狱与缉察逮捕。锦衣卫下设南、北镇抚司，其北镇抚司"专理诏狱"，按旨行事，并设法庭监狱。成祖时"恐外官徇情"，设宦官特务机构"东厂"，专司"缉访谋逆，大奸恶"，其权超过锦衣卫。宪宗时又为监督"厂""卫"而设"西厂"，至武宗为监督东、西厂，又设"内行厂"。

强化模拟题

1. 按照明代的诉讼审级管辖原则，地方司法机构可以审理(　　)的案件。

A. 死刑　　B. 流刑

C. 杖刑　　D. 徒刑

答案：CD。

2. 明代"厂""卫"特务组织是明朝的一大弊政。"厂""卫"组织参与司法是明代强化皇帝对国家司法权控制的一个主要措施，这些组织包括(　　)。

A. 东厂　　B. 西厂

C. 内行厂　　D. 锦衣卫

答案：ABCD。

命题题眼五　唐宋时期的诉讼制度

1. 刑讯与仇嫌回避原则

(1)刑讯的条件与证据

古代各类官府在审理案件时，用酷刑逼迫犯人招供，称为刑讯。秦代官吏审案时已经习惯使用拷打。汉代以后直到明清，法律承认刑讯的合法，官员审案大多使用刑讯。唐律规定，刑讯之前，必须先审核口供的真实性，然后反复查验证据，证据确凿，仍然狡辩否认的，经过主审官与参审官共同决定，可以使用刑讯；未经法定程序，承审官要负刑事责任。对人赃俱获，经刑讯拒不认罪的，可据状断之，即可以根据证据定罪。

(2)刑讯的方法

①必须使用符合标准规格的常行杖，以杖外他法拷打甚至造成罪囚死亡者，承审官要负刑事责任。

②拷囚的限制：总数不得超过 3 次，每次间隔 20 天，总杖数不得超过 200 杖，杖罪以下不得超过所犯之数。若刑讯数满仍然不招供者，必须取保释放。

③刑讯数满，被拷者仍然不承认的，应当反拷告状之人查明有无诬告等。

(3)禁止使用刑讯的两类人

禁止使用刑讯的人包括：特权身份之人，如议、请、减之人；老幼废疾之人，包括年龄在 70 岁以上或 15 岁以下、一肢废、腰脊折、痴哑、侏儒等。对这两种人，必须有 3 人以上证实其犯罪事实，才能定罪。

(4)法官回避

《唐六典》第一次以法典形式肯定了法官的回避制度。

(5)死刑复奏制度

死刑复奏制度，是指死罪判决的执行必须奏请皇帝批准，待皇帝批准下达 3 日后方可行刑。这项制度在三国两晋南北朝时期就已正式确立，至隋朝确定为死刑须经"三复奏"方准执行。唐律对此作了更加详细而严格的规定：除谋反、谋大逆、谋叛、恶逆及部曲、奴婢杀主等死刑判决只经一次复奏即可执行外，凡各地方的死刑判决作出后，必须 3 次奏报皇帝批准，待批准下达 3 日后方可执行。违反上述规定，"不待复奏报下而决者"要判处流刑，3 日期限未满或过限行刑者处以杖刑至徒刑。对京师判决的死刑案件要求更加严格，须经过"五复奏"。这项制度表明唐代对死刑的审慎态度及皇帝对死刑权的牢固控制。

2. 宋代的翻异别勘制度与证据勘验制度

(1)翻异别勘制度：在诉讼中，人犯否认口供(称翻异)，事关重大案情的，由另一法官或另一司法机关重审，称为别勘。按照规定，别勘可以进行 3 次至 5 次，实际执行中甚至达到 7 次。

(2)证据勘验制度：两宋时期注重证据，原、被告均有举证责任。重视现场勘验，南宋地方司法机构制有专门的"检验格目"，并产生了世界最早的法医学著作《洗冤集录》。

历年试题

2012 年试卷一第 17 题：《折狱龟鉴》载一案例：张泳尚书镇蜀日，因出过委巷，闻人哭，惧而不哀，遂使讯之。云："夫暴卒。"乃付吏穷治。吏往熟视，略不见其要害。而妻教吏搜顶发，当有验。乃往视之，果有大钉陷其脑中。吏喜，辄矜妻能，悉以告泳。泳使呼出，厚加赏方，问所知之由，并令鞠其事，盖尝害夫，亦用此谋。发棺视尸，其钉尚在，遂与哭妇俱刑于市。关于本案，张泳运用了下列哪一断案方法？

A.《春秋》决狱

B."听讼"、"断狱"

C."据状断之"

D. 九卿会审

答案：C。

命题题眼六　明清时期的会审制度

1. 明代

(1)九卿会审:六部尚书及通政使司的通政使、都察院左都御史、大理寺卿九人会审皇帝交付的案件或者已判决但囚犯仍然翻供不服之案。

(2)朝审是明代对死刑案件进行复核的制度之一,明英宗时成为定制。明英宗认为人命至关重要,一旦处死就无法复生,后果难以挽回。朝审是每年霜降之后,由中央三法司会同公侯、伯爵等,在吏部或户部尚书的主持下,对全国上报的重案囚犯重新审理。朝审不仅复核死刑,且带有宽宥之意。对于可予以矜怜或可疑的,改为戍边,囚犯有翻异供词的移调官府再审,符合律令的监候听决。清代的秋审、朝审皆源于此。

(3)大审:始于成化十七年。司礼监一员、尚书各官员(从此九卿抑于内官之下),会同三法司在大理寺共审囚犯。大审每隔5年举行一次。

2. 清代

形成秋审、朝审、热审等比较规范的会审体制。

(1)秋审是清朝最重要的死刑复审制度,因在每年秋天举行而得名。秋审审理的对象是全国上报的斩监候、绞监候案件。每年秋八月在天安门金水桥西由九卿、詹事、科道以及军机大臣、内阁学士等重要官员会同审理。秋审被视为"国家大典",统治者较为重视,还专门制定了秋审条款,作为进行秋审大典的基本规范。

秋审后有四种情况:①情实。罪情属实,罪名恰当,奏请执行死刑。②缓决。案情虽然属实,但危害不大者,可减为流三千里,或减发烟瘴极边充军,或再押监候办。③可矜。案情属实,但有可矜或可疑之处,可免死刑,一般减为徒、流。④留养承嗣。案情属实、罪名恰当,但有亲老单丁情形,合乎申请留养者,按留养案奏请皇帝裁决。

(2)朝审在清代是秋审以外的另一个重要的会审形式。清代朝审所复审的案件,主要是刑部判决的案件,以及京城附近发生的斩监候、绞监候案件。举行朝审的时间略迟于秋审,于每年霜降以后10日进行。朝审的程序,与秋审基本相同。

(3)热审是对发生在京师的笞杖刑案进行重审的制度,于每年小满后10日至立秋前1日,由大理寺官员会同各道御史及刑部承办司共同进行,快速决放在监笞杖刑案。

强化模拟题

关于中国古代诉讼、审判制度的说法,下列哪些选项是正确的?

A. 西周时期"听讼"为审理民事案件,"断狱"为审理刑事案件

B. 唐代县以下乡官、里正对犯罪案件具有纠举责任,对轻微犯罪与民事案件具有调解处理的权力

C. 明代的大审是一种会审制度,每3年举行一次

D. 清末改大理寺为大理院,为全国最高审判机关

答案:ABD。本题考查中国古代诉讼的程序和制度。西周时期民事案件称为"讼",而刑事案件称为"狱",故"听讼"为审理民事案件,"断狱"为审理刑事案件,故A项正确。唐代地方司法机关由行政兼领,但是县以下乡官、里正对犯罪案件具有纠举责任,对轻微犯罪与民事案件具有调解处理的权力,结果须报上级,故B项正确。明代的会审制度包含大审,一般每5年举行一次,故C项错误。清末改制,改刑部为法部(司法部),是最高司法行政机关,改大理寺为大理院(法院),是全国最高审判机关,故D项正确。因此,本题答案是ABD。

考点五:中国法制史中的契约、婚姻、继承法律制度

命题题眼一　西周的契约、婚姻、继承法律制度

1. 契约

(1)买卖契约,称为"质剂",由官府制作,由"质人"专门管理。

①质:是买卖奴隶、牛马所使用的较长的契券;

②剂:是买卖兵器、珍异之物所使用的较短的契券。

(2)借贷契约:称为傅别。

2. 婚姻制度

(1)婚姻缔约的三大原则:一夫一妻制,同姓不婚,父母之命、媒妁之言。凡不合此三者的婚姻即属非礼非法。

注意:①男子可以有妾有婢,但法定的妻子只能有一个;②只有正妻所生的子女为嫡系,其他皆为庶出,在家庭关系中处于比较低的地位。

(2)程序要件:西周时形成了聘娶的"六礼"程序,具体内容如下。

纳采:男家委托媒妁向女家求婚(提亲);

问名:男家请媒妁求取女方姓名、生辰等,向宗庙卜问婚配吉凶;

纳吉:男方将卜问所得吉兆通告女方;

纳征:男家向女方送交聘财,正式订婚;

请期:请定婚期,择取吉日;

亲迎:成婚之日,男方亲往女家迎娶。

(3)婚姻关系的解除:"七出""三不去"。

①"七出",出现以下七种情形之一的,丈夫或者公婆即可休弃之:不顺父母(道德沦丧)、淫(破坏伦常秩序)、无子(断绝后嗣)、妒(影响家庭关系)、恶疾(无法共同生活)、多言(多嘴多舌离间亲属感情)、盗窃(背弃信义)。

②“三不去”，如果存在以下三种情形之一，则不允许夫家休弃妻子：有所娶，无所归，即被休弃则无家可归；与更三年丧，即同丈夫一起为公、婆服过三年大丧；前贫贱而后富贵。

“七出”“三不去”制度是宗法制度下夫权专制的典型反映。西周婚姻立法的原则和制度多为后世法律继承和采用，成为中国传统法律的重要组成部分。

3. 继承制度

嫡长子继承制，即“立適以长不以贤，立子以贵不以长”。注意：这种继承主要是王、贵族政治身份的继承，土地、财产的继承是其次。但是，财产继承也是实行嫡长子继承制，而不是实行诸子平分制，其余庶子也只能由嫡长子分给，而无所谓“权”。

历年试题

2016 年试卷一第 15 题：西周商品经济发展促进了民事契约关系的发展。《周礼》载：“听买卖以质剂。”汉代学者郑玄解读西周买卖契约形式：“大市谓人民、牛马之属，用长券；小市为兵器、珍异之物，用短券。”对此，下列哪一说法是正确的？

A. 长券为“质”，短券为“剂”

B. “质”由买卖双方自制，“剂”由官府制作

C. 契约达成后，交“质人”专门管理

D. 买卖契约也可采用“傅别”形式

答案：A。

2018 年试卷一考生回忆版：关于先秦时期的法制内容，下列说法正确的是：

A. 西周时期奉行“德主刑辅”的治国思想，要求统治者应具有“敬天、敬祖、保民”的道德品行

B. 西周时期，男女离婚的法定理由称为“七出”，即若具法定七种理由之一，男女即可离婚

C. 西周时期，张三和李四就买卖一头黄牛所签订之契约称为“质剂”，因此产生的纠纷法官审理称为“听讼”

D.《法经》是中国历史上第一部比较系统的成文法典，具有六篇制的法典结构，其中“具法”相当于现代刑法的总则部分，置于法典最后

答案：D。A 项错在“德主刑辅”，这是汉代的法制理念，西周是“以德配天”。B 项错在离婚，要注意西周到宋代以前，只有婚姻法律关系的解除，没有离婚，因为解除是单向的，只有男休女，没有女休男。而离婚是双向的，既有男休女，也有女休男。C 项错误，因为质剂有别，质是涉及奴隶、牛马等大件活物商品的买卖合同，而剂是涉及兵器、珍宝等小件物品的买卖合同，因此买卖黄牛应当是质。

2021 年试卷一考生回忆版：唐朝，刘某娶夏某为妻，后夏某因为照顾失明的父亲提出分开，刘某同意。下面说法正确的是：

A. 女方要求义绝　　B. 可以和离

C. 以七出休妻　　D. 政府可以强制离异

答案：B。

命题题眼二　宋朝时期的契约与婚姻、继承法律制度

1. 契约立法

两宋时期随着商品经济的发展，“义利并重”思想逐渐取代了“重义轻利”思想，民事法律关系与民事法律制度也发生相应的变化，由此也带动了两宋时期土地所有权、典权、物权、债权等法律关系的发展，因此，两宋时期的契约制度也相对发达与完善。

(1)债的发生。契约所生之债占多数，还有其他形式引发的债权；在买卖之债发生的法律规定上，强调双方的“合意”性，维护家长的财产支配权。

(2)买卖契约。分为绝卖、活卖与赊卖三种：

①绝卖：一般买卖；

②活卖：附条件的买卖，当所附条件完成，买卖才算最终成立；

③赊卖：采取类似商业信用或预付方法，而后收取出卖的价金。

注意：这些重要的交易活动，都须订立书面契约，取得官府承认，才能视为合法有效。

(3)租赁契约。对房宅的租赁称为“租”、“赁”或“借”；对人畜车马的租赁称为庸、雇。

(4)租佃契约。地主与佃农签订的租佃土地契约中，必须明定纳租与纳税的条款，或按收成比例收租(分成租)，或实行定额租。地主同时要向国家缴纳田赋。若佃农过期不交地租，地主可于每年十月初一到正月三十日向官府投诉，由官府代为索取。

(5)典卖契约(又称“活卖”)。通过让渡物的使用权收取部分利益而保留回赎权的一种交易方式。

(6)借贷契约。对借与贷作了区分。借指使用借贷；贷指消费借贷。把不付息的使用借贷称为负债，把付息的消费借贷称为出举。

2. 婚姻法规

(1)“男年十五，女年十三以上，并听婚嫁。”

(2)禁止五服以内亲属结婚。

(3)州、县官人在任之日，不得同部下百姓交婚，其州上佐以上及县令，于所统属官亦同。但其定婚在前，任官居后，及三辅内官门阀相当情愿者，并不在禁限。

(4)离婚方面，仍实行唐制“七出”与“三不去”制度，但也有少许变通。严格维护家族财产不得转移的固有传统。

3. 继承法规

(1)法律在继承关系上有较大灵活性。

(2)除沿袭以往遗产兄弟均分制外，允许在室女享受部分继承权；承认遗腹子与亲生子享有同样的继承权。

(3)注意南宋规定的绝户继承的办法。绝户指家无男子继承。绝户继承有两种：

①立继：夫亡而妻在，立继从妻；

②命继：夫妻俱亡，立继从其尊长亲属。

继子与绝户之女（包括在室女和出嫁女）都享有继承权。在只有出嫁女时，遗产的1/3为官府所有。

历年试题

2021年试卷一考生回忆版：关于中国古代的继承制度，下列哪一选项是正确的？

A. 西周时期主张“以德配天，明德慎罚”，强调统治者的“德”性的后果之一便是在继承问题上主张“立嫡以贤不以长”

B. 西周时期的继承主要是财产的继承；此外，还包括政治身份的继承

C. 宋代的继承制度比较灵活，沿袭了遗产兄弟均分制，还允许在室女享受部分财产继承权

D. 宋代的继承制度规定，在存在遗腹子的情况下，亲生子享有3/4的财产继承权，遗腹子享有1/4的财产继承权

答案：C。

2023年试卷一考生回忆版：宋朝时，有个富豪死的时候，因为儿子只有3岁，他就写了遗嘱，把7/10的遗产留给女儿女婿，3/10的遗产留给儿子，遗嘱要求姐姐把弟弟养大。儿子长大后跟姐姐姐夫争遗产，告到县衙。县令对儿子说，“幸好你爹聪明，留了这个遗嘱，不然你就没法长大了”。然后改判遗产的7/10归儿子，3/10归女儿。对此，下列哪一选项是正确的？

A. 在宋代，遗嘱继承都优先于法定继承

B. 在宋代，在室女只能获得一份嫁资

C. 在宋代，出嫁女在任何情况下都没有财产继承权

D. 本案判决表明，中国古代司法追求天理、国法、人情相结合

答案：D。由于在非户绝之家，遗产依法只能分给儿子，出嫁女是无权获得父母的遗产的。法律也未明文规定在这种情况下，遗嘱继承优先。考虑到姐姐养大了弟弟，县令将7/10的财产改判给弟弟，给姐姐保留了3/10的遗产。这一判决兼顾了法律与人情。所以说，这个判决表明中国古代司法追求天理、国法、人情相结合，故D项正确。

强化模拟题

杜甫有诗云：“朝回日日典春衣，每日江头尽醉归。酒债寻常行处有，人生七十古来稀。”对诗歌涉及的典当制度，下列哪一选项可以成立？

A. 唐代的典当形成了明确的债权债务关系

B. 唐代的典当契约称为“质剂”

C. 唐代的典当称为“活卖”

D. 唐代法律规定开典当行者构成“坐赃”

答案：A。该题考查中国古代民商事法律关系。“质剂”是西周的买卖契约。故B项错误。“活卖”是宋代特有的制度，主要用于土地的“典当”，故C项错误。“坐赃”是唐代的关于官吏或者常人非因职权之便而非法收受财物的行为，故D项错误。A项中，唐代的典当形成了明确的债权债务关系说法是正确的，唐末开始用“典”或“典当”一词。宋承唐制，规定了更加具体的制度。因此，本题答案是A项。

考点六：中华民国时期的法律思想和制度

命题题眼一　民国初期的法律思想

1. 孙中山的法律思想

孙中山的法律思想集中体现在他的“三民主义”与“五权宪法”理论中。

（1）三民主义

三民主义是民族主义、民权主义和民生主义的简称。历经旧三民主义和新三民主义。

（2）五权宪法

所谓“五权”，就是在行政权、立法权、司法权之外，再加上考试权和监察权。以“五权分立”为基本内容的宪法，就叫“五权宪法”；根据“五权宪法”，设立行政、立法、司法、考试、监察五院，以五院为中央政府。

2. 章太炎与宋教仁的法律思想

（1）章太炎的法律思想

章太炎推崇民主共和，坚决反对君主专制与国家至上的观念。章太炎认为，国民才是国家的主人，反对代议政治，认为法律应当保护下层民众的利益，强调法治，反对人治。

（2）宋教仁的法律思想

宋教仁主张建立民主的立宪政体，主张建立责任内阁制，认为应当以政务的性质与施行是否方便为标准，对中央和地方的权限进行划分。

命题题眼二　南京临时政府的法律制度

1.《修正中华民国临时政府组织大纲》

《修正中华民国临时政府组织大纲》于1912年1月2日在南京公布，是中华民国第一部全国性的临时宪法性文件，是具有临时宪法性质的政府组织法。其特点是：以美国的国家制度为蓝本，确立临时政府为总统制共和政府，政府机关实行三权分立的原则；采取一院制的议会政治体制，参议院是国家立法机关。

2.《中华民国临时约法》的制定

1912年3月11日，孙中山以中华民国临时大总统的名义颁布了《中华民国临时约法》，是中国历史上最早的资产阶级宪法性文件。

(1)《中华民国临时约法》的主要内容：

①是辛亥革命的直接产物，基本内容是推翻帝制，建立民国，实现资产阶级的民主共和制度。

②确定了中华民国的国家制度为资产阶级民主共和国。

③规定了中华民国的政治制度实行资产阶级的“三权分立”制。

约法规定，参议院是立法机关，行使立法权。临时大总统行使行政权。法院以临时大总统及司法总长分别任命的法官组成，依法律审判民事、刑事案件。上述的规定，使资产阶级民主共和国“三权分立”的方案进一步具体化。

④规定了人民平等、自由之权利。

⑤保护私有财产。

(2)《中华民国临时约法》的主要特点：

①改总统制为责任内阁制，以限制袁世凯独裁专制。

②扩大参议院的权力，与袁世凯抗衡。

③规定了严格的修改程序，以阻止袁世凯擅自更动和破坏约法。约法规定：“本约法由参议院参议员三分之二以上，或临时大总统之提议，经参议院五分之四以上出席，出席人员四分之三可决，得增修之。”

3. 其他法令的主要内容和特点

(1)保障人权，废除帝制社会等级特权

①解除“贱民”身份，禁止买卖人口。

②提高女权。

③取消官僚特权与革除官厅陋习。

(2)革除传统社会陋习

①禁烟禁赌。

②劝禁缠足。

③临时政府发布《晓示人民一律剪辫文》。

(3)整饬吏治任人唯贤

法制局根据孙中山的命令，先后制定了《文官考试令》《文官考试委员官职令》《外交官及领事官考试委员官职令》《法官考试委员官职令》《法官考试令》等六个考试法令草案。由于南京临时政府存在的时间短暂，参议院没有完成立法程序，以上考试法规草案没有能够颁布实施，但在中国近代人才选拔制度史上还是有着重要意义的。

4. 南京临时政府的司法制度

(1)建立新型的司法机关

最高审判机关为临时中央审判所或最高法院。按《中华民国临时政府组织大纲》的规定而设临时中央审判所，后则依《中华民国临时约法》的规定设最高法院。地方审判机构的设置暂沿清末司法改革后的体制，称审判厅，分县、府、省三级，行四级三审制。

法官独立审判，不受上级官厅干涉。各级地方审判厅内设同级检察厅。

(2)改革审判制度

禁止刑讯；禁止体罚；试行公开审判及陪审制。

(3)试行律师制度

草拟了《律师法草案》。

命题题眼三 南京国民政府的法律制度

国民政府的立法概况

(1)立法指导思想

自称“三民主义”是其法制渊源和指导思想。在法典具体编制上，主要承清末、北京政府法律，采取资产阶级国家的法律体系、法律原则和形式，保留部分传统法律内容。

(2)立法机构

立法机关是立法院，有权议决法律案、预算案、大赦案、宣战案、媾和案以及其他重要国际条约。

(3)法律体系

由制定法、判例、解释例和党规党法、蒋氏手谕等构成。

南京国民政府的法律体系以《六法全书》成文法为主体，例为《六法全书》的重要补充。例是南京国民政府重要的法的渊源。判例由最高法院、行政法院作出，解释例由司法院依程序作出，判例的变更由司法院召开专门会议议决。南京国民政府采取严格的成文法原则，法官在司法审判中，不得直接援引判例来作判决。但在实际的司法实践中，最高法院仍然继续汇编并持续发表判例，这些判例对各级法院具有指导意义。南京国民政府时期，例实际上成为成文法的重要补充，甚至可以对成文法加以引申或进行实质意义上的修正。因此，例在南京国民政府的法律体系中处于相当重要的地位。

南京国民政府的《六法全书》亦称《六法大全》，系为宪法、民法、商法、刑法、民事诉讼法、刑事诉讼法六种法规的汇编(一说民、商合一，加行政法)

(4)立法特点

①从法律内容上看法律制度是继受法与固有法的混合。

②从立法权限上看受制于国民党中央。

③从法律文本层次上看特别法效力高于普通法。

④从立法文本与司法实践层面看两者脱节严重。

司法制度和法律职业道德

中华人民共和国人民法院组织法

（1979 年 7 月 1 日第五届全国人民代表大会第二次会议通过　根据 1983 年 9 月 2 日第六届全国人民代表大会常务委员会第二次会议《关于修改〈中华人民共和国人民法院组织法〉的决定》第一次修正　根据 1986 年 12 月 2 日第六届全国人民代表大会常务委员会第十八次会议《关于修改〈中华人民共和国地方各级人民代表大会和地方各级人民政府组织法〉的决定》第二次修正　根据 2006 年 10 月 31 日第十届全国人民代表大会常务委员会第二十四次会议《关于修改〈中华人民共和国人民法院组织法〉的决定》第三次修正　2018 年 10 月 26 日第十三届全国人民代表大会常务委员会第六次会议修订）

第一章　总　　则

第一条　为了规范人民法院的设置、组织和职权，保障人民法院依法履行职责，根据宪法，制定本法。

第二条　人民法院是国家的审判机关。

人民法院通过审判刑事案件、民事案件、行政案件以及法律规定的其他案件，惩罚犯罪，保障无罪的人不受刑事追究，解决民事、行政纠纷，保护个人和组织的合法权益，监督行政机关依法行使职权，维护国家安全和社会秩序，维护社会公平正义，维护国家法制统一、尊严和权威，保障中国特色社会主义建设的顺利进行。

第三条　人民法院依照宪法、法律和全国人民代表大会常务委员会的决定设置。

第四条　人民法院依照法律规定独立行使审判权，不受行政机关、社会团体和个人的干涉。

第五条　人民法院审判案件在适用法律上一律平等，不允许任何组织和个人有超越法律的特权，禁止任何形式的歧视。

第六条　人民法院坚持司法公正，以事实为根据，以法律为准绳，遵守法定程序，依法保护个人和组织的诉讼权利和其他合法权益，尊重和保障人权。

第七条　人民法院实行司法公开，法律另有规定的除外。

第八条　人民法院实行司法责任制，建立健全权责统一的司法权力运行机制。

第九条　最高人民法院对全国人民代表大会及其常务委员会负责并报告工作。地方各级人民法院对本级人民代表大会及其常务委员会负责并报告工作。

各级人民代表大会及其常务委员会对本级人民法院的工作实施监督。

第十条　最高人民法院是最高审判机关。

最高人民法院监督地方各级人民法院和专门人民法院的审判工作，上级人民法院监督下级人民法院的审判工作。

第十一条　人民法院应当接受人民群众监督，保障人民群众对人民法院工作依法享有知情权、参与权和监督权。

第二章　人民法院的设置和职权

第十二条　人民法院分为：

（一）最高人民法院；

（二）地方各级人民法院；

（三）专门人民法院。

第十三条　地方各级人民法院分为高级人民法院、中级人民法院和基层人民法院。

第十四条　在新疆生产建设兵团设立的人民法院的组织、案件管辖范围和法官任免，依照全国人民代表大会常务委员会的有关规定。

第十五条　专门人民法院包括军事法院和海事法院、知识产权法院、金融法院等。

专门人民法院的设置、组织、职权和法官任免，由全国人民代表大会常务委员会规定。

第十六条　最高人民法院审理下列案件：

（一）法律规定由其管辖的和其认为应当由自己管辖的第一审案件；

（二）对高级人民法院判决和裁定的上诉、抗诉案件；

（三）按照全国人民代表大会常务委员会的规定提起的上诉、抗诉案件；

（四）按照审判监督程序提起的再审案件；

（五）高级人民法院报请核准的死刑案件。

第十七条 死刑除依法由最高人民法院判决的以外，应当报请最高人民法院核准。

第十八条 最高人民法院可以对属于审判工作中具体应用法律的问题进行解释。

最高人民法院可以发布指导性案例。

第十九条 最高人民法院可以设巡回法庭，审理最高人民法院依法确定的案件。

巡回法庭是最高人民法院的组成部分。巡回法庭的判决和裁定即最高人民法院的判决和裁定。

第二十条 高级人民法院包括：

（一）省高级人民法院；

（二）自治区高级人民法院；

（三）直辖市高级人民法院。

第二十一条 高级人民法院审理下列案件：

（一）法律规定由其管辖的第一审案件；

（二）下级人民法院报请审理的第一审案件；

（三）最高人民法院指定管辖的第一审案件；

（四）对中级人民法院判决和裁定的上诉、抗诉案件；

（五）按照审判监督程序提起的再审案件；

（六）中级人民法院报请复核的死刑案件。

第二十二条 中级人民法院包括：

（一）省、自治区辖市的中级人民法院；

（二）在直辖市内设立的中级人民法院；

（三）自治州中级人民法院；

（四）在省、自治区内按地区设立的中级人民法院。

第二十三条 中级人民法院审理下列案件：

（一）法律规定由其管辖的第一审案件；

（二）基层人民法院报请审理的第一审案件；

（三）上级人民法院指定管辖的第一审案件；

（四）对基层人民法院判决和裁定的上诉、抗诉案件；

（五）按照审判监督程序提起的再审案件。

第二十四条 基层人民法院包括：

（一）县、自治县人民法院；

（二）不设区的市人民法院；

（三）市辖区人民法院。

第二十五条 基层人民法院审理第一审案件，法律另有规定的除外。

基层人民法院对人民调解委员会的调解工作进行业务指导。

第二十六条 基层人民法院根据地区、人口和案件情况，可以设立若干人民法庭。

人民法庭是基层人民法院的组成部分。人民法庭的判决和裁定即基层人民法院的判决和裁定。

第二十七条 人民法院根据审判工作需要，可以设必要的专业审判庭。法官员额较少的中级人民法院和基层人民法院，可以设综合审判庭或者不设审判庭。

人民法院根据审判工作需要，可以设综合业务机构。法官员额较少的中级人民法院和基层人民法院，可以不设综合业务机构。

第二十八条 人民法院根据工作需要，可以设必要的审判辅助机构和行政管理机构。

第三章　人民法院的审判组织

第二十九条 人民法院审理案件，由合议庭或者法官一人独任审理。

合议庭和法官独任审理的案件范围由法律规定。

第三十条 合议庭由法官组成，或者由法官和人民陪审员组成，成员为三人以上单数。

合议庭由一名法官担任审判长。院长或者庭长参加审理案件时，由自己担任审判长。

审判长主持庭审、组织评议案件，评议案件时与合议庭其他成员权利平等。

第三十一条 合议庭评议案件应当按照多数人的意见作出决定，少数人的意见应当记入笔录。评议案件笔录由合议庭全体组成人员签名。

第三十二条 合议庭或者法官独任审理案件形成的裁判文书，经合议庭组成人员或者独任法官签署，由人民法院发布。

第三十三条 合议庭审理案件，法官对案件的事实认定和法律适用负责；法官独任审理案件，独任法官对案件的事实认定和法律适用负责。

人民法院应当加强内部监督，审判活动有违法情形的，应当及时调查核实，并根据违法情形依法处理。

第三十四条 人民陪审员依照法律规定参加合议庭审理案件。

第三十五条 中级以上人民法院设赔偿委员会，依法审理国家赔偿案件。

赔偿委员会由三名以上法官组成，成员应当为单数，按照多数人的意见作出决定。

第三十六条 各级人民法院设审判委员会。审判委员会由院长、副院长和若干资深法官组成，成员应当为单数。

审判委员会会议分为全体会议和专业委员会会议。

中级以上人民法院根据审判工作需要，可以按照审判委员会委员专业和工作分工，召开刑事审判、民事行政审判等专业委员会会议。

第三十七条 审判委员会履行下列职能：

（一）总结审判工作经验；

（二）讨论决定重大、疑难、复杂案件的法律适用；

（三）讨论决定本院已经发生法律效力的判决、裁定、调解书是否应当再审；

（四）讨论决定其他有关审判工作的重大问题。

最高人民法院对属于审判工作中具体应用法律的问题进行解释，应当由审判委员会全体会议讨论通过；发布指导性案例，可以由审判委员会专业委员会会议讨论通过。

第三十八条 审判委员会召开全体会议和专业委员会会议，应当有其组成人员的过半数出席。

审判委员会会议由院长或者院长委托的副院长主持。审判委员会实行民主集中制。

审判委员会举行会议时，同级人民检察院检察长或者检察长委托的副检察长可以列席。

第三十九条 合议庭认为案件需要提交审判委员会讨论决定的，由审判长提出申请，院长批准。

审判委员会讨论案件，合议庭对其汇报的事实负责，审判委员会委员对本人发表的意见和表决负责。审判委员会的决定，合议庭应当执行。

审判委员会讨论案件的决定及其理由应当在裁判文书中公开，法律规定不公开的除外。

第四章 人民法院的人员组成

第四十条 人民法院的审判人员由院长、副院长、审判委员会委员和审判员等人员组成。

第四十一条 人民法院院长负责本院全面工作，监督本院审判工作，管理本院行政事务。人民法院副院长协助院长工作。

第四十二条 最高人民法院院长由全国人民代表大会选举，副院长、审判委员会委员、庭长、副庭长和审判员由院长提请全国人民代表大会常务委员会任免。

最高人民法院巡回法庭庭长、副庭长，由最高人民法院院长提请全国人民代表大会常务委员会任免。

第四十三条 地方各级人民法院院长由本级人民代表大会选举，副院长、审判委员会委员、庭长、副庭长和审判员由院长提请本级人民代表大会常务委员会任免。

在省、自治区内按地区设立的和在直辖市内设立的中级人民法院院长，由省、自治区、直辖市人民代表大会常务委员会根据主任会议的提名决定任免，副院长、审判委员会委员、庭长、副庭长和审判员由高级人民法院院长提请省、自治区、直辖市人民代表大会常务委员会任免。

第四十四条 人民法院院长任期与产生它的人民代表大会每届任期相同。

各级人民代表大会有权罢免由其选出的人民法院院长。在地方人民代表大会闭会期间，本级人民代表大会常务委员会认为人民法院院长需要撤换的，应当报请上级人民代表大会常务委员会批准。

第四十五条 人民法院的法官、审判辅助人员和司法行政人员实行分类管理。

第四十六条 法官实行员额制。法官员额根据案件数量、经济社会发展情况、人口数量和人民法院审级等因素确定。

最高人民法院法官员额由最高人民法院商有关部门确定。地方各级人民法院法官员额，在省、自治区、直辖市内实行总量控制、动态管理。

第四十七条 法官从取得法律职业资格并且具备法律规定的其他条件的人员中选任。初任法官应当由法官遴选委员会进行专业能力审核。上级人民法院的法官一般从下级人民法院的法官中择优遴选。

院长应当具有法学专业知识和法律职业经历。副院长、审判委员会委员应当从法官、检察官或者其他具备法官、检察官条件的人员中产生。

法官的职责、管理和保障，依照《中华人民共和国法官法》的规定。

第四十八条 人民法院的法官助理在法官指导下负责审查案件材料、草拟法律文书等审判辅助事务。

符合法官任职条件的法官助理，经遴选后可以按照法官任免程序任命为法官。

第四十九条 人民法院的书记员负责法庭审理记录等审判辅助事务。

第五十条 人民法院的司法警察负责法庭警戒、人员押解和看管等警务事项。

司法警察依照《中华人民共和国人民警察法》管理。

第五十一条 人民法院根据审判工作需要，可以设司法技术人员，负责与审判工作有关的事项。

第五章 人民法院行使职权的保障

第五十二条 任何单位或者个人不得要求法官从事超出法定职责范围的事务。

对于领导干部等干预司法活动、插手具体案件处理，或者人民法院内部人员过问案件情况的，办案人员应当全面如实记录并报告；有违法违纪情形的，由有关机关根据情节轻重追究行为人的责任。

第五十三条 人民法院作出的判决、裁定等生效法律文书，义务人应当依法履行；拒不履行的，依法追究法律责任。

第五十四条 人民法院采取必要措施，维护法庭秩序和审判权威。对妨碍人民法院依法行使职权的违法犯罪行为，依法追究法律责任。

第五十五条 人民法院实行培训制度，法官、审判辅助人员和司法行政人员应当接受理论和业务培训。

第五十六条 人民法院人员编制实行专项管理。

第五十七条 人民法院的经费按照事权划分的原则列入财政预算，保障审判工作需要。

第五十八条 人民法院应当加强信息化建设，运用现代信息技术，促进司法公开，提高工作效率。

第六章 附 则

第五十九条 本法自 2019 年 1 月 1 日起施行。

中华人民共和国法官法

（1995年2月28日第八届全国人民代表大会常务委员会第十二次会议通过　根据2001年6月30日第九届全国人民代表大会常务委员会第二十二次会议《关于修改〈中华人民共和国法官法〉的决定》第一次修正　根据2017年9月1日第十二届全国人民代表大会常务委员会第二十九次会议《关于修改〈中华人民共和国法官法〉等八部法律的决定》第二次修正　2019年4月23日第十三届全国人民代表大会常务委员会第十次会议修订）

第一章　总　　则

第一条　为了全面推进高素质法官队伍建设，加强对法官的管理和监督，维护法官合法权益，保障人民法院依法独立行使审判权，保障法官依法履行职责，保障司法公正，根据宪法，制定本法。

第二条　法官是依法行使国家审判权的审判人员，包括最高人民法院、地方各级人民法院和军事法院等专门人民法院的院长、副院长、审判委员会委员、庭长、副庭长和审判员。

第三条　法官必须忠实执行宪法和法律，维护社会公平正义，全心全意为人民服务。

第四条　法官应当公正对待当事人和其他诉讼参与人，对一切个人和组织在适用法律上一律平等。

第五条　法官应当勤勉尽责，清正廉明，恪守职业道德。

第六条　法官审判案件，应当以事实为根据，以法律为准绳，秉持客观公正的立场。

第七条　法官依法履行职责，受法律保护，不受行政机关、社会团体和个人的干涉。

第二章　法官的职责、义务和权利

第八条　法官的职责：

（一）依法参加合议庭审判或者独任审判刑事、民事、行政诉讼以及国家赔偿等案件；

（二）依法办理引渡、司法协助等案件；

（三）法律规定的其他职责。

法官在职权范围内对所办理的案件负责。

第九条　人民法院院长、副院长、审判委员会委员、庭长、副庭长除履行审判职责外，还应当履行与其职务相适应的职责。

第十条　法官应当履行下列义务：

（一）严格遵守宪法和法律；

（二）秉公办案，不得徇私枉法；

（三）依法保障当事人和其他诉讼参与人的诉讼权利；

（四）维护国家利益、社会公共利益，维护个人和组织的合法权益；

（五）保守国家秘密和审判工作秘密，对履行职责中知悉的商业秘密和个人隐私予以保密；

（六）依法接受法律监督和人民群众监督；

（七）通过依法办理案件以案释法，增强全民法治观念，推进法治社会建设；

（八）法律规定的其他义务。

第十一条　法官享有下列权利：

（一）履行法官职责应当具有的职权和工作条件；

（二）非因法定事由、非经法定程序，不被调离、免职、降职、辞退或者处分；

（三）履行法官职责应当享有的职业保障和福利待遇；

（四）人身、财产和住所安全受法律保护；

（五）提出申诉或者控告；

（六）法律规定的其他权利。

第三章　法官的条件和遴选

第十二条　担任法官必须具备下列条件：

（一）具有中华人民共和国国籍；

（二）拥护中华人民共和国宪法，拥护中国共产党领导和社会主义制度；

（三）具有良好的政治、业务素质和道德品行；

（四）具有正常履行职责的身体条件；

（五）具备普通高等学校法学类本科学历并获得学士及以上学位；或者普通高等学校非法学类本科及以上学历并获得法律硕士、法学硕士及以上学位；或者普通高等学校非法学类本科及以上学历，获得其他相应学位，并具有法律专业知识；

（六）从事法律工作满五年。其中获得法律硕士、法学硕士学位，或者获得法学博士学位的，从事法律工作的年限可以分别放宽至四年、三年；

（七）初任法官应当通过国家统一法律职业资格考试取得法律职业资格。

适用前款第五项规定的学历条件确有困难的地方，经最高人民法院审核确定，在一定期限内，可以将担任法官的学历条件放宽为高等学校本科毕业。

第十三条　下列人员不得担任法官：

（一）因犯罪受过刑事处罚的；

（二）被开除公职的；

（三）被吊销律师、公证员执业证书或者被仲裁委员会除名的；

（四）有法律规定的其他情形的。

第十四条　初任法官采用考试、考核的办法，按照德才兼备的标准，从具备法官条件的人员中择优提出人选。

人民法院的院长应当具有法学专业知识和法律职业经历。副院长、审判委员会委员应当从法官、检察官或者其他具备法官条件的人员中产生。

第十五条　人民法院可以根据审判工作需要，从律师或者法学教学、研究人员等从事法律职业的人员中公开选拔法官。

除应当具备法官任职条件外，参加公开选拔的律师应当实际执业不少于五年，执业经验丰富，从业声誉良好，参加公开选拔的法学教学、研究人员应当具有中级以上职称，从事教学、研究工作五年以上，有突出研究能力和相应研究成果。

第十六条　省、自治区、直辖市设立法官遴选委员会，负责初任法官人选专业能力的审核。

省级法官遴选委员会的组成人员应当包括地方各级人民法院法官代表、其他从事法律职业的人员和有关方面代表，其中法官代表不少于三分之一。

省级法官遴选委员会的日常工作由高级人民法院的内设职能部门承担。

遴选最高人民法院法官应当设立最高人民法院法官遴选委员会，负责法官人选专业能力的审核。

第十七条　初任法官一般到基层人民法院任职。上级人民法院法官一般逐级遴选；最高人民法院和高级人民法院法官可以从下两级人民法院遴选。参加上级人民法院遴选的法官应当在下级人民法院担任法官一定年限，并具有遴选职位相关工作经历。

历年试题

2020年试卷一考生回忆版：下列说法正确的是？

A. 最高人民法院、最高人民检察院发布的指导性案例，可以由审委会检委会讨论通过

B. 最高人民法院、最高人民检察院在一定期限内可将担任法官检察官的学历放宽到高等本科毕业生

C. 法官检察官员额应该考虑偏远地区和基层法院检察院的办案数量来相应增列

D. 法院院长和检察长的担任，应从办案法官检察官和其他法官检察官中选拔

答案：BC。根据《人民法院组织法》第37条第2款的规定，最高人民法院发布指导性案例，可以由审判委员会专业委员会会议讨论通过。根据《人民检察院组织法》第31条第2款的规定，最高人民检察院发布指导性案例，应当由检察委员会讨论通过。A项说法错误。

《法官法》第12条第2款规定：“适用前款第五项规定的学历条件确有困难的地方，经最高人民法院审核确定，在一定期限内，可以将担任法官的学历条件放宽为高等学校本科毕业。”《检察官法》第12条第2款规定：“适用前款第五项规定的学历条件确有困难的地方，经最高人民检察院审核确定，在一定期限内，可以将担任检察官的学历条件放宽为高等学校本科毕业。”因此，B项说法正确。

《法官法》第25条第1款规定：“法官实行员额制管理。法官员额根据案件数量、经济社会发展情况、人口数量和人民法院审级等因素确定，在省、自治区、直辖市内实行总量控制、动态管理，优先考虑基层人民法院和案件数量多的人民法院办案需要。”《检察官法》第26条第1款规定：“检察官实行员额制管理。检察官员额根据案件数量、经济社会发展情况、人口数量和人民检察院层级等因素确定，在省、自治区、直辖市内实行总量控制、动态管理，优先考虑基层人民检察院和案件数量多的人民检察院办案需要。”因此，C项说法正确。

《人民法院组织法》第47条第2款规定：“院长应当具有法学专业知识和法律职业经历……”《人民检察院组织法》第42条第2款规定：“检察长应当具有法学专业知识和法律职业经历……”因此，D项说法错误。

强化模拟题

根据《法官法》，下列说法错误的是（　　）。

A. 张某曾经是某公证处的公证员，后辞职。张某不可以担任法官

B. 律师可以参加选拔成为法官

C. 法官遴选委员会负责初任法官人选专业能力的审核

D. 初任法官一般到基层人民法院任职

答案：A。《法官法》第13、15、16、17条。

第四章　法官的任免

第十八条　法官的任免，依照宪法和法律规定的任免权限和程序办理。

最高人民法院院长由全国人民代表大会选举和罢免，副院长、审判委员会委员、庭长、副庭长和审判员，由院长提请全国人民代表大会常务委员会任免。

最高人民法院巡回法庭庭长、副庭长，由院长提请全国人民代表大会常务委员会任免。

地方各级人民法院院长由本级人民代表大会选举和罢免，副院长、审判委员会委员、庭长、副庭长和审判员，由院长提请本级人民代表大会常务委员会任免。

在省、自治区内按地区设立的和在直辖市内设立的中级人民法院的院长，由省、自治区、直辖市人民代表大会常务委员会根据主任会议的提名决定任免，副院长、审判委员会委员、庭长、副庭长和审判员，由高级人民法院院长提请省、自治区、直辖市人民代表大会常务委员会任免。

新疆生产建设兵团各级人民法院、专门人民法院的院长、副院长、审判委员会委员、庭长、副庭长和审判员，依照全国人民代表大会常务委员会的有关规定任免。

第十九条　法官在依照法定程序产生后，在就职时应当公开进行宪法宣誓。

第二十条　法官有下列情形之一的，应当依法提请免除其法官职务：

（一）丧失中华人民共和国国籍的；

（二）调出所任职人民法院的；

（三）职务变动不需要保留法官职务的，或者本人申请免除法官职务经批准的；

（四）经考核不能胜任法官职务的；

（五）因健康原因长期不能履行职务的；

（六）退休的；

（七）辞职或者依法应当予以辞退的；

（八）因违纪违法不宜继续任职的。

第二十一条　发现违反本法规定的条件任命法官的，任命机关应当撤销该项任命；上级人民法院发现下级人民法院法官的任命违反本法规定的条件的，应当建议下级人民法院依法提请任命机关撤销该项任命。

第二十二条　法官不得兼任人民代表大会常务委员会的组成人员，不得兼任行政机关、监察机关、检察机关的职务，不得兼任企业或者其他营利性组织、事业单位的职务，不得兼任律师、仲裁员和公证员。

第二十三条　法官之间有夫妻关系、直系血亲关系、三代以内旁系血亲以及近姻亲关系的，不得同时担任下列职务：

（一）同一人民法院的院长、副院长、审判委员会委员、庭长、副庭长；

（二）同一人民法院的院长、副院长和审判员；

（三）同一审判庭的庭长、副庭长、审判员；

（四）上下相邻两级人民法院的院长、副院长。

第二十四条　法官的配偶、父母、子女有下列情形之一的，法官应当实行任职回避：

（一）担任该法官所任职人民法院辖区内律师事务所的合伙人或者设立人的；

（二）在该法官所任职人民法院辖区内以律师身份担任诉讼代理人、辩护人，或者为诉讼案件当事人提供其他有偿法律服务的。

历年试题

2022年试卷一考生回忆版：法律从业人员应当强化职业道德观念，模范遵守道德准则，坚守职业道德底线。对此，下列哪些情形不违反司法工作人员的职业道德规范？

A. 甲法官读本科的女儿在其任职辖区的法律援助中心当志愿者，甲法官没有任职回避

B. 乙法官的同事向其询问某案开庭时间，乙法官拒绝后予以记录，但未向纪检监察部门报告

C. 丙检察官退休三年后，在保留机关退休待遇的情况下，去律师事务所担任法律顾问

D. 丁检察官被开除后在其原任职辖区内的律师事务所从事信息技术工作

答案：AB。《法官法》第24条；《关于进一步规范法院、检察院离任人员从事律师职业的意见》第4条。

2023年试卷一考生回忆版：关于法律职业人员的行为，下列说法正确的是？

A. 法学院教授法制史的副教授，工作4年后，可以通过遴选的方式被任命为法官

B. 法官可利用业余时间担任仲裁员但不能收取报酬

C. 高等学校教授经学校批准，可以兼职律师

D. 县法院法官丁被遴选为市法院法官，必须进行统一考核

答案：C。《法官法》第14、15、22条；《律师法》第6条。

第五章　法官的管理

第二十五条　法官实行员额制管理。法官员额根据案件数量、经济社会发展情况、人口数量和人民法院审级等因素确定，在省、自治区、直辖市内实行总量控制、动态管理，优先考虑基层人民法院和案件数量多的人民法院办案需要。

法官员额出现空缺的，应当按照程序及时补充。

最高人民法院法官员额由最高人民法院商有关部门确定。

第二十六条　法官实行单独职务序列管理。

法官等级分为十二级，依次为首席大法官、一级大法官、二级大法官、一级高级法官、二级高级法官、三级高级法官、四级高级法官、一级法官、二级法官、三级法官、四级法官、五级法官。

第二十七条　最高人民法院院长为首席大法官。

第二十八条　法官等级的确定，以法官德才表现、业务水平、审判工作实绩和工作年限等为依据。

法官等级晋升采取按期晋升和择优选升相结合的方式，特别优秀或者工作特殊需要的一线办案岗位法官可以特别选升。

第二十九条　法官的等级设置、确定和晋升的具体办法，由国家另行规定。

第三十条　初任法官实行统一职前培训制度。

第三十一条　对法官应当有计划地进行政治、理论和业务培训。

法官的培训应当理论联系实际、按需施教、讲求实效。

第三十二条　法官培训情况，作为法官任职、等级晋升的依据之一。

第三十三条　法官培训机构按照有关规定承担培训法官的任务。

第三十四条　法官申请辞职，应当由本人书面提出，经批准后，依照法律规定的程序免除其职务。

第三十五条　辞退法官应当依照法律规定的程序免除其职务。

辞退法官应当按照管理权限决定。辞退决定应当以书面形式通知被辞退的法官，并列明作出决定的理由和依据。

第三十六条　法官从人民法院离任后两年内，不得以律师身份担任诉讼代理人或者辩护人。

法官从人民法院离任后，不得担任原任职法院办理案件的诉讼代理人或者辩护人，但是作为当事人的监护人或者近亲属代理诉讼或者进行辩护的除外。

法官被开除后，不得担任诉讼代理人或者辩护人，但是作为当事人的监护人或者近亲属代理诉讼或者进行辩护的除外。

第三十七条　法官因工作需要，经单位选派或者批准，可以在高等学校、科研院所协助开展实践性教学、研究工作，并遵守国家有关规定。

第六章　法官的考核、奖励和惩戒

第三十八条　人民法院设立法官考评委员会，负责对本院法官的考核工作。

第三十九条　法官考评委员会的组成人员为五至九人。

法官考评委员会主任由本院院长担任。

第四十条　对法官的考核，应当全面、客观、公正，实行平时考核和年度考核相结合。

第四十一条　对法官的考核内容包括：审判工作实绩、职业道德、专业水平、工作能力、审判作风。重点考核审判工作实绩。

第四十二条　年度考核结果分为优秀、称职、基本称职和不称职四个等次。

考核结果作为调整法官等级、工资以及法官奖惩、免职、降职、辞退的依据。

第四十三条　考核结果以书面形式通知法官本人。法官对考核结果如果有异议，可以申请复核。

第四十四条　法官在审判工作中有显著成绩和贡献的，或者有其他突出事迹的，应当给予奖励。

第四十五条　法官有下列表现之一的，应当给予奖励：

（一）公正司法，成绩显著的；

（二）总结审判实践经验成果突出，对审判工作有指导作用的；

（三）在办理重大案件、处理突发事件和承担专项重要工作中，做出显著成绩和贡献的；

（四）对审判工作提出改革建议被采纳，效果显著的；

（五）提出司法建议被采纳或者开展法治宣传、指导调解组织调解各类纠纷，效果显著的；

（六）有其他功绩的。

法官的奖励按照有关规定办理。

第四十六条　法官有下列行为之一的，应当给予处分；构成犯罪的，依法追究刑事责任：

（一）贪污受贿、徇私舞弊、枉法裁判的；

（二）隐瞒、伪造、变造、故意损毁证据、案件材料的；

（三）泄露国家秘密、审判工作秘密、商业秘密或者个人隐私的；

（四）故意违反法律法规办理案件的；

（五）因重大过失导致裁判结果错误并造成严重后果的；

（六）拖延办案，贻误工作的；

（七）利用职权为自己或者他人谋取私利的；

（八）接受当事人及其代理人利益输送，或者违反有关规定会见当事人及其代理人的；

（九）违反有关规定从事或者参与营利性活动，在企业或者其他营利性组织中兼任职务的；

（十）有其他违纪违法行为的。

法官的处分按照有关规定办理。

第四十七条 法官涉嫌违纪违法，已经被立案调查、侦查，不宜继续履行职责的，按照管理权限和规定的程序暂时停止其履行职务。

第四十八条 最高人民法院和省、自治区、直辖市设立法官惩戒委员会，负责从专业角度审查认定法官是否存在本法第四十六条第四项、第五项规定的违反审判职责的行为，提出构成故意违反职责、存在重大过失、存在一般过失或者没有违反职责等审查意见。法官惩戒委员会提出审查意见后，人民法院依照有关规定作出是否予以惩戒的决定，并给予相应处理。

法官惩戒委员会由法官代表、其他从事法律职业的人员和有关方面代表组成，其中法官代表不少于半数。

最高人民法院法官惩戒委员会、省级法官惩戒委员会的日常工作，由相关人民法院的内设职能部门承担。

第四十九条 法官惩戒委员会审议惩戒事项时，当事法官有权申请有关人员回避，有权进行陈述、举证、辩解。

第五十条 法官惩戒委员会作出的审查意见应当送达当事法官。当事法官对审查意见有异议的，可以向惩戒委员会提出，惩戒委员会应当对异议及其理由进行审查，作出决定。

第五十一条 法官惩戒委员会审议惩戒事项的具体程序，由最高人民法院商有关部门确定。

历年试题

2015 年试卷一第 99 题：关于我国法律职业人员的入职条件与业内、业外行为的说法：①法官和检察官的任职禁止条件完全相同；②被辞退的司法人员不能担任律师和公证员；③王某是甲市中院的副院长，其子王二不能同时担任甲市乙县法院的审判员；④李法官利用业余时间提供有偿网络法律咨询，应受到惩戒；⑤刘检察官提出检察建议被采纳，效果显著，应受到奖励；⑥张律师两年前因私自收费被罚款，目前不能成为律所的设立人。对上述说法，下列判断正确的是：

A. ①⑤正确　　B. ②④错误

C. ②⑤正确　　D. ③⑥错误

答案：AD。

第七章　法官的职业保障

第五十二条 人民法院设立法官权益保障委员会，维护法官合法权益，保障法官依法履行职责。

第五十三条 除下列情形外，不得将法官调离审判岗位：

（一）按规定需要任职回避的；

（二）按规定实行任职交流的；

（三）因机构调整、撤销、合并或者缩减编制员额需要调整工作的；

（四）因违纪违法不适合在审判岗位工作的；

（五）法律规定的其他情形。

第五十四条 任何单位或者个人不得要求法官从事超出法定职责范围的事务。

对任何干涉法官办理案件的行为，法官有权拒绝并予以全面如实记录和报告；有违纪违法情形的，由有关机关根据情节轻重追究有关责任人员、行为人的责任。

第五十五条 法官的职业尊严和人身安全受法律保护。

任何单位和个人不得对法官及其近亲属打击报复。

对法官及其近亲属实施报复陷害、侮辱诽谤、暴力侵害、威胁恐吓、滋事骚扰等违法犯罪行为的，应当依法从严惩治。

第五十六条 法官因依法履行职责遭受不实举报、诬告陷害、侮辱诽谤，致使名誉受到损害的，人民法院应当会同有关部门及时澄清事实，消除不良影响，并依法追究相关单位或者个人的责任。

第五十七条 法官因依法履行职责，本人及其近亲属人身安全面临危险的，人民法院、公安机关应当对法官及其近亲属采取人身保护、禁止特定人员接触等必要保护措施。

第五十八条 法官实行与其职责相适应的工资制度，按照法官等级享有国家规定的工资待遇，并建立与公务员工资同步调整机制。

法官的工资制度，根据审判工作特点，由国家另行规定。

第五十九条 法官实行定期增资制度。

经年度考核确定为优秀、称职的,可以按照规定晋升工资档次。

第六十条 法官享受国家规定的津贴、补贴、奖金、保险和福利待遇。

第六十一条 法官因公致残的,享受国家规定的伤残待遇。法官因公牺牲、因公死亡或者病故的,其亲属享受国家规定的抚恤和优待。

第六十二条 法官的退休制度,根据审判工作特点,由国家另行规定。

第六十三条 法官退休后,享受国家规定的养老金和其他待遇。

第六十四条 对于国家机关及其工作人员侵犯本法第十一条规定的法官权利的行为,法官有权提出控告。

第六十五条 对法官处分或者人事处理错误的,应当及时予以纠正;造成名誉损害的,应当恢复名誉、消除影响、赔礼道歉;造成经济损失的,应当赔偿。对打击报复的直接责任人员,应当依法追究其责任。

第八章 附 则

第六十六条 国家对初任法官实行统一法律职业资格考试制度,由国务院司法行政部门商最高人民法院等有关部门组织实施。

第六十七条 人民法院的法官助理在法官指导下负责审查案件材料、草拟法律文书等审判辅助事务。

人民法院应当加强法官助理队伍建设,为法官遴选储备人才。

第六十八条 有关法官的权利、义务和管理制度,本法已有规定的,适用本法的规定;本法未作规定的,适用公务员管理的相关法律法规。

第六十九条 本法自 2019 年 10 月 1 日起施行。

中华人民共和国法官职业道德基本准则

（最高人民法院2001年10月18日发布　2010年12月6日修订后重新发布）

第一章　总　　则

第一条　为加强法官职业道德建设，保证法官正确履行法律赋予的职责，根据《中华人民共和国法官法》和其他相关规定，制定本准则。

第二条　法官职业道德的核心是公正、廉洁、为民。基本要求是忠诚司法事业、保证司法公正、确保司法廉洁、坚持司法为民、维护司法形象。

第三条　法官应当自觉遵守法官职业道德，在本职工作和业外活动中严格要求自己，维护人民法院形象和司法公信力。

第二章　忠诚司法事业

第四条　牢固树立社会主义法治理念，忠于党、忠于国家、忠于人民、忠于法律，做中国特色社会主义事业建设者和捍卫者。

第五条　坚持和维护中国特色社会主义司法制度，认真贯彻落实依法治国基本方略，尊崇和信仰法律，模范遵守法律，严格执行法律，自觉维护法律的权威和尊严。

第六条　热爱司法事业，珍惜法官荣誉，坚持职业操守，恪守法官良知，牢固树立司法核心价值观，以维护社会公平正义为己任，认真履行法官职责。

第七条　维护国家利益，遵守政治纪律，保守国家秘密和审判工作秘密，不从事或参与有损国家利益和司法权威的活动，不发表有损国家利益和司法权威的言论。

第三章　保证司法公正

第八条　坚持和维护人民法院依法独立行使审判权的原则，客观公正审理案件，在审判活动中独立思考、自主判断，敢于坚持原则，不受任何行政机关、社会团体和个人的干涉，不受权势、人情等因素的影响。

第九条　坚持以事实为根据，以法律为准绳，努力查明案件事实，准确把握法律精神，正确适用法律，合理行使裁量权，避免主观臆断、超越职权、滥用职权，确保案件裁判结果公平公正。

第十条　牢固树立程序意识，坚持实体公正与程序公正并重，严格按照法定程序执法办案，充分保障当事人和其他诉讼参与人的诉讼权利，避免执法办案中的随意行为。

第十一条　严格遵守法定办案时限，提高审判执行效率，及时化解纠纷，注重节约司法资源，杜绝玩忽职守、拖延办案等行为。

第十二条　认真贯彻司法公开原则，尊重人民群众的知情权，自觉接受法律监督和社会监督，同时避免司法审判受到外界的不当影响。

第十三条　自觉遵守司法回避制度，审理案件保持中立公正的立场，平等对待当事人和其他诉讼参与人，不偏袒或歧视任何一方当事人，不私自单独会见当事人及其代理人、辩护人。

第十四条　尊重其他法官对审判职权的依法行使，除履行工作职责或者通过正当程序外，不过问、不干预、不评论其他法官正在审理的案件。

第四章　确保司法廉洁

第十五条　树立正确的权力观、地位观、利益观，坚持自重、自省、自警、自励，坚守廉洁底线，依法正确行使审判权、执行权，杜绝以权谋私、贪赃枉法行为。

第十六条　严格遵守廉洁司法规定，不接受案件当事人及相关人员的请客送礼，不利用职务便利或者法官身份谋取不正当利益，不违反规定与当事人或者其他诉讼参与人进行不正当交往，不在执法办案中徇私舞弊。

第十七条　不从事或者参与营利性的经营活动，不在企业及其他营利性组织中兼任法律顾问等职务，不就未决案件或者再审案件给当事人及其他诉讼参与人提供咨询意见。

第十八条　妥善处理个人和家庭事务，不利用法官身份寻求特殊利益。按规定如实报告个人有关事项，教育督促家庭成员不利用法官的职权、地位谋取不正当利益。

第五章　坚持司法为民

第十九条　牢固树立以人为本、司法为民的理念，强化群众观念，重视群众诉求，关注群众感受，自觉维护人民群众的合法权益。

第二十条　注重发挥司法的能动作用，积极寻求有利于案结事了的纠纷解决办法，努力实现法律效果与社会效果的统一。

第二十一条　认真执行司法便民规定，努力为当事人和其他诉讼参与人提供必要的诉讼便利，尽可能降低其诉讼成本。

第二十二条　尊重当事人和其他诉讼参与人的人格尊严，避免盛气凌人、"冷硬横推"等不良作风；尊重律师，依法保障律师参与诉讼活动的权利。

第六章　维护司法形象

第二十三条　坚持学习，精研业务，忠于职守，秉公办案，惩恶扬善，弘扬正义，保持昂扬的精神状态和良好的职业操守。

第二十四条　坚持文明司法，遵守司法礼仪，在履行职责过程中行为规范、着装得体、语言文明、态度平和，保持良好的职业修养和司法作风。

第二十五条　加强自身修养，培育高尚道德操守和健康生活情趣，杜绝与法官职业形象不相称、与法官职业道德相违背的不良嗜好和行为，遵守社会公德和家庭美德，维护良好的个人声誉。

第二十六条　法官退休后应当遵守国家相关规定，不利用自己的原有身份和便利条件过问、干预执法办案，避免因个人不当言行对法官职业形象造成不良影响。

第七章　附　　则

第二十七条　人民陪审员依法履行审判职责期间，应当遵守本准则。人民法院其他工作人员参照执行本准则。

第二十八条　各级人民法院负责督促实施本准则，对于违反本准则的行为，视情节后果予以诫勉谈话、批评通报；情节严重构成违纪违法的，依照相关纪律和法律规定予以严肃处理。

第二十九条　本准则由最高人民法院负责解释。

第三十条　本准则自发布之日起施行。最高人民法院2001年10月18日发布的《中华人民共和国法官职业道德基本准则》同时废止。

命题题眼

《法官职业道德基本准则》从加强法官职业道德建设方面提出了很多具体的要求。比如，第11条明确规定要"严格遵守法定办案时限，提高审判执行效率，及时化解纠纷，注重节约司法资源，杜绝玩忽职守、拖延办案等行为"，第13条强调"……审理案件保持中立公正的立场，平等对待当事人和其他诉讼参与人，不偏袒或歧视任何一方当事人，不私自单独会见当事人及其代理人、辩护人"，第17条强调法官"不从事或者参与营利性的经营活动，不在企业及其他营利性组织中兼任法律顾问等职务，不就未决案件或者再审案件给当事人及其他诉讼参与人提供咨询意见"，第26条强调"法官退休后应当遵守国家相关规定，不利用自己的原有身份和便利条件过问、干预执法办案，避免因个人不当言行对法官职业形象造成不良影响"等。

历年试题

2017年试卷一第83题：法律职业道德具有不同于一般职业道德的职业性、实践性、正式性及更高标准的特征。关于法律职业道德的表述，下列哪些选项是正确的？

A. 法律职业人员专业水平的发挥与职业道德水平的高低具有密切联系

B. 法律职业道德基本原则和规范的形成，与法律职业实践活动紧密相连

C. 纵观伦理发展史和法律思想史，法律职业道德的形成与"实证法"概念的阐释密切相关

D. 法律职业道德基本原则是对每个法律从业人员职业行为进行职业道德评价的标准

答案：ABD。

2018年试卷一考生回忆版：《中华人民共和国法官职业道德基本准则》为加强法官职业道德建设，保证法官正确履行法律赋予的职责，规定了相关内容，以下说法正确的是：

A. 法官应当严格遵守法定办案时限，提高审判执行效率，及时化解纠纷，注重节约司法资源，杜绝玩忽职守、拖延办案等行为，符合司法为民的要求

B. 法官认真贯彻司法公开原则，尊重人民群众的知情权，自觉接受法律监督和社会监督，同时避免司法审判受到外界的不当影响，符合司法公正的要求

C. 法官加强自身修养，培育高尚道德操守和健康生活情趣，杜绝与法官职业形象不相称、与法官职业道德相违背的不良嗜好和行为，遵守社会公德和家庭美德，维护良好的个人声誉，符合司法忠诚的要求

D. 法官不从事或者参与营利性的经营活动，不在企业及其他营利性组织中兼任法律顾问等职务，不就未决案件或者再审案件给当事人及其他诉讼参与人提供咨询意见，符合司法中立的要求

答案:B。A项属于保证司法公正的要求,不是坚持司法为民的要求。故A项说法错误。C项符合维护司法形象的要求,不是司法忠诚。故C项说法错误。D项属于确保司法廉洁的要求,不是司法中立的要求。

2021年试卷一考生回忆版:关于法律职业道德,下列哪一表述是错误的?

A. 法律职业道德与其他职业道德相比,具有更强的公平正义象征和社会感召作用

B. 法律职业以法官、检察官、律师为代表,法律职业之间具备同质性而无行业属性,因此多数国家规定担任法官、检察官、律师须通过专门培养和训练

C. 选择合适的内化途径和适当的内化方法,才能使法律职业人员将法律职业道德规范融进法律职业精神中

D. 法律职业道德教育的途径和方法,包括提高法律职业人员道德认识、陶冶法律职业人员道德情操、养成法律职业人员道德习惯等

答案:B。

强化模拟题

1. 下列关于法官应当遵守的职业道德准则的表述哪一项是不正确的?

A. 法官在审判过程中可以用适当方式向双方当事人表明自己对案件审理结果的观点或态度

B. 法官对与当事人实体权利和诉讼权利有关的措施和裁判应当依法说明理由

C. 法官不得向上级人民法院就二审案件提出个人的处理建议和意见

D. 法官不得擅自过问下级人民法院正在审理的案件

答案:A。

2. 法官在主持开庭审理某一刑事案件过程中,检察官与律师就案件的焦点问题展开激烈的辩论,法官多次制止律师的发言。律师对此提出异议,遭到法官拒绝后当即退庭。检察官对正走出法庭的律师说:“你要小心点。”事后,律师担心遭报复,向当事人提出解除代理关系。上述案例中,法律职业人员存在的不当行为有哪些?

A. 法官多次制止律师发言的行为

B. 律师退庭的行为

C. 检察官对律师的言行

D. 律师向当事人提出解除代理关系的行为

答案:ABCD。

中华人民共和国人民检察院组织法

（1979年7月1日第五届全国人民代表大会第二次会议通过　根据1983年9月2日第六届全国人民代表大会常务委员会第二次会议《关于修改〈中华人民共和国人民检察院组织法〉的决定》第一次修正　根据1986年12月2日第六届全国人民代表大会常务委员会第十八次会议《关于修改〈中华人民共和国地方各级人民代表大会和地方各级人民政府组织法〉的决定》第二次修正　2018年10月26日第十三届全国人民代表大会常务委员会第六次会议修订）

第一章　总　　则

第一条　为了规范人民检察院的设置、组织和职权，保障人民检察院依法履行职责，根据宪法，制定本法。

第二条　人民检察院是国家的法律监督机关。

人民检察院通过行使检察权，追诉犯罪，维护国家安全和社会秩序，维护个人和组织的合法权益，维护国家利益和社会公共利益，保障法律正确实施，维护社会公平正义，维护国家法制统一、尊严和权威，保障中国特色社会主义建设的顺利进行。

第三条　人民检察院依照宪法、法律和全国人民代表大会常务委员会的决定设置。

第四条　人民检察院依照法律规定独立行使检察权，不受行政机关、社会团体和个人的干涉。

第五条　人民检察院行使检察权在适用法律上一律平等，不允许任何组织和个人有超越法律的特权，禁止任何形式的歧视。

第六条　人民检察院坚持司法公正，以事实为根据，以法律为准绳，遵守法定程序，尊重和保障人权。

第七条　人民检察院实行司法公开，法律另有规定的除外。

第八条　人民检察院实行司法责任制，建立健全权责统一的司法权力运行机制。

第九条　最高人民检察院对全国人民代表大会及其常务委员会负责并报告工作。地方各级人民检察院对本级人民代表大会及其常务委员会负责并报告工作。

各级人民代表大会及其常务委员会对本级人民检察院的工作实施监督。

第十条　最高人民检察院是最高检察机关。

最高人民检察院领导地方各级人民检察院和专门人民检察院的工作，上级人民检察院领导下级人民检察院的工作。

第十一条　人民检察院应当接受人民群众监督，保障人民群众对人民检察院工作依法享有知情权、参与权和监督权。

第二章　人民检察院的设置和职权

第十二条　人民检察院分为：

（一）最高人民检察院；

（二）地方各级人民检察院；

（三）军事检察院等专门人民检察院。

第十三条　地方各级人民检察院分为：

（一）省级人民检察院，包括省、自治区、直辖市人民检察院；

（二）设区的市级人民检察院，包括省、自治区辖市人民检察院，自治州人民检察院，省、自治区、直辖市人民检察院分院；

（三）基层人民检察院，包括县、自治县、不设区的市、市辖区人民检察院。

第十四条　在新疆生产建设兵团设立的人民检察院的组织、案件管辖范围和检察官任免，依照全国人民代表大会常务委员会的有关规定。

第十五条　专门人民检察院的设置、组织、职权和检察官任免，由全国人民代表大会常务委员会规定。

第十六条　省级人民检察院和设区的市级人民检察院根据检察工作需要，经最高人民检察院和省级有关部门同意，并提请本级人民代表大会常务委员会批准，可以在辖区内特定区域设立人民检察院，作为派出机构。

第十七条　人民检察院根据检察工作需要，可以在监狱、看守所等场所设立检察室，行使派出它的人民检察院的部分职权，也可以对上述场所进行巡回检察。

省级人民检察院设立检察室,应当经最高人民检察院和省级有关部门同意。设区的市级人民检察院、基层人民检察院设立检察室,应当经省级人民检察院和省级有关部门同意。

第十八条 人民检察院根据检察工作需要,设必要的业务机构。检察官员额较少的设区的市级人民检察院和基层人民检察院,可以设综合业务机构。

第十九条 人民检察院根据工作需要,可以设必要的检察辅助机构和行政管理机构。

第二十条 人民检察院行使下列职权:

(一)依照法律规定对有关刑事案件行使侦查权;

(二)对刑事案件进行审查,批准或者决定是否逮捕犯罪嫌疑人;

(三)对刑事案件进行审查,决定是否提起公诉,对决定提起公诉的案件支持公诉;

(四)依照法律规定提起公益诉讼;

(五)对诉讼活动实行法律监督;

(六)对判决、裁定等生效法律文书的执行工作实行法律监督;

(七)对监狱、看守所的执法活动实行法律监督;

(八)法律规定的其他职权。

第二十一条 人民检察院行使本法第二十条规定的法律监督职权,可以进行调查核实,并依法提出抗诉、纠正意见、检察建议。有关单位应当予以配合,并及时将采纳纠正意见、检察建议的情况书面回复人民检察院。

抗诉、纠正意见、检察建议的适用范围及其程序,依照法律有关规定。

第二十二条 最高人民检察院对最高人民法院的死刑复核活动实行监督;对报请核准追诉的案件进行审查,决定是否追诉。

第二十三条 最高人民检察院可以对属于检察工作中具体应用法律的问题进行解释。

最高人民检察院可以发布指导性案例。

第二十四条 上级人民检察院对下级人民检察院行使下列职权:

(一)认为下级人民检察院的决定错误的,指令下级人民检察院纠正,或者依法撤销、变更;

(二)可以对下级人民检察院管辖的案件指定管辖;

(三)可以办理下级人民检察院管辖的案件;

(四)可以统一调用辖区的检察人员办理案件。

上级人民检察院的决定,应当以书面形式作出。

第二十五条 下级人民检察院应当执行上级人民检察院的决定;有不同意见的,可以在执行的同时向上级人民检察院报告。

第二十六条 人民检察院检察长或者检察长委托的副检察长,可以列席同级人民法院审判委员会会议。

第二十七条 人民监督员依照规定对人民检察院的办案活动实行监督。

第三章 人民检察院的办案组织

第二十八条 人民检察院办理案件,根据案件情况可以由一名检察官独任办理,也可以由两名以上检察官组成办案组办理。

由检察官办案组办理的,检察长应当指定一名检察官担任主办检察官,组织、指挥办案组办理案件。

第二十九条 检察官在检察长领导下开展工作,重大办案事项由检察长决定。检察长可以将部分职权委托检察官行使,可以授权检察官签发法律文书。

第三十条 各级人民检察院设检察委员会。检察委员会由检察长、副检察长和若干资深检察官组成,成员应当为单数。

第三十一条 检察委员会履行下列职能:

(一)总结检察工作经验;

(二)讨论决定重大、疑难、复杂案件;

(三)讨论决定其他有关检察工作的重大问题。

最高人民检察院对属于检察工作中具体应用法律的问题进行解释、发布指导性案例,应当由检察委员会讨论通过。

第三十二条 检察委员会召开会议,应当有其组成人员的过半数出席。

检察委员会会议由检察长或者检察长委托的副检察长主持。检察委员会实行民主集中制。

地方各级人民检察院的检察长不同意本院检察委员会多数人的意见,属于办理案件的,可以报请上一级人民检察院决定;属于重大事项的,可以报请上一级人民检察院或者本级人民代表大会常务委员会决定。

第三十三条 检察官可以就重大案件和其他重大问题,提请检察长决定。检察长可以根据案件情况,提交检察委员会讨论决定。

检察委员会讨论案件,检察官对其汇报的事实负责,检察委员会委员对本人发表的意见和表决负责。检察委员会的决定,检察官应当执行。

第三十四条 人民检察院实行检察官办案责任制。检察官对其职权范围内就案件作出的决定负责。检察长、检察委员会对案件作出决定的，承担相应责任。

历年试题

2020年试卷一考生回忆版：关于人民检察院的性质与组织体系，下列选项正确的是？

A. 检察院内设业务机构的负责人对本部门的办案活动进行监督管理

B. 上级检察院可以调用下级检察院的检察官办理案件并代表上级检察院出庭支持公诉，体现了检察一体化

C. 检察官在法庭审理中提交证明被告人构成坦白的证据，体现了检察一体化

D. 检察官在检察长领导下开展工作，办案事项均由检察长决定

答案：AB。《人民检察院刑事诉讼规则》第6条第2款规定："业务机构负责人对本部门的办案活动进行监督管理。需要报请检察长决定的事项和需要向检察长报告的案件，应当先由业务机构负责人审核。业务机构负责人可以主持召开检察官联席会议进行讨论，也可以直接报请检察长决定或者向检察长报告。"因此A项说法正确。

《人民检察院刑事诉讼规则》第9条规定："最高人民检察院领导地方各级人民检察院和专门人民检察院的工作，上级人民检察院领导下级人民检察院的工作。检察长统一领导人民检察院的工作。上级人民检察院可以依法统一调用辖区的检察人员办理案件，调用的决定应当以书面形式作出。被调用的检察官可以代表办理案件的人民检察院履行出庭支持公诉等各项检察职责。"B项说法正确。

检察官在法庭审理中提交证明被告人构成坦白的证据，体现了检察官独立原则，C项说法错误。

《人民检察院组织法》第29条规定："检察官在检察长领导下开展工作，重大办案事项由检察长决定。检察长可以将部分职权委托检察官行使，可以授权检察官签发法律文书。"因此，只有重大办案事项由检察长决定，D项说法错误。

第四章 人民检察院的人员组成

第三十五条 人民检察院的检察人员由检察长、副检察长、检察委员会委员和检察员等人员组成。

第三十六条 人民检察院检察长领导本院检察工作，管理本院行政事务。人民检察院副检察长协助检察长工作。

第三十七条 最高人民检察院检察长由全国人民代表大会选举和罢免，副检察长、检察委员会委员和检察员由检察长提请全国人民代表大会常务委员会任免。

第三十八条 地方各级人民检察院检察长由本级人民代表大会选举和罢免，副检察长、检察委员会委员和检察员由检察长提请本级人民代表大会常务委员会任免。

地方各级人民检察院检察长的任免，须报上一级人民检察院检察长提请本级人民代表大会常务委员会批准。

省、自治区、直辖市人民检察院分院检察长、副检察长、检察委员会委员和检察员，由省、自治区、直辖市人民检察院检察长提请本级人民代表大会常务委员会任免。

第三十九条 人民检察院检察长任期与产生它的人民代表大会每届任期相同。

全国人民代表大会常务委员会和省、自治区、直辖市人民代表大会常务委员会根据本级人民检察院检察长的建议，可以撤换下级人民检察院检察长、副检察长和检察委员会委员。

第四十条 人民检察院的检察官、检察辅助人员和司法行政人员实行分类管理。

第四十一条 检察官实行员额制。检察官员额根据案件数量、经济社会发展情况、人口数量和人民检察院层级等因素确定。

最高人民检察院检察官员额由最高人民检察院商有关部门确定。地方各级人民检察院检察官员额，在省、自治区、直辖市内实行总量控制、动态管理。

第四十二条 检察官从取得法律职业资格并且具备法律规定的其他条件的人员中选任。初任检察官应当由检察官遴选委员会进行专业能力审核。上级人民检察院的检察官一般从下级人民检察院的检察官中择优遴选。

检察长应当具有法学专业知识和法律职业经历。副检察长、检察委员会委员应当从检察官、法官或者其他具备检察官、法官条件的人员中产生。

检察官的职责、管理和保障，依照《中华人民共和国检察官法》的规定。

第四十三条 人民检察院的检察官助理在检察官指导下负责审查案件材料、草拟法律文书等检察辅助事务。

符合检察官任职条件的检察官助理，经遴选后可以按照检察官任免程序任命为检察官。

第四十四条　人民检察院的书记员负责案件记录等检察辅助事务。

第四十五条　人民检察院的司法警察负责办案场所警戒、人员押解和看管等警务事项。

司法警察依照《中华人民共和国人民警察法》管理。

第四十六条　人民检察院根据检察工作需要，可以设检察技术人员，负责与检察工作有关的事项。

第五章　人民检察院行使职权的保障

第四十七条　任何单位或者个人不得要求检察官从事超出法定职责范围的事务。

对于领导干部等干预司法活动、插手具体案件处理，或者人民检察院内部人员过问案件情况的，办案人员应当全面如实记录并报告；有违法违纪情形的，由有关机关根据情节轻重追究行为人的责任。

第四十八条　人民检察院采取必要措施，维护办案安全。对妨碍人民检察院依法行使职权的违法犯罪行为，依法追究法律责任。

第四十九条　人民检察院实行培训制度，检察官、检察辅助人员和司法行政人员应当接受理论和业务培训。

第五十条　人民检察院人员编制实行专项管理。

第五十一条　人民检察院的经费按照事权划分的原则列入财政预算，保障检察工作需要。

第五十二条　人民检察院应当加强信息化建设，运用现代信息技术，促进司法公开，提高工作效率。

第六章　附　　则

第五十三条　本法自2019年1月1日起施行。

中华人民共和国检察官法

（1995 年 2 月 28 日第八届全国人民代表大会常务委员会第十二次会议通过　根据 2001 年 6 月 30 日第九届全国人民代表大会常务委员会第二十二次会议《关于修改〈中华人民共和国检察官法〉的决定》第一次修正　根据 2017 年 9 月 1 日第十二届全国人民代表大会常务委员会第二十九次会议《关于修改〈中华人民共和国法官法〉等八部法律的决定》第二次修正　2019 年 4 月 23 日第十三届全国人民代表大会常务委员会第十次会议修订）

第一章　总　　则

第一条　为了全面推进高素质检察官队伍建设，加强对检察官的管理和监督，维护检察官合法权益，保障人民检察院依法独立行使检察权，保障检察官依法履行职责，保障司法公正，根据宪法，制定本法。

第二条　检察官是依法行使国家检察权的检察人员，包括最高人民检察院、地方各级人民检察院和军事检察院等专门人民检察院的检察长、副检察长、检察委员会委员和检察员。

第三条　检察官必须忠实执行宪法和法律，维护社会公平正义，全心全意为人民服务。

第四条　检察官应当勤勉尽责，清正廉明，恪守职业道德。

第五条　检察官履行职责，应当以事实为根据，以法律为准绳，秉持客观公正的立场。

检察官办理刑事案件，应当严格坚持罪刑法定原则，尊重和保障人权，既要追诉犯罪，也要保障无罪的人不受刑事追究。

第六条　检察官依法履行职责，受法律保护，不受行政机关、社会团体和个人的干涉。

第二章　检察官的职责、义务和权利

第七条　检察官的职责：

（一）对法律规定由人民检察院直接受理的刑事案件进行侦查；

（二）对刑事案件进行审查逮捕、审查起诉，代表国家进行公诉；

（三）开展公益诉讼工作；

（四）开展对刑事、民事、行政诉讼活动的监督工作；

（五）法律规定的其他职责。

检察官对其职权范围内就案件作出的决定负责。

第八条　人民检察院检察长、副检察长、检察委员会委员除履行检察职责外，还应当履行与其职务相适应的职责。

第九条　检察官在检察长领导下开展工作，重大办案事项由检察长决定。检察长可以将部分职权委托检察官行使，可以授权检察官签发法律文书。

第十条　检察官应当履行下列义务：

（一）严格遵守宪法和法律；

（二）秉公办案，不得徇私枉法；

（三）依法保障当事人和其他诉讼参与人的诉讼权利；

（四）维护国家利益、社会公共利益，维护个人和组织的合法权益；

（五）保守国家秘密和检察工作秘密，对履行职责中知悉的商业秘密和个人隐私予以保密；

（六）依法接受法律监督和人民群众监督；

（七）通过依法办理案件以案释法，增强全民法治观念，推进法治社会建设；

（八）法律规定的其他义务。

第十一条　检察官享有下列权利：

（一）履行检察官职责应当具有的职权和工作条件；

（二）非因法定事由、非经法定程序，不被调离、免职、降职、辞退或者处分；

（三）履行检察官职责应当享有的职业保障和福利待遇；

（四）人身、财产和住所安全受法律保护；

（五）提出申诉或者控告；

（六）法律规定的其他权利。

第三章　检察官的条件和遴选

第十二条　担任检察官必须具备下列条件：

（一）具有中华人民共和国国籍；

（二）拥护中华人民共和国宪法，拥护中国共产党领导和社会主义制度；

（三）具有良好的政治、业务素质和道德品行；

（四）具有正常履行职责的身体条件；

（五）具备普通高等学校法学类本科学历并获得学士及以上学位；或者普通高等学校非法学类本科及以上学历并获得法律硕士、法学硕士及以上学位；或者普通高等学校非法学类本科及以上学历，获得其他相应学位，并具有法律专业知识；

（六）从事法律工作满五年。其中获得法律硕士、法学硕士学位，或者获得法学博士学位的，从事法律工作的年限可以分别放宽至四年、三年；

（七）初任检察官应当通过国家统一法律职业资格考试取得法律职业资格。

适用前款第五项规定的学历条件确有困难的地方，经最高人民检察院审核确定，在一定期限内，可以将担任检察官的学历条件放宽为高等学校本科毕业。

第十三条　下列人员不得担任检察官：

（一）因犯罪受过刑事处罚的；

（二）被开除公职的；

（三）被吊销律师、公证员执业证书或者被仲裁委员会除名的；

（四）有法律规定的其他情形的。

第十四条　初任检察官采用考试、考核的办法，按照德才兼备的标准，从具备检察官条件的人员中择优提出人选。

人民检察院的检察长应当具有法学专业知识和法律职业经历。副检察长、检察委员会委员应当从检察官、法官或者其他具备检察官条件的人员中产生。

第十五条　人民检察院可以根据检察工作需要，从律师或者法学教学、研究人员等从事法律职业的人员中公开选拔检察官。

除应当具备检察官任职条件外，参加公开选拔的律师应当实际执业不少于五年，执业经验丰富，从业声誉良好，参加公开选拔的法学教学、研究人员应当具有中级以上职称，从事教学、研究工作五年以上，有突出研究能力和相应研究成果。

第十六条　省、自治区、直辖市设立检察官遴选委员会，负责初任检察官人选专业能力的审核。

省级检察官遴选委员会的组成人员应当包括地方各级人民检察院检察官代表、其他从事法律职业的人员和有关方面代表，其中检察官代表不少于三分之一。

省级检察官遴选委员会的日常工作由省级人民检察院的内设职能部门承担。

遴选最高人民检察院检察官应当设立最高人民检察院检察官遴选委员会，负责检察官人选专业能力的审核。

第十七条　初任检察官一般到基层人民检察院任职。上级人民检察院检察官一般逐级遴选；最高人民检察院和省级人民检察院检察官可以从下两级人民检察院遴选。参加上级人民检察院遴选的检察官应当在下级人民检察院担任检察官一定年限，并具有遴选职位相关工作经历。

第四章　检察官的任免

第十八条　检察官的任免，依照宪法和法律规定的任免权限和程序办理。

最高人民检察院检察长由全国人民代表大会选举和罢免，副检察长、检察委员会委员和检察员，由检察长提请全国人民代表大会常务委员会任免。

地方各级人民检察院检察长由本级人民代表大会选举和罢免，副检察长、检察委员会委员和检察员，由检察长提请本级人民代表大会常务委员会任免。

地方各级人民检察院检察长的任免，须报上一级人民检察院检察长提请本级人民代表大会常务委员会批准。

省、自治区、直辖市人民检察院分院检察长、副检察长、检察委员会委员和检察员，由省、自治区、直辖市人民检察院检察长提请本级人民代表大会常务委员会任免。

省级人民检察院和设区的市级人民检察院依法设立作为派出机构的人民检察院的检察长、副检察长、检察委员会委员和检察员，由派出的人民检察院检察长提请本级人民代表大会常务委员会任免。

新疆生产建设兵团各级人民检察院、专门人民检察院的检察长、副检察长、检察委员会委员和检察员，依照全国人民代表大会常务委员会的有关规定任免。

第十九条　检察官在依照法定程序产生后，在就职时应当公开进行宪法宣誓。

第二十条　检察官有下列情形之一的，应当依法提请免除其检察官职务：

（一）丧失中华人民共和国国籍的；

（二）调出所任职人民检察院的；

（三）职务变动不需要保留检察官职务的，或者本人申请免除检察官职务经批准的；

（四）经考核不能胜任检察官职务的；

（五）因健康原因长期不能履行职务的；

（六）退休的；

（七）辞职或者依法应当予以辞退的；

（八）因违纪违法不宜继续任职的。

第二十一条 对于不具备本法规定条件或者违反法定程序被选举为人民检察院检察长的，上一级人民检察院检察长有权提请本级人民代表大会常务委员会不批准。

第二十二条 发现违反本法规定的条件任命检察官的，任命机关应当撤销该项任命；上级人民检察院发现下级人民检察院检察官的任命违反本法规定的条件的，应当要求下级人民检察院依法提请任命机关撤销该项任命。

第二十三条 检察官不得兼任人民代表大会常务委员会的组成人员，不得兼任行政机关、监察机关、审判机关的职务，不得兼任企业或者其他营利性组织、事业单位的职务，不得兼任律师、仲裁员和公证员。

第二十四条 检察官之间有夫妻关系、直系血亲关系、三代以内旁系血亲以及近姻亲关系的，不得同时担任下列职务：

（一）同一人民检察院的检察长、副检察长、检察委员会委员；

（二）同一人民检察院的检察长、副检察长和检察员；

（三）同一业务部门的检察员；

（四）上下相邻两级人民检察院的检察长、副检察长。

第二十五条 检察官的配偶、父母、子女有下列情形之一的，检察官应当实行任职回避：

（一）担任该检察官所任职人民检察院辖区内律师事务所的合伙人或者设立人的；

（二）在该检察官所任职人民检察院辖区内以律师身份担任诉讼代理人、辩护人，或者为诉讼案件当事人提供其他有偿法律服务的。

第五章　检察官的管理

第二十六条 检察官实行员额制管理。检察官员额根据案件数量、经济社会发展情况、人口数量和人民检察院层级等因素确定，在省、自治区、直辖市内实行总量控制、动态管理，优先考虑基层人民检察院和案件数量多的人民检察院办案需要。

检察官员额出现空缺的，应当按照程序及时补充。

最高人民检察院检察官员额由最高人民检察院商有关部门确定。

第二十七条 检察官实行单独职务序列管理。

检察官等级分为十二级，依次为首席大检察官、一级大检察官、二级大检察官、一级高级检察官、二级高级检察官、三级高级检察官、四级高级检察官、一级检察官、二级检察官、三级检察官、四级检察官、五级检察官。

第二十八条 最高人民检察院检察长为首席大检察官。

第二十九条 检察官等级的确定，以检察官德才表现、业务水平、检察工作实绩和工作年限等为依据。

检察官等级晋升采取按期晋升和择优选升相结合的方式，特别优秀或者工作特殊需要的一线办案岗位检察官可以特别选升。

第三十条 检察官的等级设置、确定和晋升的具体办法，由国家另行规定。

第三十一条 初任检察官实行统一职前培训制度。

第三十二条 对检察官应当有计划地进行政治、理论和业务培训。

检察官的培训应当理论联系实际、按需施教、讲求实效。

第三十三条 检察官培训情况，作为检察官任职、等级晋升的依据之一。

第三十四条 检察官培训机构按照有关规定承担培训检察官的任务。

第三十五条 检察官申请辞职，应当由本人书面提出，经批准后，依照法律规定的程序免除其职务。

第三十六条 辞退检察官应当依照法律规定的程序免除其职务。

辞退检察官应当按照管理权限决定。辞退决定应当以书面形式通知被辞退的检察官，并列明作出决定的理由和依据。

第三十七条 检察官从人民检察院离任后两年内，不得以律师身份担任诉讼代理人或者辩护人。

检察官从人民检察院离任后，不得担任原任职检察院办理案件的诉讼代理人或者辩护人，但是作为当事人的监护人或者近亲属代理诉讼或者进行辩护的除外。

检察官被开除后，不得担任诉讼代理人或者辩护人，但是作为当事人的监护人或者近亲属代理诉讼或者进行辩护的除外。

第三十八条　检察官因工作需要，经单位选派或者批准，可以在高等学校、科研院所协助开展实践性教学、研究工作，并遵守国家有关规定。

第六章　检察官的考核、奖励和惩戒

第三十九条　人民检察院设立检察官考评委员会，负责对本院检察官的考核工作。

第四十条　检察官考评委员会的组成人员为五至九人。

检察官考评委员会主任由本院检察长担任。

第四十一条　对检察官的考核，应当全面、客观、公正，实行平时考核和年度考核相结合。

第四十二条　对检察官的考核内容包括：检察工作实绩、职业道德、专业水平、工作能力、工作作风。重点考核检察工作实绩。

第四十三条　年度考核结果分为优秀、称职、基本称职和不称职四个等次。

考核结果作为调整检察官等级、工资以及检察官奖惩、免职、降职、辞退的依据。

第四十四条　考核结果以书面形式通知检察官本人。检察官对考核结果如果有异议，可以申请复核。

第四十五条　检察官在检察工作中有显著成绩和贡献的，或者有其他突出事迹的，应当给予奖励。

第四十六条　检察官有下列表现之一的，应当给予奖励：

（一）公正司法，成绩显著的；

（二）总结检察实践经验成果突出，对检察工作有指导作用的；

（三）在办理重大案件、处理突发事件和承担专项重要工作中，做出显著成绩和贡献的；

（四）对检察工作提出改革建议被采纳，效果显著的；

（五）提出检察建议被采纳或者开展法治宣传、解决各类纠纷，效果显著的；

（六）有其他功绩的。

检察官的奖励按照有关规定办理。

第四十七条　检察官有下列行为之一的，应当给予处分；构成犯罪的，依法追究刑事责任：

（一）贪污受贿、徇私枉法、刑讯逼供的；

（二）隐瞒、伪造、变造、故意损毁证据、案件材料的；

（三）泄露国家秘密、检察工作秘密、商业秘密或者个人隐私的；

（四）故意违反法律法规办理案件的；

（五）因重大过失导致案件错误并造成严重后果的；

（六）拖延办案，贻误工作的；

（七）利用职权为自己或者他人谋取私利的；

（八）接受当事人及其代理人利益输送，或者违反有关规定会见当事人及其代理人的；

（九）违反有关规定从事或者参与营利性活动，在企业或者其他营利性组织中兼任职务的；

（十）有其他违纪违法行为的。

检察官的处分按照有关规定办理。

第四十八条　检察官涉嫌违纪违法，已经被立案调查、侦查，不宜继续履行职责的，按照管理权限和规定的程序暂时停止其履行职务。

第四十九条　最高人民检察院和省、自治区、直辖市设立检察官惩戒委员会，负责从专业角度审查认定检察官是否存在本法第四十七条第四项、第五项规定的违反检察职责的行为，提出构成故意违反职责、存在重大过失、存在一般过失或者没有违反职责等审查意见。检察官惩戒委员会提出审查意见后，人民检察院依照有关规定作出是否予以惩戒的决定，并给予相应处理。

检察官惩戒委员会由检察官代表、其他从事法律职业的人员和有关方面代表组成，其中检察官代表不少于半数。

最高人民检察院检察官惩戒委员会、省级检察官惩戒委员会的日常工作，由相关人民检察院的内设职能部门承担。

第五十条　检察官惩戒委员会审议惩戒事项时，当事检察官有权申请有关人员回避，有权进行陈述、举证、辩解。

第五十一条　检察官惩戒委员会作出的审查意见应当送达当事检察官。当事检察官对审查意见有异议的，可以向惩戒委员会提出，惩戒委员会应当对异议及其理由进行审查，作出决定。

第五十二条　检察官惩戒委员会审议惩戒事项的具体程序，由最高人民检察院商有关部门确定。

第七章　检察官的职业保障

第五十三条　人民检察院设立检察官权益保障委员会，维护检察官合法权益，保障检察官依法履行职责。

第五十四条　除下列情形外，不得将检察官调离检察业务岗位：

（一）按规定需要任职回避的；

（二）按规定实行任职交流的；

（三）因机构调整、撤销、合并或者缩减编制员额需要调整工作的；

（四）因违纪违法不适合在检察业务岗位工作的；

（五）法律规定的其他情形。

第五十五条 任何单位或者个人不得要求检察官从事超出法定职责范围的事务。

对任何干涉检察官办理案件的行为，检察官有权拒绝并予以全面如实记录和报告；有违纪违法情形的，由有关机关根据情节轻重追究有关责任人员、行为人的责任。

第五十六条 检察官的职业尊严和人身安全受法律保护。

任何单位和个人不得对检察官及其近亲属打击报复。

对检察官及其近亲属实施报复陷害、侮辱诽谤、暴力侵害、威胁恐吓、滋事骚扰等违法犯罪行为的，应当依法从严惩治。

第五十七条 检察官因依法履行职责遭受不实举报、诬告陷害、侮辱诽谤，致使名誉受到损害的，人民检察院应当会同有关部门及时澄清事实，消除不良影响，并依法追究相关单位或者个人的责任。

第五十八条 检察官因依法履行职责，本人及其近亲属人身安全面临危险的，人民检察院、公安机关应当对检察官及其近亲属采取人身保护、禁止特定人员接触等必要保护措施。

第五十九条 检察官实行与其职责相适应的工资制度，按照检察官等级享有国家规定的工资待遇，并建立与公务员工资同步调整机制。

检察官的工资制度，根据检察工作特点，由国家另行规定。

第六十条 检察官实行定期增资制度。

经年度考核确定为优秀、称职的，可以按照规定晋升工资档次。

第六十一条 检察官享受国家规定的津贴、补贴、奖金、保险和福利待遇。

第六十二条 检察官因公致残的，享受国家规定的伤残待遇。检察官因公牺牲、因公死亡或者病故的，其亲属享受国家规定的抚恤和优待。

第六十三条 检察官的退休制度，根据检察工作特点，由国家另行规定。

第六十四条 检察官退休后，享受国家规定的养老金和其他待遇。

第六十五条 对于国家机关及其工作人员侵犯本法第十一条规定的检察官权利的行为，检察官有权提出控告。

第六十六条 对检察官处分或者人事处理错误的，应当及时予以纠正；造成名誉损害的，应当恢复名誉、消除影响、赔礼道歉；造成经济损失的，应当赔偿。对打击报复的直接责任人员，应当依法追究其责任。

第八章 附 则

第六十七条 国家对初任检察官实行统一法律职业资格考试制度，由国务院司法行政部门商最高人民检察院等有关部门组织实施。

第六十八条 人民检察院的检察官助理在检察官指导下负责审查案件材料、草拟法律文书等检察辅助事务。

人民检察院应当加强检察官助理队伍建设，为检察官遴选储备人才。

第六十九条 有关检察官的权利、义务和管理制度，本法已有规定的，适用本法的规定；本法未作规定的，适用公务员管理的相关法律法规。

第七十条 本法自 2019 年 10 月 1 日起施行。

中华人民共和国检察官职业道德基本准则

（2016 年 11 月 4 日最高人民检察院第十二届检察委员会第五十七次会议通过　2016 年 11 月 23 日发布）　高检发〔2016〕18 号

第一条　坚持忠诚品格，永葆政治本色。
第二条　坚持为民宗旨，保障人民权益。
第三条　坚持担当精神，强化法律监督。
第四条　坚持公正理念，维护法制统一。
第五条　坚持廉洁操守，自觉接受监督。
《准则》从印发之日起实施，《中华人民共和国检察官职业道德基本准则（试行）》同时废止。

检察人员纪律处分条例

(2004年6月1日最高人民检察院第十届第十三次检察长办公会讨论通过　2007年3月6日最高人民检察院第十届第三十八次检察长办公会修改　2016年10月20日最高人民检察院第十二届检察委员会第五十六次会议修订)　高检发〔2016〕20号

第一章　总　　则

第一节　目的、原则和适用范围

第一条　为了严肃检察纪律,规范检察人员行为,保证检察人员依法履行职责,确保公正廉洁司法,根据《中华人民共和国人民检察院组织法》《中华人民共和国公务员法》《中华人民共和国检察官法》等法律法规,参照《中国共产党纪律处分条例》等党内法规,结合检察机关的实际,制定本条例。

第二条　检察机关的纪律处分工作,应当坚持全面从严治检、实事求是、纪律面前一律平等、处分与违纪行为相适应、惩戒与教育相结合的原则。

第三条　本条例适用于违反纪律或者法律、法规规定应当受到纪律追究的检察人员。

第四条　检察机关及其所属机构、单位、办案组织集体作出违纪决定或者实施违纪行为,对负有直接责任和领导责任的检察人员,依照本条例给予纪律处分。

第五条　检察人员依法履行职责和其他合法权益受法律保护,非因法定事由、非经法定程序,不受纪律处分。

第二节　纪律处分的种类和适用

第六条　对违反纪律的检察人员,应当根据其违纪行为的事实、性质和情节,依照本条例的规定给予纪律处分。

情节轻微,经批评教育确已认识错误的,可以免予处分。

情节显著轻微,不认为构成违纪的,不予处分。

第七条　纪律处分种类:

(一)警告;

(二)记过;

(三)记大过;

(四)降级;

(五)撤职;

(六)开除。

第八条　纪律处分期间分别为:

(一)警告,六个月;

(二)记过,十二个月;

(三)记大过,十八个月;

(四)降级、撤职,二十四个月。

第九条　检察人员在处分期间不得晋升职务、级别。其中,受记过、记大过、降级、撤职处分的,在处分期间不得晋升工资档次。

第十条　受降级处分的,自处分的下个月起降低一个级别。如果受处分人为最低级别的,按降低一个工资档次处理;如果受处分人为最低级别最低档次的,给予记大过处分。

第十一条　受撤职处分的,撤销其所有行政职务。在处分期间不得担任领导职务,自处分的下个月起按降低一个以上的职务层次另行确定非领导职务。办事员应当给予撤职处分的,给予降级处分。

第十二条　受开除处分的,自处分决定生效之日起解除其人事关系,其职务、级别自然撤销,不得再被录用为检察人员。

第十三条　受处分人具有法律职务的,按照有关规定重新确定或者依法罢免、免除法律职务。

受开除处分的,依法罢免或者免除法律职务。

第十四条　一人有本条例规定的两种以上应当受到处分的违纪行为,应当分别确定其处分种类。应当给予的处分种类不同的,执行其中最重的处分;应当给予撤职以下多个相同种类处分的,执行该处分,并在最高处分期间以上,多个处分期间之和以下,决定应当执行的处分期间。

处分期间最长不超过48个月。

第十五条　一个违纪行为同时触犯本条例两个以上条款的,依照处分较重的条款定性处理。

一个条款规定的违纪构成要件全部包含在另一个条款规定的违纪构成要件中,特别规定与一般规定不一致的,适用特别规定。

第十六条 二人以上共同故意违纪的,对起主要作用的,从重处分,本条例另有规定的除外;对其他成员,按照其在共同违纪中所起的作用和应负的责任,分别给予处分。

对于经济方面共同违纪的,按照个人所得数额及其所起的作用,分别给予处分。对起主要作用,情节严重的,按照共同违纪的总数额给予处分。

教唆他人违纪的,应当按照其在共同违纪中所起的作用追究纪律责任。

第十七条 有下列情形之一的,可以从轻或者减轻处分:

(一)主动交代本人应当受到纪律处分的问题的;

(二)检举他人应当受到纪律处分或者法律追究的问题,经查证属实的;

(三)主动挽回损失、消除不良影响或者有效阻止危害结果发生的;

(四)主动上交违纪所得的;

(五)其他立功表现的。

第十八条 有下列情形之一的,应当从重或者加重处分:

(一)在集中整治过程中,不收敛、不收手的;

(二)强迫他人违纪的;

(三)本条例另有规定的。

第十九条 故意违纪受处分后又因故意违纪应当受到纪律处分的,应当从重处分。

第二十条 纪律处分决定作出后,应当在一个月内向受处分人所在单位及其本人宣布,并由干部人事管理部门按照干部管理权限将处分决定材料归入受处分人档案;对于受到降级以上处分的,还应当在一个月内办理职务、工资等相应变更手续。

第二十一条 对于违纪行为所获得的经济利益,应当收缴或者责令退赔。

对于违纪行为所获得的职务、职称、学历、学位、奖励等其他利益,应当建议有关组织、单位、部门按规定予以纠正。

第二十二条 从轻、从重处分,是指在本条例规定的违纪行为应当受到的处分幅度以内,给予较轻或者较重的处分。

减轻、加重处分,是指在本条例规定的违纪行为应当受到的处分幅度以外,减轻或者加重一档给予处分。

本条例规定的只有开除处分一个档次的违纪行为,不适用前款减轻处分的规定。

依照本条例应当给予警告或者记过处分,又有减轻处分情形的,可以免予处分。

第三节 对违法犯罪、违犯党纪检察人员的处分

第二十三条 检察人员有贪污贿赂、渎职侵权等刑法规定的行为涉嫌犯罪的,应当给予撤职或者开除处分。

第二十四条 检察人员有刑法规定的行为,虽不构成犯罪或者不以犯罪论处,但须追究纪律责任的,应当视具体情节给予警告直至开除处分。

第二十五条 检察人员有其他违法行为,须追究纪律责任的,应当视具体情节给予警告直至开除处分。

第二十六条 检察人员受到纪律追究,涉嫌违法犯罪的,应当及时移送有关国家机关依法处理;需要给予党纪处分的,应当向有关党组织提出建议。

第二十七条 因犯罪被判处刑罚的,应当给予开除处分。

因犯罪情节轻微,被人民检察院依法作出不起诉决定的,或者被人民法院免予刑事处罚的,给予降级、撤职或者开除处分。

属于前款规定情形的,应当根据司法机关的生效裁判、决定及其认定的事实、性质和情节,依照本条例规定给予纪律处分。

第二十八条 受到党纪处分或者行政处罚,应当追究纪律责任的,可以根据生效的党纪处分决定、行政处罚决定认定的事实、性质和情节,经核实后依照本条例规定给予纪律处分。

第二十九条 纪律处分决定作出后,党组织、司法机关、行政机关等改变原生效决定、裁判,对原处分决定产生影响的,应当根据改变后的生效决定、裁判重新作出相应处理。

第四节 纪律处分的变更和解除

第三十条 受处分人在处分期间获得三等功以上奖励的,可以缩短处分期间,但缩短后的期间不得少于原处分期间的二分之一。

第三十一条 受处分人在处分期间,发现其另有应当受到纪律处分的违纪行为,应当根据新发现违纪行为的事实、性质、情节和已经作出的处分,重新作出处分决定,处分期间依照本条例第十四条的规定重新计算,已经执行的处分期间应当从重新确定的处分期间中扣除。

受处分人在处分期间又犯应当受到纪律处分的

违纪行为，应当依照前款规定重新作出处分决定，处分期间为原处分期间尚未执行的期间与新处分期间之和。

第三十二条 受处分人在处分期间确有悔改表现，处分期满后，经所在单位或者部门提出意见，由处分决定机关作出解除处分的决定。

第三十三条 解除处分决定应当在一个月内书面通知受处分人，并在一定范围内宣布。

解除处分决定应当在作出后的一个月内，由干部人事管理部门归入受处分人档案。

第三十四条 解除降级、撤职处分，不得恢复原职务、级别和工资档次，但以后晋升职务、级别和工资档次不受原处分的影响。

第五节 其他规定

第三十五条 检察人员在纪律处分决定作出前已经退休的，不再给予纪律处分，但是依照本条例应当给予降级以上处分的，按照应当给予的纪律处分相应降低或者取消其享受的待遇。

第三十六条 本条例所称检察人员，是指检察机关具有公务员身份和参照公务员法管理的检察官、检察辅助人员和司法行政人员。

对检察机关所属事业单位中不参照公务员法管理工作人员的纪律处分，适用《事业单位工作人员处分暂行规定》。

第三十七条 本条例所称领导干部，是指人民检察院及所属参公管理事业单位中担任各级领导职务，以及非领导职务的县(处)级以上干部。

第三十八条 本条例所称直接责任者，是指在其职责范围内，不履行或者不正确履行自己的职责，对造成的损失或者后果起决定性作用的检察人员。

本条例所称主要领导责任者，是指在其职责范围内，对直接主管的工作不履行或者不正确履行职责，对造成的损失或者后果负直接领导责任的领导干部。

本条例所称重要领导责任者，是指在其职责范围内，对应管的工作或者参与决定的工作不履行或者不正确履行职责，对造成的损失或者后果负次要领导责任的领导干部。

本条例所称领导责任者，包括主要领导责任者和重要领导责任者。

第三十九条 检察人员实施违反检察职责的行为应当承担司法责任，需要给予纪律处分的，适用本条例。

第四十条 对检察人员因故意或者重大过失导致案件错误并造成严重后果而追究其纪律责任的，应当遵循谁办案谁负责、谁决定谁负责原则。

检察官有前款行为，应当受到纪律追究的，适用检察官惩戒制度相关规定。

第四十一条 本条例所述“以上”、“以下”均含本数。

第四十二条 本条例总则适用于最高人民检察院制定的其他有纪律处分规定的规范性文件，另有特别规定的除外。

第二章 分 则

第一节 对检察人员违反政治纪律行为的处分

第四十三条 通过信息网络、广播、电视、报刊、书籍、讲座、论坛、报告会、座谈会等方式，公开发表坚持资产阶级自由化立场、反对四项基本原则，反对党的改革开放决策的文章、演说、宣言、声明等的，给予开除处分。

发布、播出、刊登、出版前款所列文章、演说、宣言、声明等或者为上述行为提供方便条件的，对直接责任者和领导责任者，给予记大过或者降级处分；情节严重的，给予撤职或者开除处分。

第四十四条 通过信息网络、广播、电视、报刊、书籍、讲座、论坛、报告会、座谈会等方式，有下列行为之一，情节较轻的，给予警告、记过或者记大过处分；情节较重的，给予降级或者撤职处分；情节严重的，给予开除处分：

(一)公开发表违背四项基本原则，违背、歪曲党的改革开放决策，或者其他有严重政治问题的文章、演说、宣言、声明等的；

(二)妄议中央大政方针，破坏党的集中统一的；

(三)丑化党和国家形象，或者诋毁、诬蔑党和国家领导人，或者歪曲党史、军史的。

发布、播出、刊登、出版前款所列内容或者为上述行为提供方便条件的，对直接责任者和领导责任者，给予记过、记大过或者降级处分；情节严重的，给予撤职或者开除处分。

第四十五条 制作、贩卖、传播本条例第四十三条、第四十四条所列内容之一的书刊、音像制品、电子读物、网络音视频资料等，情节较轻的，给予警告、记过或者记大过处分；情节较重的，给予降级或者撤职处分；情节严重的，给予开除处分。

私自携带、寄递本条例第四十三条、第四十四条所列内容之一的书刊、音像制品、电子读物等入出境，情节较重的，给予警告、记过或者记大过处分；情节严重的，给予降级、撤职或者开除处分。

第四十六条 组织、参加反对党的基本理论、基本路线、基本纲领、基本经验、基本要求或者重大方针政策的集会、游行、示威等活动的，或者以组织讲座、论坛、报告会、座谈会等方式，反对党的基本理论、基本路线、基本纲领、基本经验、基本要求或者重大方针政策，造成严重不良影响的，对策划者、组织者和骨干分子，给予开除处分。

对其他参加人员或者以提供信息、资料、财物、场地等方式支持上述活动者，情节较轻的，给予警告、记过或者记大过处分；情节较重的，给予降级或者撤职处分；情节严重的，给予开除处分。

对不明真相被裹挟参加，经批评教育后确有悔改表现的，可以免予处分或者不予处分。

对未经组织批准参加其他集会、游行、示威等活动，情节较轻的，给予警告、记过或者记大过处分；情节较重的，给予降级或者撤职处分；情节严重的，给予开除处分。

第四十七条 组织、参加旨在反对党的领导、反对社会主义制度或者敌视政府等组织的，对策划者、组织者和骨干分子，给予开除处分。

对其他参加人员，情节较轻的，给予警告、记过或者记大过处分；情节较重的，给予降级或者撤职处分；情节严重的，给予开除处分。

第四十八条 组织、参加会道门或者邪教组织的，对策划者、组织者和骨干分子，给予开除处分。

对其他参加人员，情节较轻的，给予警告、记过或者记大过处分；情节较重的，给予降级或者撤职处分；情节严重的，给予开除处分。

对不明真相的参加人员，经批评教育后确有悔改表现的，可以免予处分或者不予处分。

第四十九条 搞团团伙伙、结党营私、拉帮结派、培植私人势力或者通过搞利益交换、为自己营造声势等活动捞取政治资本的，给予记过、记大过或者降级处分；情节严重的，给予撤职或者开除处分。

第五十条 有下列行为之一的，对直接责任者和领导责任者，给予记过、记大过或者降级处分；情节严重的，给予撤职或者开除处分：

（一）拒不执行党和国家的方针政策以及决策部署的；

（二）故意作出与党和国家的方针政策以及决策部署相违背的决定的；

（三）擅自对应当由中央决定的重大政策问题作出决定和对外发表主张的。

第五十一条 挑拨民族关系制造事端或者参加民族分裂活动的，对策划者、组织者和骨干分子，给予开除处分。

对其他参加人员，情节较轻的，给予警告、记过或者记大过处分；情节较重的，给予降级或者撤职处分；情节严重的，给予开除处分。

对不明真相被裹挟参加，经批评教育后确有悔改表现的，可以免予处分或者不予处分。

有其他违反党和国家民族政策的行为，情节较轻的，给予警告、记过或者记大过处分；情节较重的，给予降级或者撤职处分；情节严重的，给予开除处分。

第五十二条 组织、利用宗教活动反对党的路线、方针、政策和决议，破坏民族团结的，对策划者、组织者和骨干分子，给予撤职或者开除处分。

对其他参加人员，情节较轻的，给予警告、记过或者记大过处分；情节较重的，给予降级或者撤职处分；情节严重的，给予开除处分。

对不明真相被裹挟参加，经批评教育后确有悔改表现的，可以免予处分或者不予处分。

有其他违反国家宗教政策的行为，情节较轻的，给予警告、记过或者记大过处分；情节较重的，给予降级或者撤职处分；情节严重的，给予开除处分。

第五十三条 组织、利用宗族势力对抗党和政府，妨碍党和国家的方针政策以及决策部署的实施，或者破坏党的基层组织建设的，对策划者、组织者和骨干分子，给予撤职或者开除处分。

对其他参加人员，情节较轻的，给予警告、记过或者记大过处分；情节较重的，给予降级或者撤职处分；情节严重的，给予开除处分。

对不明真相被裹挟参加，经批评教育后确有悔改表现的，可以免予处分或者不予处分。

第五十四条 对抗组织调查，有下列行为之一的，给予警告、记过或者记大过处分；情节较重的，给予降级或者撤职处分；情节严重的，给予开除处分：

（一）串供或者伪造、销毁、转移、隐匿证据的；

（二）阻止他人揭发检举、提供证据材料的；

（三）包庇同案人员的；

（四）向组织提供虚假情况，掩盖事实的；

（五）其他对抗组织调查行为的。

第五十五条 组织迷信活动的，给予降级或者撤职处分；情节严重的，给予开除处分。

参加迷信活动，造成不良影响的，给予警告、记过或者记大过处分；情节较重的，给予降级或者撤职处分；情节严重的，给予开除处分。

对不明真相的参加人员，经批评教育后确有悔改表现的，可以免予处分或者不予处分。

第五十六条 在国（境）外、外国驻华使（领）馆申请政治避难，或者违纪后逃往国（境）外、外国驻华使（领）馆的，给予开除处分。

在国（境）外公开发表反对党和政府的文章、演说、宣言、声明等的，依照前款规定处理。

故意为上述行为提供方便条件的，给予撤职或者开除处分。

第五十七条 在涉外活动中，其言行在政治上造成恶劣影响，损害党和国家尊严、利益的，给予降级或者撤职处分；情节严重的，给予开除处分。

第五十八条 领导干部对违反政治纪律和政治规矩等错误思想和行为放任不管，搞无原则一团和气，造成不良影响的，给予警告、记过或者记大过处分；情节严重的，给予降级或者撤职处分。

第五十九条 有其他违反政治纪律和政治规矩行为的，应当视具体情节给予警告直至开除处分。

第二节　对检察人员违反组织纪律行为的处分

第六十条 违反民主集中制原则，拒不执行或者擅自改变组织作出的重大决定，或者违反议事规则，个人或者少数人决定重大问题的，给予警告、记过或者记大过处分；情节严重的，给予降级或者撤职处分。

第六十一条 下级检察机关拒不执行或者擅自改变上级检察机关决定的，对直接责任者和领导责任者，给予警告、记过或者记大过处分；情节严重的，给予降级或者撤职处分。

第六十二条 拒不执行组织的分配、调动、交流等决定的，给予警告、记过、记大过或者降级处分。

在特殊时期或者紧急状况下，拒不执行组织决定的，给予撤职或者开除处分。

第六十三条 离任、辞职或者被辞退时，拒不办理公务交接手续或者拒不接受审计的，给予警告、记过或者记大过处分；情节较重的，给予降级或者撤职处分；情节严重的，给予开除处分。

第六十四条 不按照有关规定或者工作要求，向组织请示报告重大问题、重要事项的，给予警告、记过或者记大过处分；情节严重的，给予降级或者撤职处分。

不按要求报告或者不如实报告个人去向，情节较重的，给予警告、记过或者记大过处分。

第六十五条 有下列行为之一，情节较重的，给予警告、记过或者记大过处分：

（一）违反个人有关事项报告规定，不报告、不如实报告的；

（二）在组织进行谈话、函询时，不如实向组织说明问题的；

（三）不如实填报个人档案资料的。

篡改、伪造个人档案资料的，给予记过或者记大过处分；情节严重的，给予降级或者撤职处分。

第六十六条 领导干部违反有关规定组织、参加自发成立的老乡会、校友会、战友会等，情节严重的，给予警告、记过、记大过或者降级处分。

第六十七条 诬告陷害他人意在使他人受纪律追究的，给予警告、记过或者记大过处分；情节较重的，给予降级或者撤职处分；情节严重的，给予开除处分。

第六十八条 有下列行为之一的，给予警告、记过或者记大过处分；情节较重的，给予降级或者撤职处分；情节严重的，给予开除处分：

（一）对检察人员的批评、检举、控告进行阻挠、压制，或者将批评、检举、控告材料私自扣压、销毁，或者故意将其泄露给他人的；

（二）对检察人员的申辩、辩护、作证等进行压制，造成不良后果的；

（三）压制检察人员申诉，造成不良后果的，或者不按照有关规定处理检察人员申诉的；

（四）其他侵犯检察人员权利行为，造成不良后果的。

对批评人、检举人、控告人、证人及其他人员打击报复的，依照前款规定从重或者加重处分。

单位或者部门有上述行为的，对直接责任者和领导责任者，依照前款规定处理。

第六十九条 有下列行为之一的，给予警告、记过或者记大过处分；情节较重的，给予降级或者撤职处分；情节严重的，给予开除处分：

（一）在民主推荐、民主测评、组织考察和选举中搞拉票、助选等非组织活动的；

（二）在法律规定的投票、选举活动中违背组织原则搞非组织活动，组织、怂恿、诱使他人投票、表决的；

（三）在选举中进行其他违反法律和纪律规定活动的。

第七十条 在干部选拔任用工作中，违反干部选拔任用规定，对直接责任者和领导责任者，情节较轻的，给予警告、记过或者记大过处分；情节较重的，给予降级或者撤职处分；情节严重的，给予开除处分。

用人失察失误造成严重后果的，对直接责任者和领导责任者，依照前款规定处理。

第七十一条 违反有关规定在人员录用、考评考核、职务晋升和职称评定等工作中，隐瞒、歪曲事实真相，或者利用职权、职务上的影响为本人或者他人谋取利益的，给予警告、记过或者记大过处分；情节较重的，给予降级或者撤职处分；情节严重的，给予开除处分。

弄虚作假，骗取职务、职级、职称、待遇、资格、学历、学位、荣誉或者其他利益的，依照前款规定处理。

第七十二条 违反有关规定取得外国国籍或者获取国（境）外永久居留资格、长期居留许可，非法出境，或者违反规定滞留境外不归的，给予开除处分。

第七十三条 违反有关规定办理因私出国（境）证件、港澳通行证、大陆居民来往台湾通行证，或者未经批准出入国（边）境，情节较轻的，给予警告、记过或者记大过处分；情节较重的，给予降级处分；情节严重的，给予撤职处分。

第七十四条 在临时出国（境）团（组）中擅自脱离组织，或者从事外事、机要等工作的检察人员违反有关规定同国（境）外机构、人员联系和交往的，给予警告、记过、记大过、降级或者撤职处分。

第七十五条 在临时出国（境）团（组）中脱离组织出走的，给予撤职或者开除处分。

故意为他人脱离组织出走提供方便条件的，给予记过、记大过、降级或者撤职处分。

第三节 对检察人员违反办案纪律行为的处分

第七十六条 故意伪造、隐匿、损毁举报、控告、申诉材料，包庇被举报人、被控告人，或者对举报人、控告人、申诉人、批评人打击报复的，给予记过或者记大过处分；情节较重的，给予降级或者撤职处分；情节严重的，给予开除处分。

第七十七条 泄露案件秘密，或者为案件当事人及其近亲属、辩护人、诉讼代理人、利害关系人等打探案情、通风报信的，给予记过或者记大过处分；造成严重后果或者恶劣影响的，给予降级、撤职或者开除处分。

第七十八条 擅自处置案件线索、随意初查或者在初查中对被调查对象采取限制人身自由强制性措施的，给予记过或者记大过处分；情节较重的，给予降级或者撤职处分；情节严重的，给予开除处分。

第七十九条 违反有关规定搜查他人身体、住宅，或者侵入他人住宅的，给予记过或者记大过处分；情节较重的，给予降级或者撤职处分；情节严重的，给予开除处分。

第八十条 违反有关规定采取、变更、解除、撤销强制措施的，给予记过或者记大过处分；情节较重的，给予降级或者撤职处分；情节严重的，给予开除处分。

第八十一条 违反有关规定限制、剥夺诉讼参与人人身自由、诉讼权利的，给予警告、记过或者记大过处分；情节较重的，给予降级或者撤职处分；情节严重的，给予开除处分。

第八十二条 违反职务犯罪侦查全程同步录音录像有关规定，情节较重的，给予警告、记过或者记大过处分；情节严重的，给予降级或者撤职处分。

第八十三条 殴打、体罚虐待、侮辱犯罪嫌疑人、被告人及其他人员的，给予记过或者记大过处分；造成严重后果或者恶劣影响的，给予降级、撤职或者开除处分。

第八十四条 采用刑讯逼供等非法方法收集犯罪嫌疑人、被告人供述，或者采用暴力、威胁等非法方法收集证人证言、被害人陈述的，给予记过或者记大过处分；情节较重的，给予降级或者撤职处分；情节严重的，给予开除处分。

第八十五条 故意违背案件事实作出勘验、检查、鉴定意见的，给予降级或者撤职处分；情节严重的，给予开除处分。

第八十六条 违反有关规定，有下列行为之一的，对直接责任者和领导责任者，给予记过或者记大过处分；情节较重的，给予降级或者撤职处分；情节严重的，给予开除处分：

（一）在立案之前查封、扣押、冻结涉案财物的；

（二）超范围查封、扣押、冻结涉案财物的；

（三）不返还、不退还扣押、冻结涉案财物的；

（四）侵吞、挪用、私分、私存、调换、外借、压价收购涉案财物的；

（五）擅自处理扣押、冻结的涉案财物及其孳息的；

（六）故意损毁、丢失涉案财物的；

（七）其他违反涉案财物管理规定的。

第八十七条 违反有关规定阻碍律师依法行使会见权、阅卷权、申请收集调取证据等执业权利，情节较重的，给予警告、记过或者记大过处分；情节严重的，给予降级或者撤职处分。

第八十八条 违反有关规定应当回避而故意不回避，或者拒不服从回避决定，或者对符合回避条件的申请故意不作出回避决定的，给予警告、记过或者记大过处分；情节严重的，给予降级或者撤职处分。

第八十九条 私自会见案件当事人及其近亲属、辩护人、诉讼代理人、利害关系人、中介组织，或者接受上述人员提供的礼品、礼金、消费卡等财物，以及宴请、娱乐、健身、旅游等活动的，给予记过或者记大过处分；情节较重的，给予降级或者撤职处分；情节严重的，给予开除处分。

第九十条 有重大过失，不履行或者不正确履行司法办案职责，造成下列后果之一的，给予警告、记过或者记大过处分；情节较重的，给予降级或者撤职处分；情节严重的，给予开除处分：

（一）认定事实、适用法律出现重大错误，或者案件被错误处理的；

（二）遗漏重要犯罪嫌疑人或者重大罪行的；

（三）错误羁押或者超期羁押犯罪嫌疑人、被告人的；

（四）犯罪嫌疑人、被告人串供、毁证、逃跑的；

（五）涉案人员自杀、自伤、行凶的；

（六）其他严重后果或者恶劣影响的。

第九十一条 负有监督管理职责的检察人员因故意或者重大过失，不履行或者不正确履行监督管理职责，导致司法办案工作出现错误，情节较重的，给予警告、记过或者记大过处分；情节严重的，给予降级或者撤职处分。

第九十二条 故意伪造、隐匿、损毁证据材料、诉讼文书的，给予降级或者撤职处分；情节严重的，给予开除处分。

第九十三条 丢失案卷、案件材料、档案的，给予警告、记过或者记大过处分；情节严重的，给予降级或者撤职处分。

第九十四条 违反有关规定，有下列行为之一的，给予记过或者记大过处分；情节较重的，给予降级或者撤职处分；情节严重的，给予开除处分：

（一）体罚虐待被监管人员的；

（二）私自带人会见被监管人员的；

（三）给被监管人员特殊待遇或者照顾的；

（四）让被监管人员为自己提供劳务的。

第九十五条 违反有关规定对司法机关、行政机关违法行使职权或者不行使职权的行为不履行法律监督职责，造成严重后果或者恶劣影响的，给予警告、记过或者记大过处分；情节严重的，给予降级或者撤职处分。

第九十六条 违反有关规定干预司法办案活动，有下列行为之一的，给予警告或者记过处分；情节较重的，给予记大过或者降级处分；情节严重的，给予撤职处分：

（一）在初查、立案、侦查、审查逮捕、审查起诉、审判、执行等环节为案件当事人请托说情的；

（二）邀请或者要求办案人员私下会见案件当事人或者其辩护人、诉讼代理人、近亲属以及其他与案件有利害关系的人的；

（三）私自为案件当事人及其近亲属、辩护人、诉讼代理人传递涉案材料的；

（四）领导干部授意、纵容身边工作人员或者近亲属为案件当事人请托说情的；

（五）领导干部为了地方利益或者部门利益，以听取汇报、开协调会、发文件等形式，超越职权对案件处理提出倾向性意见或者具体要求的；

（六）其他影响司法人员依法公正处理案件的。

第九十七条 对领导干部违规干预司法办案活动、司法机关内部人员过问案件，两次以上不记录或者不如实记录的，给予警告或者记过处分；情节严重的，给予记大过处分。

授意不记录、不如实记录的，依照前款规定处理。

对如实记录的检察人员打击报复的，依照本条例第六十八条第二款处理。

第九十八条 利用检察权或者借办案之机，借用、占用案件当事人、辩护人、诉讼代理人、利害关系人或者发案单位、证人等的住房、交通工具或者其他财物，或者谋取其他个人利益的，给予警告、记过或者记大过处分；情节较重的，给予降级或者撤职处分；情节严重的，给予开除处分。

利用职权或者职务上的影响，借用、占用企事业单位、社会团体或者个人的住房、交通工具或者其他财物，给予警告、记过或者记大过处分；情节较重的，给予降级或者撤职处分；情节严重的，给予开除处分。

第九十九条 违反办案期限或者有关案件管理程序规定，情节较重的，给予警告、记过或者记大过处分；情节严重的，给予降级或者撤职处分。

第一百条 有其他违反办案纪律规定行为的，应当视具体情节给予警告直至开除处分。

第四节 对检察人员违反廉洁纪律行为的处分

第一百零一条 利用职权或者职务上的影响为他人谋取利益，本人的配偶、子女及其配偶等亲属和其他特定关系人收受对方财物，情节较重的，给予警告、记过或者记大过处分；情节严重的，给予降级、撤职或者开除处分。

第一百零二条 相互利用职权或者职务上的影响为对方及其配偶、子女及其配偶等亲属、身边工作人员和其他特定关系人谋取利益搞权权交易的，给予警告、记过或者记大过处分；情节较重的，给予降级或者撤职处分；情节严重的，给予开除处分。

第一百零三条 纵容、默许配偶、子女及其配偶等亲属和身边工作人员利用本人职权或者职务上的影响谋取私利，情节较轻的，给予警告、记过或者记大过处分；情节较重的，给予降级或者撤职处分；情节严重的，给予开除处分。

检察人员的配偶、子女及其配偶未从事实际工作而获取薪酬或者虽从事实际工作但领取明显超出同职级标准薪酬，检察人员知情未予纠正的，依照前款规定处理。

第一百零四条 收受可能影响公正执行公务的礼品、礼金、消费卡等，情节较轻的，给予警告、记过或者记大过处分；情节较重的，给予降级或者撤职处分；情节严重的，给予开除处分。

收受其他明显超出正常礼尚往来的礼品、礼金、消费卡等的，依照前款规定处理。

第一百零五条 向从事公务的人员及其配偶、子女及其配偶等亲属和其他特定关系人赠送明显超出正常礼尚往来的礼品、礼金、消费卡等，情节较重的，给予警告、记过或者记大过处分；情节严重的，给予降级或者撤职处分。

第一百零六条 利用职权或者职务上的影响操办婚丧喜庆事宜，在社会上造成不良影响的，给予警告、记过或者记大过处分；情节严重的，给予降级或者撤职处分。

在操办婚丧喜庆事宜中，借机敛财或者有其他侵犯国家、集体和人民利益行为的，依照前款规定从重或者加重处分，直至给予开除处分。

第一百零七条 接受可能影响公正执行公务的宴请或者旅游、健身、娱乐等活动安排，情节较重的，给予警告、记过或者记大过处分；情节严重的，给予降级或者撤职处分。

第一百零八条 违反有关规定取得、持有、实际使用运动健身卡、会所和俱乐部会员卡、高尔夫球卡等各种消费卡，或者违反有关规定出入私人会所、夜总会，情节较重的，给予警告、记过或者记大过处分；情节严重的，给予降级或者撤职处分。

第一百零九条 违反有关规定从事营利活动，有下列行为之一，情节较轻的，给予警告、记过或者记大过处分；情节较重的，给予降级或者撤职处分；情节严重的，给予开除处分：

（一）经商办企业的；

（二）拥有非上市公司（企业）的股份或者证券的；

（三）买卖股票或者进行其他证券投资的；

（四）兼任律师、法律顾问、仲裁员等职务，以及从事其他有偿中介活动的；

（五）在国（境）外注册公司或者投资入股的；

（六）其他违反有关规定从事营利活动的。

利用职权或者职务上的影响，为本人配偶、子女及其配偶等亲属和其他特定关系人的经营活动谋取利益的，依照前款规定处理。

违反有关规定在经济实体、社会团体等单位中兼职，或者经批准兼职但获取薪酬、奖金、津贴等额外利益的，依照前款规定处理。

第一百一十条 领导干部的配偶、子女及其配偶，违反有关规定在该领导干部管辖的区域或者业务范围内从事可能影响其公正执行公务的经营活动，或者在该领导干部管辖的区域或者业务范围内的外商独资企业、中外合资企业中担任由外方委派、聘任的高级职务的，该领导干部应当按照规定予以纠正；拒不纠正的，其本人应当辞去现任职务或者由组织予以调整职务；不辞去现任职务或者不服从组织调整职务的，给予撤职处分。

领导干部或者在司法办案岗位工作的检察人员的配偶、子女及其配偶在其本人任职的检察机关管辖区域内从事案件代理、辩护业务的，适用前款规定处理。

第一百一十一条 检察机关违反有关规定经商办企业的，对直接责任者和领导责任者，给予警告、记过或者记大过处分；情节严重的，给予降级或者撤职处分。

第一百一十二条 领导干部违反工作、生活保障制度，在交通、医疗等方面为本人、配偶、子女及其配偶等亲属和其他特定关系人谋求特殊待遇，情节较重的，给予警告、记过或者记大过处分；情节严重的，给予降级或者撤职处分。

第一百一十三条 在分配、购买住房中侵犯国家、集体利益，情节较轻的，给予警告、记过或者记大过处分；情节较重的，给予降级或者撤职处分；情节严重的，给予开除处分。

第一百一十四条 利用职权或者职务上的影响，侵占非本人经管的公私财物，或者以象征性地支付钱款等方式侵占公私财物，或者无偿、象征性地支付报酬接受服务、使用劳务，情节较轻的，给予警告、记过或者记大过处分；情节较重的，给予降级或者撤职处分；情节严重的，给予开除处分。

利用职权或者职务上的影响，将本人、配偶、子女及其配偶等亲属应当由个人支付的费用，由下属单位、其他单位或者他人支付、报销的，依照前款规定处理。

第一百一十五条　利用职权或者职务上的影响，违反有关规定占用公物归个人使用，时间超过六个月，情节较重的，给予警告、记过或者记大过处分；情节严重的，给予降级或者撤职处分。

占用公物进行营利活动的，给予警告、记过或者记大过处分；情节较重的，给予降级或者撤职处分；情节严重的，给予开除处分。

将公物借给他人进行营利活动的，依照前款规定处理。

第一百一十六条　违反有关规定组织、参加用公款支付的宴请、高消费娱乐、健身活动，或者用公款购买赠送、发放礼品，对直接责任者和领导责任者，情节较轻的，给予警告、记过或者记大过处分；情节较重的，给予降级或者撤职处分；情节严重的，给予开除处分。

第一百一十七条　违反有关规定滥发津贴、补贴、奖金等，对直接责任者和领导责任者，情节较轻的，给予警告、记过或者记大过处分；情节较重的，给予降级或者撤职处分；情节严重的，给予开除处分。

第一百一十八条　有下列行为之一，对直接责任者和领导责任者，情节较轻的，给予警告、记过或者记大过处分；情节较重的，给予降级或者撤职处分；情节严重的，给予开除处分：

（一）用公款旅游、借公务差旅之机旅游或者以公务差旅为名变相旅游的；

（二）以考察、学习、培训、研讨、参展等名义变相用公款出国（境）旅游的。

第一百一十九条　违反公务接待管理规定，超标准、超范围接待或者借机大吃大喝，对直接责任者和领导责任者，情节较重的，给予警告、记过或者记大过处分；情节严重的，给予降级或者撤职处分。

第一百二十条　违反有关规定配备、购买、更换、装饰、使用公务用车或者有其他违反公务用车管理规定的行为，对直接责任者和领导责任者，情节较重的，给予警告、记过或者记大过处分；情节严重的，给予降级或者撤职处分。

第一百二十一条　违反会议活动管理规定，有下列行为之一，对直接责任者和领导责任者，情节较重的，给予警告、记过或者记大过处分；情节严重的，给予降级或者撤职处分：

（一）到禁止召开会议的风景名胜区开会的；

（二）决定或者批准举办各类节会、庆典活动的。

擅自举办评比达标表彰活动或者借评比达标表彰活动收取费用的，依照前款规定处理。

第一百二十二条　违反办公用房管理规定，有下列行为之一，对直接责任者和领导责任者，情节较重的，给予警告、记过或者记大过处分；情节严重的，给予降级或者撤职处分：

（一）决定或者批准兴建、装修办公楼、培训中心等楼堂馆所，超标准配备、使用办公用房的；

（二）用公款包租、占用客房或者其他场所供个人使用的。

第一百二十三条　搞权色交易或者给予财物搞钱色交易的，给予记过或者记大过处分；情节较重的，给予降级或者撤职处分；情节严重的，给予开除处分。

第一百二十四条　有其他违反廉洁纪律规定行为的，应当视具体情节给予警告直至开除处分。

第五节　对检察人员违反群众纪律行为的处分

第一百二十五条　在检察工作中违反有关规定向群众收取、摊派费用的，给予警告、记过或者记大过处分；情节严重的，给予降级、撤职或者开除处分。

第一百二十六条　在从事涉及群众事务的工作中，刁难群众、吃拿卡要的，给予警告、记过或者记大过处分；情节严重的，给予降级、撤职或者开除处分。

第一百二十七条　对群众合法诉求消极应付、推诿扯皮，损害检察机关形象，情节较重的，给予警告、记过或者记大过处分；情节严重的，给予降级或者撤职处分。

第一百二十八条　对待群众态度恶劣、简单粗暴，造成不良影响，情节较重的，给予警告、记过或者记大过处分；情节严重的，给予降级或者撤职处分。

第一百二十九条　遇到国家财产和人民群众生命财产受到严重威胁时，能救而不救，情节较重的，给予警告、记过或者记大过处分；情节严重的，给予降级、撤职或者开除处分。

第一百三十条　不按照规定公开检察事务，侵犯群众知情权，对直接责任者和领导责任者，情节较重的，给予警告、记过或者记大过处分；情节严重的，给予降级或者撤职处分。

第一百三十一条　有其他违反群众纪律规定行

为的，应当视具体情节给予警告直至开除处分。

第六节　对检察人员违反工作纪律行为的处分

第一百三十二条　在工作中不负责任或者疏于管理，有下列情形之一的，对直接责任者和领导责任者，给予警告、记过或者记大过处分；造成严重后果或者恶劣影响的，给予降级、撤职或者开除处分：

（一）不传达贯彻、不检查督促落实党和国家，以及最高人民检察院的方针政策和决策部署，或者作出违背党和国家，以及最高人民检察院方针政策和决策部署的错误决策的；

（二）本系统和本单位发生公开反对党的基本理论、基本路线、基本纲领、基本经验、基本要求或者党和国家，以及最高人民检察院方针政策和决策部署行为的；

（三）不正确履行职责或者严重不负责任，致使发生重大责任事故，给国家、集体利益和人民群众生命财产造成较大损失的。

第一百三十三条　不履行全面从严治检主体责任或者履行全面从严治检主体责任不力，造成严重后果或者恶劣影响的，对直接责任者和领导责任者，给予警告、记过或者记大过处分；情节严重的，给予降级或者撤职处分。

第一百三十四条　有下列行为之一，对直接责任者和领导责任者，情节较重的，给予警告、记过或者记大过处分；情节严重的，给予降级或者撤职处分：

（一）检察人员违反纪律或者法律、法规规定，应当给予纪律处分而不处分的；

（二）纪律处分决定或者申诉复查决定作出后，不按照规定落实决定中关于受处分人职务、职级、待遇等事项的；

（三）不按照干部管理权限对受处分人开展日常教育、管理和监督工作的。

第一百三十五条　因工作不负责任致使所管理的人员叛逃的，对直接责任者和领导责任者，给予警告、记过或者记大过处分；情节严重的，给予降级或者撤职处分。

因工作不负责任致使所管理的人员出走，对直接责任者和领导责任者，情节较重的，给予警告、记过或者记大过处分；情节严重的，给予降级或者撤职处分。

第一百三十六条　在上级单位检查、视察工作或者向上级单位汇报、报告工作时对应当报告的事项不报告或者不如实报告，造成严重后果或者恶劣影响的，对直接责任者和领导责任者，给予警告、记过或者记大过处分；情节严重的，给予降级或者撤职处分。

第一百三十七条　违反有关规定干预和插手市场经济活动，有下列行为之一，造成不良影响的，给予警告、记过或者记大过处分；情节较重的，给予降级或者撤职处分；情节严重的，给予开除处分：

（一）干预和插手建设工程项目承发包、土地使用权出让、政府采购、房地产开发与经营、矿产资源开发利用、中介机构服务等活动的；

（二）干预和插手国有企业重组改制、兼并、破产、产权交易、清产核资、资产评估、资产转让、重大项目投资以及其他重大经营活动等事项的；

（三）干预和插手经济纠纷的；

（四）干预和插手集体资金、资产和资源的使用、分配、承包、租赁等事项的；

（五）其他违反有关规定干预和插手市场经济活动的。

第一百三十八条　违反有关规定干预和插手执纪执法活动，向有关地方或者部门打招呼、说情，或者以其他方式对执纪执法活动施加影响，情节较轻的，给予记过或者记大过处分；情节较重的，给予降级或者撤职处分；情节严重的，给予开除处分。

违反有关规定干预和插手公共财政资金分配、项目立项评审、奖励表彰等活动，造成严重后果或者恶劣影响的，依照前款规定处理。

第一百三十九条　泄露、扩散、窃取关于干部选拔任用、纪律审查等尚未公开事项或者其他应当保密的信息的，给予警告、记过或者记大过处分；情节较重的，给予降级或者撤职处分；情节严重的，给予开除处分。

第一百四十条　在考试、录取工作中，有泄露试题、考场舞弊、涂改考卷、违规录取等违反有关规定行为的，给予警告、记过或者记大过处分；情节较重的，给予降级或者撤职处分；情节严重的，给予开除处分。

第一百四十一条　以不正当方式谋求本人或者他人用公款出国（境），情节较轻的，给予警告或者记过处分；情节较重的，给予记大过处分；情节严重的，给予降级或者撤职处分。

第一百四十二条　临时出国（境）团（组）或者人员中的检察人员，擅自延长在国（境）外期限，或者擅自变更路线的，对直接责任者和领导责任者，给予警告、记过或者记大过处分；情节严重的，给予降级或者撤职处分。

第一百四十三条 临时出国(境)团(组)中的检察人员,触犯所在国家、地区的法律、法令或者不尊重所在国家、地区的宗教习俗,情节较重的,给予警告、记过或者记大过处分;情节严重的,给予降级、撤职或者开除处分。

第一百四十四条 违反枪支、弹药管理规定,有下列行为之一的,给予记过、记大过或者降级处分;造成严重后果或者恶劣影响的,给予撤职或者开除处分:

(一)擅自携带枪支、弹药进入公共场所的;

(二)将枪支、弹药借给他人使用的;

(三)枪支、弹药丢失、被盗、被骗的;

(四)示枪恫吓他人或者随意鸣枪的;

(五)因管理使用不当,造成枪支走火的。

第一百四十五条 违反有关规定使用、管理警械、警具的,给予警告、记过或者记大过处分;造成严重后果或者恶劣影响的,给予降级、撤职或者开除处分。

第一百四十六条 违反有关规定使用、管理警车的,给予警告、记过或者记大过处分;造成严重后果或者恶劣影响的,给予降级、撤职或者开除处分。

违反有关规定将警车停放在餐饮、休闲娱乐场所和旅游景区,造成不良影响的,应当从重处分。

警车私用造成交通事故并致人重伤、死亡或者重大经济损失的,给予开除处分。

第一百四十七条 违反有关规定,有下列行为之一的,给予警告、记过或者记大过处分;情节严重的,给予降级、撤职或者开除处分:

(一)工作时间或者工作日中午饮酒,经批评教育仍不改正的;

(二)承担司法办案任务时饮酒的;

(三)携带枪支、弹药、档案、案卷、案件材料、秘密文件或者其他涉密载体饮酒的;

(四)佩戴检察标识或者着司法警察制服在公共场所饮酒的;

(五)饮酒后驾驶机动车辆的。

第一百四十八条 旷工或者因公外出、请假期满无正当理由逾期不归,造成不良影响的,给予警告、记过或者记大过处分;情节较重的,给予降级或者撤职处分;情节严重的,给予开除处分。

第一百四十九条 违反有关规定对正在办理的案件公开发表个人意见或者进行评论,造成不良影响的,给予警告、记过或者记大过处分,情节严重的,给予降级或者撤职处分。

第一百五十条 有其他违反工作纪律行为的,应当视具体情节给予警告直至开除处分。

第七节 对检察人员违反生活纪律行为的处分

第一百五十一条 生活奢靡、贪图享乐、追求低级趣味,造成不良影响的,给予警告、记过或者记大过处分;情节严重的,给予降级或者撤职处分。

第一百五十二条 与他人发生不正当性关系,造成不良影响的,给予警告、记过或者记大过处分;情节较重的,给予降级或者撤职处分;情节严重的,给予开除处分。

利用职权、教养关系、从属关系或者其他相类似关系与他人发生性关系的,依照前款规定从重处分。

第一百五十三条 违背社会公序良俗,在公共场所有不当行为,造成不良影响的,给予警告、记过或者记大过处分;情节较重的,给予降级或者撤职处分;情节严重的,给予开除处分。

第一百五十四条 实施、参与或者支持下列行为的,给予撤职或者开除处分:

(一)卖淫、嫖娼、色情淫乱活动的;

(二)吸食、注射毒品的。

组织上述行为的,给予开除处分。

第一百五十五条 参与赌博的,给予警告或者记过处分;情节较重的,给予记大过或者降级处分;情节严重的,给予撤职或者开除处分。

为赌博活动提供场所或者其他方便条件的,给予记过、记大过或者降级处分;情节严重的,给予撤职或者开除处分。

在工作时间赌博的,给予记过、记大过或者降级处分;经批评教育仍不改正的,给予撤职或者开除处分。

组织赌博的,给予撤职或者开除处分。

第一百五十六条 有其他严重违反职业道德、社会公德、家庭美德行为的,应当视具体情节给予警告直至开除处分。

第三章 附 则

第一百五十七条 本条例由最高人民检察院负责解释。

第一百五十八条 本条例自颁布之日起施行。2007年3月6日颁布施行的《检察人员纪律处分条例(试行)》同时废止。

本条例颁布前,已结案的案件需要进行复查、复核的，适用当时的规定。尚未结案的案件，如果行为发生时的规定不认为是违纪，而本条例认为是违纪的，依照当时的规定处理；如果行为发生时的规定认为是违纪的，依照当时的规定处理，但是如果本条例不认为是违纪或者处理较轻的，依照本条例规定处理。

历年试题

2017 年试卷一第 84 题：2016 年 10 月 20 日，《检察人员纪律处分条例》修订。关于规范检察人员的行为，下列哪些说法是正确的？

A. 领导干部违反有关规定组织、参加自发成立的老乡会、校友会、战友会等，属于违反组织纪律行为

B. 擅自处置案件线索，随意初查或者在初查中对被调查对象采取限制人身自由强制措施的，属于违反办案纪律行为

C. 在分配、购买住房中侵犯国家、集体利益的，属于违反廉洁纪律行为

D. 对群众合法诉求消极应付、推诿扯皮，损害检察机关形象的，属于违反群众纪律行为

答案：ABCD。

关于建立健全禁止法官、检察官与律师不正当接触交往制度机制的意见

（2021年9月30日）

第一条 为深入贯彻习近平法治思想，认真贯彻落实防止干预司法“三个规定”，建立健全禁止法官、检察官与律师不正当接触交往制度机制，防止利益输送和利益勾连，切实维护司法廉洁和司法公正，依据《中华人民共和国法官法》《中华人民共和国检察官法》《中华人民共和国律师法》等有关规定，结合实际情况，制定本意见。

第二条 本意见适用于各级人民法院、人民检察院依法履行审判、执行、检察职责的人员和司法行政人员。本意见所称律师，是指在律师事务所执业的专兼职律师（包括从事非诉讼法律事务的律师）和公职律师、公司律师。本意见所称律师事务所“法律顾问”，是指不以律师名义执业，但就相关业务领域或者个案提供法律咨询、法律论证，或者代表律师事务所开展协调、业务拓展等活动的人员。本意见所称律师事务所行政人员，是指律师事务所聘用的从事秘书、财务、行政、人力资源、信息技术、风险管控等工作的人员。

第三条 严禁法官、检察官与律师有下列接触交往行为：

（一）在案件办理过程中，非因办案需要且未经批准在非工作场所、非工作时间与辩护、代理律师接触。

（二）接受律师或者律师事务所请托，过问、干预或者插手其他法官、检察官正在办理的案件，为律师或者律师事务所请托说情、打探案情、通风报信；为案件承办法官、检察官私下会见案件辩护、代理律师牵线搭桥；非因工作需要，为律师或者律师事务所转递涉案材料；向律师泄露案情、办案工作秘密或者其他依法依规不得泄露的情况；违规为律师或律师事务所出具与案件有关的各类专家意见。

（三）为律师介绍案件；为当事人推荐、介绍律师作为诉讼代理人、辩护人；要求、建议或者暗示当事人更换符合代理条件的律师；索取或者收受案件代理费用或者其他利益。

（四）向律师或者其当事人索贿，接受律师或者其当事人行贿；索取或者收受律师借礼尚往来、婚丧嫁娶等赠送的礼金、礼品、消费卡和有价证券、股权、其他金融产品等财物；向律师借款、租借房屋、借用交通工具、通讯工具或者其他物品；接受律师吃请、娱乐等可能影响公正履行职务的安排。

（五）非因工作需要且未经批准，擅自参加律师事务所或者律师举办的讲座、座谈、研讨、培训、论坛、学术交流、开业庆典等活动；以提供法律咨询、法律服务等名义接受律师事务所或者律师输送的相关利益。

（六）与律师以合作、合资、代持等方式经商办企业或者从事其他营利性活动；本人配偶、子女及其配偶在律师事务所担任“隐名合伙人”；本人配偶、子女及其配偶显名或者隐名与律师“合作”开办企业或者“合作”投资；默许、纵容、包庇配偶、子女及其配偶或者其他特定关系人在律师事务所违规取酬；向律师或律师事务所放贷收取高额利息。

（七）其他可能影响司法公正和司法权威的不正当接触交往行为。严禁律师事务所及其律师从事与前款所列行为相关的不正当接触交往行为。

第四条 各级人民法院、人民检察院和司法行政机关探索建立法官、检察官与律师办理案件动态监测机制，依托人民法院、人民检察院案件管理系统和律师管理系统，对法官、检察官承办的案件在一定期限内由同一律师事务所或者律师代理达到规定次数的，启动预警机制，要求法官、检察官及律师说明情况，除非有正当理由排除不正当交往可能的，依法启动调查程序。各省、自治区、直辖市高级人民法院、人民检察院根据本地实际，就上述规定的需要启动预警机制的次数予以明确。

第五条 各级人民法院、人民检察院在办理案件过程中发现律师与法官、检察官不正当接触交往线索的，应当按照有关规定将相关律师的线索移送相关司法行政机关或者纪检监察机关处理。各级司

法行政机关、律师协会收到投诉举报涉及律师与法官、检察官不正当接触交往线索的，应当按照有关规定将涉及法官、检察官的线索移送相关人民法院、人民检察院或者纪检监察机关。

第六条 各级人民法院、人民检察院可以根据需要与司法行政机关组成联合调查组，对法官、检察官与律师不正当接触交往问题共同开展调查。对查实的不正当接触交往问题，要坚持从严的原则，综合考虑行为性质、情节、后果、社会影响以及是否存在主动交代等因素，依规依纪依法对法官、检察官作出处分，对律师作出行政处罚、行业处分和党纪处分。律师事务所默认、纵容或者放任本所律师及“法律顾问”、行政人员与法官、检察官不正当接触交往的，要同时对律师事务所作出处罚处分，并视情况对律师事务所党组织跟进作出处理。法官、检察官和律师涉嫌违法犯罪的，依法按照规定移送相关纪检监察机关或者司法机关等。

第七条 各级人民法院、人民检察院和司法行政机关、律师协会要常态化开展警示教育，在人民法院、人民检察院、司法行政系统定期通报不正当接触交往典型案件，印发不正当接触交往典型案例汇编，引导法官、检察官与律师深刻汲取教训，心存敬畏戒惧，不碰底线红线。

第八条 各级人民法院、人民检察院和司法行政机关、律师协会要加强法官、检察官和律师职业道德培训，把法官、检察官与律师接触交往相关制度规范作为职前培训和继续教育的必修课和培训重点，引导法官、检察官和律师把握政策界限，澄清模糊认识，强化行动自觉。

第九条 各级人民法院、人民检察院要完善司法权力内部运行机制，充分发挥审判监督和检察监督职能，健全类案参考、裁判指引、指导性案例等机制，促进裁判尺度统一，防止法官、检察官滥用自由裁量权。强化内外部监督制约，将法官、检察官与律师接触交往，法官、检察官近亲属从事律师职业等问题，纳入司法巡查、巡视巡察和审务督察、检务督察范围。各级人民法院、人民检察院要加强对法官、检察官的日常监管，强化法官、检察官工作时间之外监督管理，对发现的苗头性倾向性问题，早发现早提醒早纠正。严格落实防止干预司法“三个规定”月报告制度，定期分析处理记录报告平台中的相关数据，及时发现违纪违法线索。

第十条 各级司法行政机关要切实加强律师执业监管，通过加强律师和律师事务所年度考核、完善律师投诉查处机制等，强化日常监督管理。完善律师诚信信息公示制度，加快律师诚信信息公示平台建设，及时向社会公开律师与法官、检察官不正当接触交往受处罚处分信息，强化社会公众监督，引导督促律师依法依规诚信执业。完善律师收费管理制度，强化对统一收案、统一收费的日常监管，规范律师风险代理行为，限制风险代理适用范围，避免风险代理诱发司法腐败。

第十一条 律师事务所应当切实履行对本所律师及“法律顾问”、行政人员的监督管理责任，不得指使、纵容或者放任本所律师及“法律顾问”、行政人员与法官、检察官不正当接触交往。律师事务所违反上述规定的，由司法行政机关依法依规处理。

第十二条 各级人民法院、人民检察院要加强律师执业权利保障，持续推动审判流程公开和检务公开，落实听取律师辩护代理意见制度，完善便利律师参与诉讼机制，最大限度减少权力设租寻租和不正当接触交往空间。各级人民法院、人民检察院和司法行政机关要建立健全法官、检察官与律师正当沟通交流机制，通过同堂培训、联席会议、学术研讨、交流互访等方式，为法官、检察官和律师搭建公开透明的沟通交流平台。探索建立法官、检察官与律师互评监督机制。完善从律师中选拔法官、检察官制度，推荐优秀律师进入法官、检察官遴选和惩戒委员会，支持律师担任人民法院、人民检察院特邀监督员，共同维护司法廉洁和司法公正。

关于进一步规范法院、检察院离任人员从事律师职业的意见

（2021 年 9 月 30 日）

第一条 为深入贯彻习近平法治思想，认真贯彻落实防止干预司法“三个规定”，进一步规范法院、检察院离任人员从事律师职业，防止利益输送和利益勾连，切实维护司法廉洁和司法公正，依据《中华人民共和国公务员法》《中华人民共和国法官法》《中华人民共和国检察官法》《中华人民共和国律师法》等有关规定，结合实际情况，制定本意见。

第二条 本意见适用于从各级人民法院、人民检察院离任且在离任时具有公务员身份的工作人员。离任包括退休、辞去公职、开除、辞退、调离等。

本意见所称律师，是指在律师事务所执业的专兼职律师（包括从事非诉讼法律事务的律师）。本意见所称律师事务所“法律顾问”，是指不以律师名义执业，但就相关业务领域或者个案提供法律咨询、法律论证，或者代表律师事务所开展协调、业务拓展等活动的人员。本意见所称律师事务所行政人员，是指律师事务所聘用的从事秘书、财务、行政、人力资源、信息技术、风险管控等工作的人员。

第三条 各级人民法院、人民检察院离任人员从事律师职业或者担任律师事务所“法律顾问”、行政人员，应当严格执行《中华人民共和国法官法》《中华人民共和国检察官法》《中华人民共和国律师法》和公务员管理相关规定。

各级人民法院、人民检察院离任人员在离任后二年内，不得以律师身份担任诉讼代理人或者辩护人。各级人民法院、人民检察院离任人员终身不得担任原任职人民法院、人民检察院办理案件的诉讼代理人或者辩护人，但是作为当事人的监护人或者近亲属代理诉讼或者进行辩护的除外。

第四条 被人民法院、人民检察院开除人员和从人民法院、人民检察院辞去公职、退休的人员除符合本意见第三条规定外，还应当符合下列规定：

（一）被开除公职的人民法院、人民检察院工作人员不得在律师事务所从事任何工作。

（二）辞去公职或者退休的人民法院、人民检察院领导班子成员，四级高级及以上法官、检察官，四级高级法官助理、检察官助理以上及相当职级层次的审判、检察辅助人员在离职三年内，其他辞去公职或退休的人民法院、人民检察院工作人员在离职二年内，不得到原任职人民法院、人民检察院管辖地区内的律师事务所从事律师职业或者担任“法律顾问”、行政人员等，不得以律师身份从事与原任职人民法院、人民检察院相关的有偿法律服务活动。

（三）人民法院、人民检察院退休人员在不违反前项从业限制规定的情况下，确因工作需要从事律师职业或者担任律师事务所“法律顾问”、行政人员的，应当严格执行中共中央组织部《关于进一步规范党政领导干部在企业兼职（任职）问题的意见》（中组发〔2013〕18 号）规定和审批程序，并及时将行政、工资等关系转出人民法院、人民检察院，不再保留机关的各种待遇。

第五条 各级人民法院、人民检察院离任人员不得以任何形式，为法官、检察官与律师不正当接触交往牵线搭桥，充当司法掮客；不得采用隐名代理等方式，规避从业限制规定，违规提供法律服务。

第六条 人民法院、人民检察院工作人员拟在离任后从事律师职业或者担任律师事务所“法律顾问”、行政人员的，应当在离任时向所在人民法院、人民检察院如实报告从业去向，签署承诺书，对遵守从业限制规定、在从业限制期内主动报告从业变动情况等作出承诺。

人民法院、人民检察院离任人员向律师协会申请律师实习登记时，应当主动报告曾在人民法院、人民检察院工作的情况，并作出遵守从业限制的承诺。

第七条 律师协会应当对人民法院、人民检察院离任人员申请实习登记进行严格审核，就申请人是否存在不宜从事律师职业的情形征求原任职人民法院、人民检察院意见，对不符合相关条件的人员不予实习登记。司法行政机关在办理人民法院、人民检察院离任人员申请律师执业核准时，应当严格审

核把关,对不符合相关条件的人员不予核准执业。

第八条 各级人民法院、人民检察院应当在离任人员离任前与本人谈话,提醒其严格遵守从业限制规定,告知违规从业应承担的法律责任,对不符合从业限制规定的,劝其调整从业意向。

司法行政机关在作出核准人民法院、人民检察院离任人员从事律师职业决定时,应当与本人谈话,提醒其严格遵守从业限制规定,告知违规从业应承担的法律责任。

第九条 各级人民法院、人民检察院在案件办理过程中,发现担任诉讼代理人、辩护人的律师违反人民法院、人民检察院离任人员从业限制规定情况的,应当通知当事人更换诉讼代理人、辩护人,并及时通报司法行政机关。

司法行政机关应当加强从人民法院、人民检察院离任后在律师事务所从业人员的监督管理,通过投诉举报调查、"双随机一公开"抽查等方式,及时发现离任人员违法违规问题线索并依法作出处理。

第十条 律师事务所应当切实履行对本所律师及工作人员的监督管理责任,不得接收不符合条件的人民法院、人民检察院离任人员到本所执业或者工作,不得指派本所律师违反从业限制规定担任诉讼代理人、辩护人。律师事务所违反上述规定的,由司法行政机关依法依规处理。

第十一条 各级人民法院、人民检察院应当建立离任人员信息库,并实现与律师管理系统的对接。司法行政机关应当依托离任人员信息库,加强对人民法院、人民检察院离任人员申请律师执业的审核把关。

各级司法行政机关应当会同人民法院、人民检察院,建立人民法院、人民检察院离任人员在律师事务所从业信息库和人民法院、人民检察院工作人员近亲属从事律师职业信息库,并实现与人民法院、人民检察院立案、办案系统的对接。人民法院、人民检察院应当依托相关信息库,加强对离任人员违规担任案件诉讼代理人、辩护人的甄别、监管,做好人民法院、人民检察院工作人员回避工作。

第十二条 各级人民法院、人民检察院和司法行政机关应当定期对人民法院、人民检察院离任人员在律师事务所违规从业情况开展核查,并按照相关规定进行清理。

对人民法院、人民检察院离任人员违规从事律师职业或者担任律师事务所"法律顾问"、行政人员的,司法行政机关应当要求其在规定时间内申请注销律师执业证书、与律所解除劳动劳务关系;对在规定时间内没有主动申请注销执业证书或者解除劳动劳务关系的,司法行政机关应当依法注销其执业证书或者责令律所与其解除劳动劳务关系。

本意见印发前,已经在律师事务所从业的人民法院、人民检察院退休人员,按照中共中央组织部《关于进一步规范党政领导干部在企业兼职(任职)问题的意见》(中组发〔2013〕18号)相关规定处理。

中华人民共和国律师法

（1996 年 5 月 15 日第八届全国人民代表大会常务委员会第十九次会议通过　根据 2001 年 12 月 29 日第九届全国人民代表大会常务委员会第二十五次会议《关于修改〈中华人民共和国律师法〉的决定》第一次修正　2007 年 10 月 28 日第十届全国人民代表大会常务委员会第三十次会议修订　根据 2012 年 10 月 26 日第十一届全国人民代表大会常务委员会第二十九次会议《关于修改〈中华人民共和国律师法〉的决定》第二次修正　根据 2017 年 9 月 1 日第十二届全国人民代表大会常务委员会第二十九次会议《关于修改〈中华人民共和国法官法〉等八部法律的决定》第三次修正）

第一章　总　　则

第一条　为了完善律师制度，规范律师执业行为，保障律师依法执业，发挥律师在社会主义法制建设中的作用，制定本法。

第二条　本法所称律师，是指依法取得律师执业证书，接受委托或者指定，为当事人提供法律服务的执业人员。

律师应当维护当事人合法权益，维护法律正确实施，维护社会公平和正义。

第三条　律师执业必须遵守宪法和法律，恪守律师职业道德和执业纪律。

律师执业必须以事实为根据，以法律为准绳。

律师执业应当接受国家、社会和当事人的监督。

律师依法执业受法律保护，任何组织和个人不得侵害律师的合法权益。

第四条　司法行政部门依照本法对律师、律师事务所和律师协会进行监督、指导。

第二章　律师执业许可

第五条　申请律师执业，应当具备下列条件：

（一）拥护中华人民共和国宪法；

（二）通过国家统一法律职业资格考试取得法律职业资格；

（三）在律师事务所实习满一年；

（四）品行良好。

实行国家统一法律职业资格考试前取得的国家统一司法考试合格证书、律师资格凭证，与国家统一法律职业资格证书具有同等效力。

第六条　申请律师执业，应当向设区的市级或者直辖市的区人民政府司法行政部门提出申请，并提交下列材料：

（一）国家统一法律职业资格证书；

（二）律师协会出具的申请人实习考核合格的材料；

（三）申请人的身份证明；

（四）律师事务所出具的同意接收申请人的证明。

申请兼职律师执业的，还应当提交所在单位同意申请人兼职从事律师职业的证明。

受理申请的部门应当自受理之日起二十日内予以审查，并将审查意见和全部申请材料报送省、自治区、直辖市人民政府司法行政部门。省、自治区、直辖市人民政府司法行政部门应当自收到报送材料之日起十日内予以审核，作出是否准予执业的决定。准予执业的，向申请人颁发律师执业证书；不准予执业的，向申请人书面说明理由。

第七条　申请人有下列情形之一的，不予颁发律师执业证书：

（一）无民事行为能力或者限制民事行为能力的；

（二）受过刑事处罚的，但过失犯罪的除外；

（三）被开除公职或者被吊销律师、公证员执业证书的。

第八条　具有高等院校本科以上学历，在法律服务人员紧缺领域从事专业工作满十五年，具有高级职称或者同等专业水平并具有相应的专业法律知识的人员，申请专职律师执业的，经国务院司法行政部门考核合格，准予执业。具体办法由国务院规定。

第九条　有下列情形之一的，由省、自治区、直辖市人民政府司法行政部门撤销准予执业的决定，并注销被准予执业人员的律师执业证书：

（一）申请人以欺诈、贿赂等不正当手段取得律师执业证书的；

（二）对不符合本法规定条件的申请人准予执业的。

第十条 律师只能在一个律师事务所执业。律师变更执业机构的，应当申请换发律师执业证书。

律师执业不受地域限制。

第十一条 公务员不得兼任执业律师。

律师担任各级人民代表大会常务委员会组成人员的，任职期间不得从事诉讼代理或者辩护业务。

第十二条 高等院校、科研机构中从事法学教育、研究工作的人员，符合本法第五条规定条件的，经所在单位同意，依照本法第六条规定的程序，可以申请兼职律师执业。

第十三条 没有取得律师执业证书的人员，不得以律师名义从事法律服务业务；除法律另有规定外，不得从事诉讼代理或者辩护业务。

第三章 律师事务所

第十四条 律师事务所是律师的执业机构。设立律师事务所应当具备下列条件：

（一）有自己的名称、住所和章程；

（二）有符合本法规定的律师；

（三）设立人应当是具有一定的执业经历，且三年内未受过停止执业处罚的律师；

（四）有符合国务院司法行政部门规定数额的资产。

第十五条 设立合伙律师事务所，除应当符合本法第十四条规定的条件外，还应当有三名以上合伙人，设立人应当是具有三年以上执业经历的律师。

合伙律师事务所可以采用普通合伙或者特殊的普通合伙形式设立。合伙律师事务所的合伙人按照合伙形式对该律师事务所的债务依法承担责任。

第十六条 设立个人律师事务所，除应当符合本法第十四条规定的条件外，设立人还应当是具有五年以上执业经历的律师。设立人对律师事务所的债务承担无限责任。

第十七条 申请设立律师事务所，应当提交下列材料：

（一）申请书；

（二）律师事务所的名称、章程；

（三）律师的名单、简历、身份证明、律师执业证书；

（四）住所证明；

（五）资产证明。

设立合伙律师事务所，还应当提交合伙协议。

第十八条 设立律师事务所，应当向设区的市级或者直辖市的区人民政府司法行政部门提出申请，受理申请的部门应当自受理之日起二十日内予以审查，并将审查意见和全部申请材料报送省、自治区、直辖市人民政府司法行政部门。省、自治区、直辖市人民政府司法行政部门应当自收到报送材料之日起十日内予以审核，作出是否准予设立的决定。准予设立的，向申请人颁发律师事务所执业证书；不准予设立的，向申请人书面说明理由。

第十九条 成立三年以上并具有二十名以上执业律师的合伙律师事务所，可以设立分所。设立分所，须经拟设立分所所在地的省、自治区、直辖市人民政府司法行政部门审核。申请设立分所的，依照本法第十八条规定的程序办理。

合伙律师事务所对其分所的债务承担责任。

第二十条 国家出资设立的律师事务所，依法自主开展律师业务，以该律师事务所的全部资产对其债务承担责任。

第二十一条 律师事务所变更名称、负责人、章程、合伙协议的，应当报原审核部门批准。

律师事务所变更住所、合伙人的，应当自变更之日起十五日内报原审核部门备案。

第二十二条 律师事务所有下列情形之一的，应当终止：

（一）不能保持法定设立条件，经限期整改仍不符合条件的；

（二）律师事务所执业证书被依法吊销的；

（三）自行决定解散的；

（四）法律、行政法规规定应当终止的其他情形。

律师事务所终止的，由颁发执业证书的部门注销该律师事务所的执业证书。

第二十三条 律师事务所应当建立健全执业管理、利益冲突审查、收费与财务管理、投诉查处、年度考核、档案管理等制度，对律师在执业活动中遵守职业道德、执业纪律的情况进行监督。

第二十四条 律师事务所应当于每年的年度考核后，向设区的市级或者直辖市的区人民政府司法行政部门提交本所的年度执业情况报告和律师执业考核结果。

第二十五条 律师承办业务，由律师事务所统一接受委托，与委托人签订书面委托合同，按照国家规定统一收取费用并如实入账。

律师事务所和律师应当依法纳税。

第二十六条 律师事务所和律师不得以诋毁其

他律师事务所、律师或者支付介绍费等不正当手段承揽业务。

第二十七条 律师事务所不得从事法律服务以外的经营活动。

第四章 律师的业务和权利、义务

第二十八条 律师可以从事下列业务：

(一)接受自然人、法人或者其他组织的委托，担任法律顾问；

(二)接受民事案件、行政案件当事人的委托，担任代理人，参加诉讼；

(三)接受刑事案件犯罪嫌疑人、被告人的委托或者依法接受法律援助机构的指派，担任辩护人，接受自诉案件自诉人、公诉案件被害人或者其近亲属的委托，担任代理人，参加诉讼；

(四)接受委托，代理各类诉讼案件的申诉；

(五)接受委托，参加调解、仲裁活动；

(六)接受委托，提供非诉讼法律服务；

(七)解答有关法律的询问、代写诉讼文书和有关法律事务的其他文书。

第二十九条 律师担任法律顾问的，应当按照约定为委托人就有关法律问题提供意见，草拟、审查法律文书，代理参加诉讼、调解或者仲裁活动，办理委托的其他法律事务，维护委托人的合法权益。

第三十条 律师担任诉讼法律事务代理人或者非诉讼法律事务代理人的，应当在受委托的权限内，维护委托人的合法权益。

第三十一条 律师担任辩护人的，应当根据事实和法律，提出犯罪嫌疑人、被告人无罪、罪轻或者减轻、免除其刑事责任的材料和意见，维护犯罪嫌疑人、被告人的诉讼权利和其他合法权益。

第三十二条 委托人可以拒绝已委托的律师为其继续辩护或者代理，同时可以另行委托律师担任辩护人或者代理人。

律师接受委托后，无正当理由的，不得拒绝辩护或者代理。但是，委托事项违法、委托人利用律师提供的服务从事违法活动或者委托人故意隐瞒与案件有关的重要事实的，律师有权拒绝辩护或者代理。

第三十三条 律师担任辩护人的，有权持律师执业证书、律师事务所证明和委托书或者法律援助公函，依照刑事诉讼法的规定会见在押或者被监视居住的犯罪嫌疑人、被告人。辩护律师会见犯罪嫌疑人、被告人时不被监听。

第三十四条 律师担任辩护人的，自人民检察院对案件审查起诉之日起，有权查阅、摘抄、复制本案的案卷材料。

第三十五条 受委托的律师根据案情的需要，可以申请人民检察院、人民法院收集、调取证据或者申请人民法院通知证人出庭作证。

律师自行调查取证的，凭律师执业证书和律师事务所证明，可以向有关单位或者个人调查与承办法律事务有关的情况。

第三十六条 律师担任诉讼代理人或者辩护人的，其辩论或者辩护的权利依法受到保障。

第三十七条 律师在执业活动中的人身权利不受侵犯。

律师在法庭上发表的代理、辩护意见不受法律追究。但是，发表危害国家安全、恶意诽谤他人、严重扰乱法庭秩序的言论除外。

律师在参与诉讼活动中涉嫌犯罪的，侦查机关应当及时通知其所在的律师事务所或者所属的律师协会；被依法拘留、逮捕的，侦查机关应当依照刑事诉讼法的规定通知该律师的家属。

第三十八条 律师应当保守在执业活动中知悉的国家秘密、商业秘密，不得泄露当事人的隐私。

律师对在执业活动中知悉的委托人和其他人不愿泄露的有关情况和信息，应当予以保密。但是，委托人或者其他人准备或者正在实施危害国家安全、公共安全以及严重危害他人人身安全的犯罪事实和信息除外。

第三十九条 律师不得在同一案件中为双方当事人担任代理人，不得代理与本人或者其近亲属有利益冲突的法律事务。

第四十条 律师在执业活动中不得有下列行为：

(一)私自接受委托、收取费用，接受委托人的财物或者其他利益；

(二)利用提供法律服务的便利牟取当事人争议的权益；

(三)接受对方当事人的财物或者其他利益，与对方当事人或者第三人恶意串通，侵害委托人的权益；

(四)违反规定会见法官、检察官、仲裁员以及其他有关工作人员；

(五)向法官、检察官、仲裁员以及其他有关工作人员行贿，介绍贿赂或者指使、诱导当事人行贿，或者以其他不正当方式影响法官、检察官、仲裁员以及其他有关工作人员依法办理案件；

(六)故意提供虚假证据或者威胁、利诱他人提供虚假证据，妨碍对方当事人合法取得证据；

(七)煽动、教唆当事人采取扰乱公共秩序、危害公共安全等非法手段解决争议；

（八）扰乱法庭、仲裁庭秩序，干扰诉讼、仲裁活动的正常进行。

第四十一条 曾经担任法官、检察官的律师，从人民法院、人民检察院离任后二年内，不得担任诉讼代理人或者辩护人。

第四十二条 律师、律师事务所应当按照国家规定履行法律援助义务，为受援人提供符合标准的法律服务，维护受援人的合法权益。

强化模拟题

刘律师出身建筑世家并曾就读建筑专业，现主要从事施工纠纷法律服务。开发商李某因开发的楼房倒塌被诉至法院，欲委托刘律师代理诉讼。关于接受委托和代理案件，刘律师的哪些做法符合律师职业有关规定？

A. 接受委托，了解并运用建筑和房地产知识分析案件，寻求对李某有利的理由

B. 接受委托，告知李某楼房倒塌系建筑风水原因，使其接受败诉结果

C. 明知不懂房地产开发业务会影响代理效果，但为经济效益极力宣扬建筑世家背景并接受委托

D. 考虑到不懂房地产业务会影响代理效果，决定不接受委托

答案：AD。

第五章 律师协会

第四十三条 律师协会是社会团体法人，是律师的自律性组织。

全国设立中华全国律师协会，省、自治区、直辖市设立地方律师协会，设区的市根据需要可以设立地方律师协会。

第四十四条 全国律师协会章程由全国会员代表大会制定，报国务院司法行政部门备案。

地方律师协会章程由地方会员代表大会制定，报同级司法行政部门备案。地方律师协会章程不得与全国律师协会章程相抵触。

第四十五条 律师、律师事务所应当加入所在地的地方律师协会。加入地方律师协会的律师、律师事务所，同时是全国律师协会的会员。

律师协会会员享有律师协会章程规定的权利，履行律师协会章程规定的义务。

第四十六条 律师协会应当履行下列职责：

（一）保障律师依法执业，维护律师的合法权益；

（二）总结、交流律师工作经验；

（三）制定行业规范和惩戒规则；

（四）组织律师业务培训和职业道德、执业纪律教育，对律师的执业活动进行考核；

（五）组织管理申请律师执业人员的实习活动，对实习人员进行考核；

（六）对律师、律师事务所实施奖励和惩戒；

（七）受理对律师的投诉或者举报，调解律师执业活动中发生的纠纷，受理律师的申诉；

（八）法律、行政法规、规章以及律师协会章程规定的其他职责。

律师协会制定的行业规范和惩戒规则，不得与有关法律、行政法规、规章相抵触。

第六章 法律责任

第四十七条 律师有下列行为之一的，由设区的市级或者直辖市的区人民政府司法行政部门给予警告，可以处五千元以下的罚款；有违法所得的，没收违法所得；情节严重的，给予停止执业三个月以下的处罚：

（一）同时在两个以上律师事务所执业的；

（二）以不正当手段承揽业务的；

（三）在同一案件中为双方当事人担任代理人，或者代理与本人及其近亲属有利益冲突的法律事务的；

（四）从人民法院、人民检察院离任后二年内担任诉讼代理人或者辩护人的；

（五）拒绝履行法律援助义务的。

第四十八条 律师有下列行为之一的，由设区的市级或者直辖市的区人民政府司法行政部门给予警告，可以处一万元以下的罚款；有违法所得的，没收违法所得；情节严重的，给予停止执业三个月以上六个月以下的处罚：

（一）私自接受委托、收取费用，接受委托人财物或者其他利益的；

（二）接受委托后，无正当理由，拒绝辩护或者代理，不按时出庭参加诉讼或者仲裁的；

（三）利用提供法律服务的便利牟取当事人争议的权益的；

（四）泄露商业秘密或者个人隐私的。

第四十九条 律师有下列行为之一的，由设区的市级或者直辖市的区人民政府司法行政部门给予停止执业六个月以上一年以下的处罚，可以处五万元以下的罚款；有违法所得的，没收违法所得；情节严重的，由省、自治区、直辖市人民政府司法行政部门吊销其律师执业证书；构成犯罪的，依法追究刑事责任：

（一）违反规定会见法官、检察官、仲裁员以及其

他有关工作人员，或者以其他不正当方式影响依法办理案件的；

（二）向法官、检察官、仲裁员以及其他有关工作人员行贿，介绍贿赂或者指使、诱导当事人行贿的；

（三）向司法行政部门提供虚假材料或者有其他弄虚作假行为的；

（四）故意提供虚假证据或者威胁、利诱他人提供虚假证据，妨碍对方当事人合法取得证据的；

（五）接受对方当事人财物或者其他利益，与对方当事人或者第三人恶意串通，侵害委托人权益的；

（六）扰乱法庭、仲裁庭秩序，干扰诉讼、仲裁活动的正常进行的；

（七）煽动、教唆当事人采取扰乱公共秩序、危害公共安全等非法手段解决争议的；

（八）发表危害国家安全、恶意诽谤他人、严重扰乱法庭秩序的言论的；

（九）泄露国家秘密的。

律师因故意犯罪受到刑事处罚的，由省、自治区、直辖市人民政府司法行政部门吊销其律师执业证书。

第五十条 律师事务所有下列行为之一的，由设区的市级或者直辖市的区人民政府司法行政部门视其情节给予警告、停业整顿一个月以上六个月以下的处罚，可以处十万元以下的罚款；有违法所得的，没收违法所得；情节特别严重的，由省、自治区、直辖市人民政府司法行政部门吊销律师事务所执业证书：

（一）违反规定接受委托、收取费用的；

（二）违反法定程序办理变更名称、负责人、章程、合伙协议、住所、合伙人等重大事项的；

（三）从事法律服务以外的经营活动的；

（四）以诋毁其他律师事务所、律师或者支付介绍费等不正当手段承揽业务的；

（五）违反规定接受有利益冲突的案件的；

（六）拒绝履行法律援助义务的；

（七）向司法行政部门提供虚假材料或者有其他弄虚作假行为的；

（八）对本所律师疏于管理，造成严重后果的。

律师事务所因前款违法行为受到处罚的，对其负责人视情节轻重，给予警告或者处二万元以下的罚款。

第五十一条 律师因违反本法规定，在受到警告处罚后一年内又发生应当给予警告处罚情形的，由设区的市级或者直辖市的区人民政府司法行政部门给予停止执业三个月以上一年以下的处罚；在受到停止执业处罚期满后二年内又发生应当给予停止执业处罚情形的，由省、自治区、直辖市人民政府司法行政部门吊销其律师执业证书。

律师事务所因违反本法规定，在受到停业整顿处罚期满后二年内又发生应当给予停业整顿处罚情形的，由省、自治区、直辖市人民政府司法行政部门吊销律师事务所执业证书。

第五十二条 县级人民政府司法行政部门对律师和律师事务所的执业活动实施日常监督管理，对检查发现的问题，责令改正；对当事人的投诉，应当及时进行调查。县级人民政府司法行政部门认为律师和律师事务所的违法行为应当给予行政处罚的，应当向上级司法行政部门提出处罚建议。

第五十三条 受到六个月以上停止执业处罚的律师，处罚期满未逾三年的，不得担任合伙人。

被吊销律师执业证书的，不得担任辩护人、诉讼代理人，但系刑事诉讼、民事诉讼、行政诉讼当事人的监护人、近亲属的除外。

第五十四条 律师违法执业或者因过错给当事人造成损失的，由其所在的律师事务所承担赔偿责任。律师事务所赔偿后，可以向有故意或者重大过失行为的律师追偿。

第五十五条 没有取得律师执业证书的人员以律师名义从事法律服务业务的，由所在地的县级以上地方人民政府司法行政部门责令停止非法执业，没收违法所得，处违法所得一倍以上五倍以下的罚款。

第五十六条 司法行政部门工作人员违反本法规定，滥用职权、玩忽职守，构成犯罪的，依法追究刑事责任；尚不构成犯罪的，依法给予处分。

第七章　附　　则

第五十七条 为军队提供法律服务的军队律师，其律师资格的取得和权利、义务及行为准则，适用本法规定。军队律师的具体管理办法，由国务院和中央军事委员会制定。

第五十八条 外国律师事务所在中华人民共和国境内设立机构从事法律服务活动的管理办法，由国务院制定。

第五十九条 律师收费办法，由国务院价格主管部门会同国务院司法行政部门制定。

第六十条 本法自2008年6月1日起施行。

中华人民共和国法律援助法

（2021年8月20日第十三届全国人民代表大会常务委员会第三十次会议通过　自2022年1月1日起施行）

第一章　总　　则

第一条　为了规范和促进法律援助工作，保障公民和有关当事人的合法权益，保障法律正确实施，维护社会公平正义，制定本法。

第二条　本法所称法律援助，是国家建立的为经济困难公民和符合法定条件的其他当事人无偿提供法律咨询、代理、刑事辩护等法律服务的制度，是公共法律服务体系的组成部分。

第三条　法律援助工作坚持中国共产党领导，坚持以人民为中心，尊重和保障人权，遵循公开、公平、公正的原则，实行国家保障与社会参与相结合。

第四条　县级以上人民政府应当将法律援助工作纳入国民经济和社会发展规划、基本公共服务体系，保障法律援助事业与经济社会协调发展。

县级以上人民政府应当健全法律援助保障体系，将法律援助相关经费列入本级政府预算，建立动态调整机制，保障法律援助工作需要，促进法律援助均衡发展。

第五条　国务院司法行政部门指导、监督全国的法律援助工作。县级以上地方人民政府司法行政部门指导、监督本行政区域的法律援助工作。

县级以上人民政府其他有关部门依照各自职责，为法律援助工作提供支持和保障。

第六条　人民法院、人民检察院、公安机关应当在各自职责范围内保障当事人依法获得法律援助，为法律援助人员开展工作提供便利。

第七条　律师协会应当指导和支持律师事务所、律师参与法律援助工作。

第八条　国家鼓励和支持群团组织、事业单位、社会组织在司法行政部门指导下，依法提供法律援助。

第九条　国家鼓励和支持企业事业单位、社会组织和个人等社会力量，依法通过捐赠等方式为法律援助事业提供支持；对符合条件的，给予税收优惠。

第十条　司法行政部门应当开展经常性的法律援助宣传教育，普及法律援助知识。

新闻媒体应当积极开展法律援助公益宣传，并加强舆论监督。

第十一条　国家对在法律援助工作中做出突出贡献的组织和个人，按照有关规定给予表彰、奖励。

第二章　机构和人员

第十二条　县级以上人民政府司法行政部门应当设立法律援助机构。法律援助机构负责组织实施法律援助工作，受理、审查法律援助申请，指派律师、基层法律服务工作者、法律援助志愿者等法律援助人员提供法律援助，支付法律援助补贴。

第十三条　法律援助机构根据工作需要，可以安排本机构具有律师资格或者法律职业资格的工作人员提供法律援助；可以设置法律援助工作站或者联络点，就近受理法律援助申请。

第十四条　法律援助机构可以在人民法院、人民检察院和看守所等场所派驻值班律师，依法为没有辩护人的犯罪嫌疑人、被告人提供法律援助。

第十五条　司法行政部门可以通过政府采购等方式，择优选择律师事务所等法律服务机构为受援人提供法律援助。

第十六条　律师事务所、基层法律服务所、律师、基层法律服务工作者负有依法提供法律援助的义务。

律师事务所、基层法律服务所应当支持和保障本所律师、基层法律服务工作者履行法律援助义务。

第十七条　国家鼓励和规范法律援助志愿服务；支持符合条件的个人作为法律援助志愿者，依法提供法律援助。

高等院校、科研机构可以组织从事法学教育、研究工作的人员和法学专业学生作为法律援助志愿者，在司法行政部门指导下，为当事人提供法律咨询、代拟法律文书等法律援助。

法律援助志愿者具体管理办法由国务院有关部

门规定。

第十八条 国家建立健全法律服务资源依法跨区域流动机制，鼓励和支持律师事务所、律师、法律援助志愿者等在法律服务资源相对短缺地区提供法律援助。

第十九条 法律援助人员应当依法履行职责，及时为受援人提供符合标准的法律援助服务，维护受援人的合法权益。

第二十条 法律援助人员应当恪守职业道德和执业纪律，不得向受援人收取任何财物。

第二十一条 法律援助机构、法律援助人员对提供法律援助过程中知悉的国家秘密、商业秘密和个人隐私应当予以保密。

第三章 形式和范围

第二十二条 法律援助机构可以组织法律援助人员依法提供下列形式的法律援助服务：

（一）法律咨询；

（二）代拟法律文书；

（三）刑事辩护与代理；

（四）民事案件、行政案件、国家赔偿案件的诉讼代理及非诉讼代理；

（五）值班律师法律帮助；

（六）劳动争议调解与仲裁代理；

（七）法律、法规、规章规定的其他形式。

第二十三条 法律援助机构应当通过服务窗口、电话、网络等多种方式提供法律咨询服务；提示当事人享有依法申请法律援助的权利，并告知申请法律援助的条件和程序。

第二十四条 刑事案件的犯罪嫌疑人、被告人因经济困难或者其他原因没有委托辩护人的，本人及其近亲属可以向法律援助机构申请法律援助。

第二十五条 刑事案件的犯罪嫌疑人、被告人属于下列人员之一，没有委托辩护人的，人民法院、人民检察院、公安机关应当通知法律援助机构指派律师担任辩护人：

（一）未成年人；

（二）视力、听力、言语残疾人；

（三）不能完全辨认自己行为的成年人；

（四）可能被判处无期徒刑、死刑的人；

（五）申请法律援助的死刑复核案件被告人；

（六）缺席审判案件的被告人；

（七）法律法规规定的其他人员。

其他适用普通程序审理的刑事案件，被告人没有委托辩护人的，人民法院可以通知法律援助机构指派律师担任辩护人。

第二十六条 对可能被判处无期徒刑、死刑的人，以及死刑复核案件的被告人，法律援助机构收到人民法院、人民检察院、公安机关通知后，应当指派具有三年以上相关执业经历的律师担任辩护人。

第二十七条 人民法院、人民检察院、公安机关通知法律援助机构指派律师担任辩护人时，不得限制或者损害犯罪嫌疑人、被告人委托辩护人的权利。

第二十八条 强制医疗案件的被申请人或者被告人没有委托诉讼代理人的，人民法院应当通知法律援助机构指派律师为其提供法律援助。

第二十九条 刑事公诉案件的被害人及其法定代理人或者近亲属，刑事自诉案件的自诉人及其法定代理人，刑事附带民事诉讼案件的原告人及其法定代理人，因经济困难没有委托诉讼代理人的，可以向法律援助机构申请法律援助。

第三十条 值班律师应当依法为没有辩护人的犯罪嫌疑人、被告人提供法律咨询、程序选择建议、申请变更强制措施、对案件处理提出意见等法律帮助。

第三十一条 下列事项的当事人，因经济困难没有委托代理人的，可以向法律援助机构申请法律援助：

（一）依法请求国家赔偿；

（二）请求给予社会保险待遇或者社会救助；

（三）请求发给抚恤金；

（四）请求给付赡养费、抚养费、扶养费；

（五）请求确认劳动关系或者支付劳动报酬；

（六）请求认定公民无民事行为能力或者限制民事行为能力；

（七）请求工伤事故、交通事故、食品药品安全事故、医疗事故人身损害赔偿；

（八）请求环境污染、生态破坏损害赔偿；

（九）法律、法规、规章规定的其他情形。

第三十二条 有下列情形之一，当事人申请法律援助的，不受经济困难条件的限制：

（一）英雄烈士近亲属为维护英雄烈士的人格权益；

（二）因见义勇为行为主张相关民事权益；

（三）再审改判无罪请求国家赔偿；

（四）遭受虐待、遗弃或者家庭暴力的受害人主张相关权益；

（五）法律、法规、规章规定的其他情形。

第三十三条 当事人不服司法机关生效裁判或者决定提出申诉或者申请再审，人民法院决定、裁定再审或者人民检察院提出抗诉,因经济困难没有委托辩护人或者诉讼代理人的,本人及其近亲属可以向法律援助机构申请法律援助。

第三十四条 经济困难的标准,由省、自治区、直辖市人民政府根据本行政区域经济发展状况和法律援助工作需要确定,并实行动态调整。

第四章 程序和实施

第三十五条 人民法院、人民检察院、公安机关和有关部门在办理案件或者相关事务中,应当及时告知有关当事人有权依法申请法律援助。

第三十六条 人民法院、人民检察院、公安机关办理刑事案件,发现有本法第二十五条第一款、第二十八条规定情形的,应当在三日内通知法律援助机构指派律师。法律援助机构收到通知后,应当在三日内指派律师并通知人民法院、人民检察院、公安机关。

第三十七条 人民法院、人民检察院、公安机关应当保障值班律师依法提供法律帮助,告知没有辩护人的犯罪嫌疑人、被告人有权约见值班律师,并依法为值班律师了解案件有关情况、阅卷、会见等提供便利。

第三十八条 对诉讼事项的法律援助,由申请人向办案机关所在地的法律援助机构提出申请;对非诉讼事项的法律援助,由申请人向争议处理机关所在地或者事由发生地的法律援助机构提出申请。

第三十九条 被羁押的犯罪嫌疑人、被告人、服刑人员,以及强制隔离戒毒人员等提出法律援助申请的,办案机关、监管场所应当在二十四小时内将申请转交法律援助机构。

犯罪嫌疑人、被告人通过值班律师提出代理、刑事辩护等法律援助申请的,值班律师应当在二十四小时内将申请转交法律援助机构。

第四十条 无民事行为能力人或者限制民事行为能力人需要法律援助的,可以由其法定代理人代为提出申请。法定代理人侵犯无民事行为能力人、限制民事行为能力人合法权益的,其他法定代理人或者近亲属可以代为提出法律援助申请。

被羁押的犯罪嫌疑人、被告人、服刑人员,以及强制隔离戒毒人员,可以由其法定代理人或者近亲属代为提出法律援助申请。

第四十一条 因经济困难申请法律援助的,申请人应当如实说明经济困难状况。

法律援助机构核查申请人的经济困难状况,可以通过信息共享查询,或者由申请人进行个人诚信承诺。

法律援助机构开展核查工作,有关部门、单位、村民委员会、居民委员会和个人应当予以配合。

第四十二条 法律援助申请人有材料证明属于下列人员之一的,免予核查经济困难状况:

(一)无固定生活来源的未成年人、老年人、残疾人等特定群体;

(二)社会救助、司法救助或者优抚对象;

(三)申请支付劳动报酬或者请求工伤事故人身损害赔偿的进城务工人员;

(四)法律、法规、规章规定的其他人员。

第四十三条 法律援助机构应当自收到法律援助申请之日起七日内进行审查,作出是否给予法律援助的决定。决定给予法律援助的,应当自作出决定之日起三日内指派法律援助人员为受援人提供法律援助;决定不给予法律援助的,应当书面告知申请人,并说明理由。

申请人提交的申请材料不齐全的,法律援助机构应当一次性告知申请人需要补充的材料或者要求申请人作出说明。申请人未按要求补充材料或者作出说明的,视为撤回申请。

第四十四条 法律援助机构收到法律援助申请后,发现有下列情形之一的,可以决定先行提供法律援助:

(一)距法定时效或者期限届满不足七日,需要及时提起诉讼或者申请仲裁、行政复议;

(二)需要立即申请财产保全、证据保全或者先予执行;

(三)法律、法规、规章规定的其他情形。

法律援助机构先行提供法律援助的,受援人应当及时补办有关手续,补充有关材料。

第四十五条 法律援助机构为老年人、残疾人提供法律援助服务的,应当根据实际情况提供无障碍设施设备和服务。

法律法规对向特定群体提供法律援助有其他特别规定的,依照其规定。

第四十六条 法律援助人员接受指派后,无正当理由不得拒绝、拖延或者终止提供法律援助服务。

法律援助人员应当按照规定向受援人通报法律援助事项办理情况,不得损害受援人合法权益。

第四十七条 受援人应当向法律援助人员如实陈述与法律援助事项有关的情况,及时提供证据材料,协助、配合办理法律援助事项。

第四十八条 有下列情形之一的,法律援助机构应当作出终止法律援助的决定:

（一）受援人以欺骗或者其他不正当手段获得法律援助；

（二）受援人故意隐瞒与案件有关的重要事实或者提供虚假证据；

（三）受援人利用法律援助从事违法活动；

（四）受援人的经济状况发生变化，不再符合法律援助条件；

（五）案件终止审理或者已经被撤销；

（六）受援人自行委托律师或者其他代理人；

（七）受援人有正当理由要求终止法律援助；

（八）法律法规规定的其他情形。

法律援助人员发现有前款规定情形的，应当及时向法律援助机构报告。

第四十九条　申请人、受援人对法律援助机构不予法律援助、终止法律援助的决定有异议的，可以向设立该法律援助机构的司法行政部门提出。

司法行政部门应当自收到异议之日起五日内进行审查，作出维持法律援助机构决定或者责令法律援助机构改正的决定。

申请人、受援人对司法行政部门维持法律援助机构决定不服的，可以依法申请行政复议或者提起行政诉讼。

第五十条　法律援助事项办理结束后，法律援助人员应当及时向法律援助机构报告，提交有关法律文书的副本或者复印件、办理情况报告等材料。

第五章　保障和监督

第五十一条　国家加强法律援助信息化建设，促进司法行政部门与司法机关及其他有关部门实现信息共享和工作协同。

第五十二条　法律援助机构应当依照有关规定及时向法律援助人员支付法律援助补贴。

法律援助补贴的标准，由省、自治区、直辖市人民政府司法行政部门会同同级财政部门，根据当地经济发展水平和法律援助的服务类型、承办成本、基本劳务费用等确定，并实行动态调整。

法律援助补贴免征增值税和个人所得税。

第五十三条　人民法院应当根据情况对受援人缓收、减收或者免收诉讼费用；对法律援助人员复制相关材料等费用予以免收或者减收。

公证机构、司法鉴定机构应当对受援人减收或者免收公证费、鉴定费。

第五十四条　县级以上人民政府司法行政部门应当有计划地对法律援助人员进行培训，提高法律援助人员的专业素质和服务能力。

第五十五条　受援人有权向法律援助机构、法律援助人员了解法律援助事项办理情况；法律援助机构、法律援助人员未依法履行职责的，受援人可以向司法行政部门投诉，并可以请求法律援助机构更换法律援助人员。

第五十六条　司法行政部门应当建立法律援助工作投诉查处制度；接到投诉后，应当依照有关规定受理和调查处理，并及时向投诉人告知处理结果。

第五十七条　司法行政部门应当加强对法律援助服务的监督，制定法律援助服务质量标准，通过第三方评估等方式定期进行质量考核。

第五十八条　司法行政部门、法律援助机构应当建立法律援助信息公开制度，定期向社会公布法律援助资金使用、案件办理、质量考核结果等情况，接受社会监督。

第五十九条　法律援助机构应当综合运用庭审旁听、案卷检查、征询司法机关意见和回访受援人等措施，督促法律援助人员提升服务质量。

第六十条　律师协会应当将律师事务所、律师履行法律援助义务的情况纳入年度考核内容，对拒不履行或者怠于履行法律援助义务的律师事务所、律师，依照有关规定进行惩戒。

第六章　法律责任

第六十一条　法律援助机构及其工作人员有下列情形之一的，由设立该法律援助机构的司法行政部门责令限期改正；有违法所得的，责令退还或者没收违法所得；对直接负责的主管人员和其他直接责任人员，依法给予处分：

（一）拒绝为符合法律援助条件的人员提供法律援助，或者故意为不符合法律援助条件的人员提供法律援助；

（二）指派不符合本法规定的人员提供法律援助；

（三）收取受援人财物；

（四）从事有偿法律服务；

（五）侵占、私分、挪用法律援助经费；

（六）泄露法律援助过程中知悉的国家秘密、商业秘密和个人隐私；

（七）法律法规规定的其他情形。

第六十二条　律师事务所、基层法律服务所有下列情形之一的，由司法行政部门依法给予处罚：

（一）无正当理由拒绝接受法律援助机构指派；

（二）接受指派后，不及时安排本所律师、基层法律服务工作者办理法律援助事项或者拒绝为本所律师、基层法律服务工作者办理法律援助事项提供支持和保障；

（三）纵容或者放任本所律师、基层法律服务工作者怠于履行法律援助义务或者擅自终止提供法律援助；

（四）法律法规规定的其他情形。

第六十三条 律师、基层法律服务工作者有下列情形之一的，由司法行政部门依法给予处罚：

（一）无正当理由拒绝履行法律援助义务或者怠于履行法律援助义务；

（二）擅自终止提供法律援助；

（三）收取受援人财物；

（四）泄露法律援助过程中知悉的国家秘密、商业秘密和个人隐私；

（五）法律法规规定的其他情形。

第六十四条 受援人以欺骗或者其他不正当手段获得法律援助的，由司法行政部门责令其支付已实施法律援助的费用，并处三千元以下罚款。

第六十五条 违反本法规定，冒用法律援助名义提供法律服务并谋取利益的，由司法行政部门责令改正，没收违法所得，并处违法所得一倍以上三倍以下罚款。

第六十六条 国家机关及其工作人员在法律援助工作中滥用职权、玩忽职守、徇私舞弊的，对直接负责的主管人员和其他直接责任人员，依法给予处分。

第六十七条 违反本法规定，构成犯罪的，依法追究刑事责任。

第七章 附 则

第六十八条 工会、共产主义青年团、妇女联合会、残疾人联合会等群团组织开展法律援助工作，参照适用本法的相关规定。

第六十九条 对外国人和无国籍人提供法律援助，我国法律有规定的，适用法律规定；我国法律没有规定的，可以根据我国缔结或者参加的国际条约，或者按照互惠原则，参照适用本法的相关规定。

第七十条 对军人军属提供法律援助的具体办法，由国务院和中央军事委员会有关部门制定。

第七十一条 本法自2022年1月1日起施行。

命题题眼

本法的主要考点是法律援助的形式、范围、程序和实施。

历年试题

2015年试卷一第49题：某检察院对王某盗窃案提出二审抗诉，王某未委托辩护人，欲申请法律援助。对此，下列哪一说法是正确的？

A. 王某申请法律援助只能采用书面形式

B. 法律援助机构应当严格审查王某的经济状况

C. 法律援助机构只能委派律师担任王某的辩护人

D. 法律援助机构决定不提供法律援助时，王某可以向该机构提出异议

答案：C。

2016年试卷一第85题：根据《法律援助条例》和《关于刑事诉讼法律援助工作的规定》，下列哪些表述是正确的？

A. 区检察院提起抗诉的案件，区法院应当通知区法律援助中心为被告人甲提供法律援助

B. 家住A县的乙在邻县涉嫌犯罪被邻县检察院批准逮捕，其因经济困难可向A县法律援助中心申请法律援助

C. 县公安局没有通知县法律援助中心为可能被判处无期徒刑的丙提供法律援助，丙可向市检察院提出申诉

D. 县法院应当准许强制医疗案件中的被告丁以正当理由拒绝法律援助，并告知其可另行委托律师

答案：CD。

2017年试卷一第100题：到某县务工的农民黄某欲通过法律援助帮其讨回单位欠薪。根据《法律援助条例》等规定，有关部门下列做法正确的是：

A. 县法律援助中心以黄某户籍不在本县为由拒绝受理其口头申请，黄某提出异议

B. 县司法局受理黄某异议后函令县法律援助中心向其提供法律援助

C. 县某律师事务所拒绝接受县法律援助中心指派，县司法局对该所给予警告的行政处罚

D. 县法院驳回了黄某以“未能指派合格律师、造成损失应予赔偿”为由对县法律援助中心的起诉

答案：BD。

法律援助法实施工作办法

（最高人民法院　最高人民检察院　公安部　司法部2023年11月20日发布）

第一条　为规范和促进法律援助工作，保障法律正确实施，根据《中华人民共和国法律援助法》等有关法律规定，制定本办法。

第二条　法律援助工作坚持中国共产党领导，坚持以人民为中心，尊重和保障人权，遵循公开、公平、公正的原则，实行国家保障与社会参与相结合。

第三条　司法部指导、监督全国的法律援助工作。县级以上司法行政机关指导、监督本行政区域的法律援助工作。

第四条　人民法院、人民检察院、公安机关应当在各自职责范围内保障当事人依法获得法律援助，为法律援助人员开展工作提供便利。

人民法院、人民检察院、公安机关、司法行政机关应当建立健全沟通协调机制，做好权利告知、申请转交、案件办理等方面的衔接工作，保障法律援助工作正常开展。

第五条　司法行政机关指导、监督法律援助工作，依法履行下列职责：

（一）组织贯彻法律援助法律、法规和规章等，健全法律援助制度，加强信息化建设、人员培训、普法宣传等工作；

（二）指导监督法律援助机构和法律援助工作人员，监督管理法律援助服务质量和经费使用等工作；

（三）协调推进高素质法律援助队伍建设，统筹调配法律服务资源，支持和规范社会力量参与法律援助工作；

（四）对在法律援助工作中做出突出贡献的组织、个人，按照有关规定给予表彰、奖励；

（五）受理和调查处理管辖范围内的法律援助异议、投诉和举报；

（六）建立法律援助信息公开制度，依法向社会公布法律援助相关法律法规、政策公告、案件质量监督管理情况等信息，接受社会监督；

（七）其他依法应当履行的职责。

第六条　人民法院、人民检察院、公安机关在办理案件或者相关事务中，依法履行下列职责：

（一）及时告知有关当事人有权依法申请法律援助，转交被羁押的犯罪嫌疑人、被告人提出的法律援助申请；

（二）告知没有委托辩护人，法律援助机构也没有指派律师为其提供辩护的犯罪嫌疑人、被告人有权约见值班律师，保障值班律师依法提供法律帮助；

（三）刑事案件的犯罪嫌疑人、被告人属于《中华人民共和国法律援助法》规定应当通知辩护情形的，通知法律援助机构指派符合条件的律师担任辩护人；

（四）为法律援助人员依法了解案件有关情况、阅卷、会见等提供便利；

（五）其他依法应当履行的职责。

第七条　看守所、监狱、强制隔离戒毒所等监管场所依法履行下列职责：

（一）转交被羁押的犯罪嫌疑人、被告人、服刑人员，以及强制隔离戒毒人员等提出的法律援助申请；

（二）为法律援助人员依法了解案件有关情况、会见等提供便利；

（三）其他依法应当履行的职责。

第八条　法律援助机构组织实施法律援助工作，依法履行下列职责：

（一）通过服务窗口、电话、网络等多种方式提供法律咨询服务，提示当事人享有依法申请法律援助的权利，并告知申请法律援助的条件和程序；

（二）受理、审查法律援助申请，及时作出给予或者不给予法律援助的决定；

（三）指派或者安排法律援助人员提供符合标准的法律援助服务；

（四）支付法律援助补贴；

（五）根据工作需要设置法律援助工作站或者联络点；

（六）定期向社会公布法律援助资金使用、案件办理、质量考核工作等信息，接受社会监督；

（七）其他依法应当履行的职责。

第九条　人民法院、人民检察院、公安机关依法履行如下告知义务：

（一）公安机关、人民检察院在第一次讯问犯罪嫌疑人或者对犯罪嫌疑人采取强制措施的时候，应当告知犯罪嫌疑人有权委托辩护人，并告知其如果符合法律援助条件，本人及其近亲属可以向法律援助机构申请法律援助；

（二）人民检察院自收到移送审查起诉的案件材料之日起三日内，应当告知犯罪嫌疑人有权委托辩护人，并告知其如果符合法律援助条件，本人及其近亲属可以向法律援助机构申请法律援助，应当告知被害人及其法定代理人或者近亲属有权委托诉讼代理人，并告知其如果符合法律援助条件，可以向法律援助机构申请法律援助；

（三）人民法院自受理案件之日起三日内，应当告知案件当事人及其法定代理人或者近亲属有权依法申请法律援助；

（四）当事人不服司法机关生效裁判或者决定提出申诉或者申请再审，人民法院决定、裁定再审或者人民检察院提出抗诉的，应当自决定、裁定再审或者提出抗诉之日起三日内履行相关告知职责；

（五）犯罪嫌疑人、被告人具有《中华人民共和国法律援助法》第二十五条规定情形的，人民法院、人民检察院、公安机关应当告知其如果不委托辩护人，将依法通知法律援助机构为其指派辩护人。

第十条　告知可以采取口头或者书面方式，告知的内容应当易于被告知人理解。当面口头告知的，应当制作笔录，由被告知人签名；电话告知的，应当记录在案；书面告知的，应当将送达回执入卷。对于被告知人当场表达申请法律援助意愿的，应当记录在案。

第十一条　被羁押的犯罪嫌疑人、被告人、服刑人员，以及强制隔离戒毒人员等提出法律援助申请的，人民法院、人民检察院、公安机关及监管场所应当在收到申请后二十四小时内将申请转交法律援助机构，并于三日内通知申请人的法定代理人、近亲属或者其委托的其他人员协助向法律援助机构提供有关证件、证明等材料。因申请人原因无法通知其法定代理人、近亲属或者其委托的其他人员的，应当在转交申请时一并告知法律援助机构，法律援助机构应当做好记录。

对于犯罪嫌疑人、被告人申请法律援助的案件，法律援助机构可以向人民法院、人民检察院、公安机关了解案件办理过程中掌握的犯罪嫌疑人、被告人是否具有经济困难等法定法律援助申请条件的情况。

第十二条　人民法院、人民检察院、公安机关发现犯罪嫌疑人、被告人属于《中华人民共和国法律援助法》规定应当通知辩护情形的，应当自发现之日起三日内，通知法律援助机构指派律师。

人民法院、人民检察院、公安机关通知法律援助机构指派律师担任辩护人的，应当将法律援助通知文书、采取强制措施决定书或者起诉意见书、起诉书副本、判决书等文书材料送交法律援助机构。

法律援助通知文书应当载明犯罪嫌疑人或者被告人的姓名、涉嫌的罪名、羁押场所或者住所、通知辩护的理由和依据、办案机关联系人姓名和联系方式等。

第十三条　人民法院自受理强制医疗申请或者发现被告人符合强制医疗条件之日起三日内，对于被申请人或者被告人没有委托诉讼代理人的，应当向法律援助机构送交法律援助通知文书，通知法律援助机构指派律师担任被申请人或者被告人的诉讼代理人，为其提供法律援助。

人民检察院提出强制医疗申请的，人民法院应当将强制医疗申请书副本一并送交法律援助机构。

法律援助通知文书应当载明被申请人或者被告人的姓名、法定代理人的姓名和联系方式、办案机关及联系人姓名和联系方式。

第十四条　值班律师依法为没有辩护人的犯罪嫌疑人、被告人提供法律咨询、程序选择建议、申请变更强制措施、对案件处理提出意见等法律帮助。

人民法院、人民检察院、公安机关应当在确定的法律帮助日期前三个工作日，将法律帮助通知书送达法律援助机构，或者直接送达现场值班律师。该期间没有安排现场值班律师的，法律援助机构应当自收到法律帮助通知书之日起两个工作日内确定值班律师，并通知人民法院、人民检察院、公安机关。

第十五条　当事人以人民法院、人民检察院、公安机关给予国家司法救助的决定或者人民法院给予司法救助的决定为依据，向法律援助机构申请法律援助的，法律援助机构免予核查经济困难状况。

第十六条　法律援助机构应当自收到法律援助申请之日起七日内进行审查，作出是否给予法律援助的决定。决定给予法律援助的，应当自作出决定之日起三日内指派法律援助人员为受援人提供法律援助；决定不给予法律援助的，应当书面告知申请人，并说明理由。

法律援助机构应当自收到人民法院、人民检察院、公安机关的法律援助通知文书之日起三日内，指派律师并函告人民法院、人民检察院、公安机关，法律援助公函应当载明承办律师的姓名、所属单位及联系方式。

第十七条 法律援助人员应当遵守有关法律、法规、规章和规定，根据案件情况做好会见、阅卷、调查情况、收集证据、参加庭审、提交书面意见等工作，依法为受援人提供符合标准的法律援助服务。

第十八条 人民法院确定案件开庭日期时，应当为法律援助人员出庭预留必要的准备时间，并在开庭三日前通知法律援助人员，但法律另有规定的除外。

人民法院决定变更开庭日期的，应当在开庭三日前通知法律援助人员，但法律另有规定的除外。法律援助人员有正当理由不能按时出庭的，可以申请人民法院延期开庭。人民法院同意延期开庭的，应当及时通知法律援助人员。

第十九条 人民法院、人民检察院、公安机关对犯罪嫌疑人、被告人变更强制措施或者羁押场所的，应当及时告知承办法律援助案件的律师。

第二十条 对于刑事法律援助案件，公安机关在撤销案件或者移送审查起诉后，人民检察院在作出提起公诉、不起诉或者撤销案件决定后，人民法院在终止审理或者作出裁决后，以及公安机关、人民检察院、人民法院将案件移送其他机关办理后，应当在五日内将相关法律文书副本或者复印件送达承办法律援助案件的律师。

公安机关的起诉意见书，人民检察院的起诉书、不起诉决定书，人民法院的判决书、裁定书等法律文书，应当载明作出指派的法律援助机构名称、承办律师姓名以及所属单位等情况。

第二十一条 法律援助人员应当及时接收所承办案件的判决书、裁定书、调解书、仲裁裁决书、行政复议决定书等相关法律文书，并按规定提交结案归档材料。

第二十二条 具有《中华人民共和国法律援助法》第四十八条规定情形之一的，法律援助机构应当作出终止法律援助决定，制作终止法律援助决定书送达受援人，并自作出决定之日起三日内函告人民法院、人民检察院、公安机关。

人民法院、人民检察院、公安机关在案件办理过程中发现有前款规定情形的，应当及时函告法律援助机构。

第二十三条 被告人拒绝法律援助机构指派的律师为其辩护，坚持自己行使辩护权，人民法院依法准许的，法律援助机构应当作出终止法律援助的决定。

对于应当通知辩护的案件，犯罪嫌疑人、被告人拒绝指派的律师为其辩护的，人民法院、人民检察院、公安机关应当查明原因。理由正当的，应当准许，但犯罪嫌疑人、被告人应当在五日内另行委托辩护人；犯罪嫌疑人、被告人未另行委托辩护人的，人民法院、人民检察院、公安机关应当在三日内通知法律援助机构另行指派律师为其提供辩护。

第二十四条 法律援助人员的人身安全和职业尊严受法律保护。

对任何干涉法律援助人员履行职责的行为，法律援助人员有权拒绝，并按照规定如实记录和报告。对于侵犯法律援助人员权利的行为，法律援助人员有权提出控告。

法律援助人员因依法履行职责遭受不实举报、诬告陷害、侮辱诽谤，致使名誉受到损害的，依法追究相关单位或者个人的责任。

第二十五条 人民法院、人民检察院、公安机关、司法行政机关应当加强信息化建设，建立完善法律援助信息交换平台，实现业务协同、信息互联互通，运用现代信息技术及时准确传输交换有关法律文书，提高法律援助信息化水平，保障法律援助工作有效开展。

第二十六条 法律援助机构应当综合运用庭审旁听、案卷检查、征询司法机关意见和回访受援人等措施，督促法律援助人员提升服务质量。

人民法院、人民检察院、公安机关应当配合司法行政机关、法律援助机构做好法律援助服务质量监督相关工作，协助司法行政机关、法律援助机构调查核实投诉举报情况，回复征询意见。

第二十七条 人民法院、人民检察院、公安机关在案件办理过程中发现法律援助人员有违法违规行为的，应当及时向司法行政机关、法律援助机构通报有关情况，司法行政机关、法律援助机构应当将调查处理结果反馈通报单位。

第二十八条 国家安全机关、军队保卫部门、中国海警局、监狱办理刑事案件，除法律有特别规定的以外，适用本办法中有关公安机关的规定。

第二十九条 本办法所称法律援助人员，是指接受法律援助机构的指派或者安排，依法为经济困难公民和符合法定条件的其他当事人提供法律援助服务的律师、基层法律服务工作者、法律援助志愿者以及法律援助机构中具有律师资格或者法律职业资格的工作人员等。

第三十条 本办法自发布之日起施行。

律师执业管理办法

（2008年7月18日司法部令第112号发布　2016年9月18日司法部令第134号修订）

第一章　总　　则

第一条　为了规范律师执业许可，保障律师依法执业，加强对律师执业行为的监督和管理，根据《中华人民共和国律师法》（以下简称《律师法》）和其他有关法律、法规的规定，制定本办法。

第二条　律师应当把拥护中国共产党领导、拥护社会主义法治作为从业的基本要求。

律师通过执业活动，应当维护当事人合法权益，维护法律正确实施，维护社会公平和正义。

第三条　律师依法执业受法律保护，任何组织和个人不得侵害律师的合法权益。

司法行政机关和律师协会应当依法维护律师的执业权利。

第四条　司法行政机关依照《律师法》和本办法的规定对律师执业进行监督、指导。

律师协会依照《律师法》、协会章程和行业规范对律师执业实行行业自律。

第五条　司法行政机关、律师协会应当建立健全律师表彰奖励制度，根据有关规定设立综合性和单项表彰项目，对为维护人民群众合法权益、促进经济社会发展和国家法治建设作出突出贡献的律师进行表彰奖励。

第二章　律师执业条件

第六条　申请律师执业，应当具备下列条件：

（一）拥护中华人民共和国宪法；

（二）通过国家统一司法考试取得法律职业资格证书；

（三）在律师事务所实习满一年；

（四）品行良好。

实行国家统一司法考试前取得的律师资格证书，在申请律师执业时，与法律职业资格证书具有同等效力。

享受国家统一司法考试有关报名条件、考试合格优惠措施，取得法律职业资格证书的，其申请律师执业的地域限制，按照有关规定办理。

申请律师执业的人员，应当按照规定参加律师协会组织的实习活动，并经律师协会考核合格。

第七条　申请兼职律师执业，除符合本办法第六条规定的条件外，还应当具备下列条件：

（一）在高等院校、科研机构中从事法学教育、研究工作；

（二）经所在单位同意。

第八条　申请特许律师执业，应当符合《律师法》和国务院有关条例规定的条件。

第九条　有下列情形之一的人员，不予颁发律师执业证书：

（一）无民事行为能力或者限制民事行为能力的；

（二）受过刑事处罚的，但过失犯罪的除外；

（三）被开除公职或者被吊销律师执业证书的。

第三章　律师执业许可程序

第十条　律师执业许可，由设区的市级或者直辖市的区（县）司法行政机关受理执业申请并进行初审，报省、自治区、直辖市司法行政机关审核，作出是否准予执业的决定。

第十一条　申请律师执业，应当向设区的市级或者直辖市的区（县）司法行政机关提交下列材料：

（一）执业申请书；

（二）法律职业资格证书或者律师资格证书；

（三）律师协会出具的申请人实习考核合格的材料；

（四）申请人的身份证明；

（五）律师事务所出具的同意接收申请人的证明。

申请执业许可时，申请人应当如实填报《律师执业申请登记表》。

第十二条　申请兼职律师执业，除按照本办法第十一条的规定提交有关材料外，还应当提交下列材料：

（一）在高等院校、科研机构从事法学教育、研究工作的经历及证明材料；

（二）所在单位同意申请人兼职律师执业的证明。

第十三条 设区的市级或者直辖市的区（县）司法行政机关对申请人提出的律师执业申请，应当根据下列情况分别作出处理：

（一）申请材料齐全、符合法定形式的，应当受理。

（二）申请材料不齐全或者不符合法定形式的，应当当场或者自收到申请材料之日起五日内一次告知申请人需要补正的全部内容。申请人按要求补正的，予以受理；逾期不告知的，自收到申请材料之日起即为受理。

（三）申请事项明显不符合法定条件或者申请人拒绝补正、无法补正有关材料的，不予受理，并向申请人书面说明理由。

第十四条 受理申请的司法行政机关应当自决定受理之日起二十日内完成对申请材料的审查。

在审查过程中，可以征求申请执业地的县级司法行政机关的意见；对于需要调查核实有关情况的，可以要求申请人提供有关的证明材料，也可以委托县级司法行政机关进行核实。

经审查，应当对申请人是否符合法定条件、提交的材料是否真实齐全出具审查意见，并将审查意见和全部申请材料报送省、自治区、直辖市司法行政机关。

第十五条 省、自治区、直辖市司法行政机关应当自收到受理申请机关报送的审查意见和全部申请材料之日起十日内予以审核，作出是否准予执业的决定。

准予执业的，应当自决定之日起十日内向申请人颁发律师执业证书。

不准予执业的，应当向申请人书面说明理由。

第十六条 申请特许律师执业，需要提交的材料以及受理、考核、批准的程序，依照国务院有关条例的规定办理。

第十七条 申请人有本办法第九条规定情形之一的，不得准予其律师执业。

第十八条 律师执业证书是律师依法获准执业的有效证件。

律师执业证书应当载明的内容、制作的规格、证号编制办法，由司法部规定。执业证书由司法部统一制作。

第十九条 有下列情形之一的，由作出准予该申请人执业决定的省、自治区、直辖市司法行政机关撤销原准予执业的决定：

（一）申请人以欺诈、贿赂等不正当手段取得准予执业决定的；

（二）对不符合法定条件的申请人准予执业或者违反法定程序作出准予执业决定的。

第二十条 律师变更执业机构，应当向拟变更的执业机构所在地设区的市级或者直辖市的区（县）司法行政机关提出申请，并提交下列材料：

（一）原执业机构所在地县级司法行政机关出具的申请人不具有本办法第二十一条规定情形的证明；

（二）与原执业机构解除聘用关系或者合伙关系以及办结业务、档案、财务等交接手续的证明；

（三）拟变更的执业机构同意接收申请人的证明；

（四）申请人的执业经历证明材料。

受理机关应当对变更申请及提交的材料出具审查意见，并连同全部申请材料报送省、自治区、直辖市司法行政机关审核。对准予变更的，由审核机关为申请人换发律师执业证书；对不准予变更的，应当向申请人书面说明理由。有关审查、核准、换证的程序和期限，参照本办法第十四条、第十五条的规定办理。

准予变更的，申请人在领取新的执业证书前，应当将原执业证书上交原审核颁证机关。

律师跨设区的市或者省、自治区、直辖市变更执业机构的，原执业机构所在地和变更的执业机构所在地的司法行政机关之间应当交接该律师执业档案。

第二十一条 律师受到停止执业处罚期间或者受到投诉正在调查处理的，不得申请变更执业机构；律师事务所受到停业整顿处罚期限未满的，该所负责人、合伙人和对律师事务所受到停业整顿处罚负有直接责任的律师不得申请变更执业机构；律师事务所应当终止的，在完成清算、办理注销前，该所负责人、合伙人和对律师事务所被吊销执业许可证负有直接责任的律师不得申请变更执业机构。

第二十二条 律师被所在的律师事务所派驻分所执业的，其律师执业证书的换发及管理办法，按照司法部有关规定办理。

第二十三条 律师有下列情形之一的，由其执业地的原审核颁证机关收回、注销其律师执业证书：

（一）受到吊销律师执业证书处罚的；

（二）原准予执业的决定被依法撤销的；

（三）因本人不再从事律师职业申请注销的；

（四）因与所在律师事务所解除聘用合同或者所在的律师事务所被注销，在六个月内未被其他律师事务所聘用的；

（五）因其他原因终止律师执业的。

因前款第（三）项、第（四）项、第（五）项规定情形被注销律师执业证书的人员，重新申请律师执业的，按照本办法规定的程序申请律师执业。

律师正在接受司法机关、司法行政机关、律师协会立案调查期间，不得申请注销执业证书。

第四章 律师执业行为规范

第二十四条 律师执业必须遵守宪法和法律，恪守律师职业道德和执业纪律，做到依法执业、诚信执业、规范执业。

律师执业必须以事实为根据，以法律为准绳。

律师执业应当接受国家、社会和当事人的监督。

第二十五条 律师可以从事下列业务：

（一）接受自然人、法人或者其他组织的委托，担任法律顾问；

（二）接受民事案件、行政案件当事人的委托，担任代理人，参加诉讼；

（三）接受刑事案件犯罪嫌疑人、被告人的委托或者依法接受法律援助机构的指派，担任辩护人，接受自诉案件自诉人、公诉案件被害人或者其近亲属的委托，担任代理人，参加诉讼；

（四）接受委托，代理各类诉讼案件的申诉；

（五）接受委托，参加调解、仲裁活动；

（六）接受委托，提供非诉讼法律服务；

（七）解答有关法律的询问、代写诉讼文书和有关法律事务的其他文书。

第二十六条 律师承办业务，应当由律师事务所统一接受委托，与委托人签订书面委托合同，并服从律师事务所对受理业务进行的利益冲突审查及其决定。

第二十七条 律师担任各级人民代表大会常务委员会组成人员的，任职期间不得从事诉讼代理或者辩护业务。

律师明知当事人已经委托两名诉讼代理人、辩护人的，不得再接受委托担任诉讼代理人、辩护人。

第二十八条 律师不得在同一案件中为双方当事人担任代理人，或者代理与本人及其近亲属有利益冲突的法律事务。律师接受犯罪嫌疑人、被告人委托后，不得接受同一案件或者未同案处理但实施的犯罪存在关联的其他犯罪嫌疑人、被告人的委托担任辩护人。

曾经担任法官、检察官的律师从人民法院、人民检察院离任后，二年内不得以律师身份担任诉讼代理人或者辩护人；不得担任原任职人民法院、人民检察院办理案件的诉讼代理人或者辩护人，但法律另有规定的除外。

律师不得担任所在律师事务所其他律师担任仲裁员的案件的代理人。曾经或者仍在担任仲裁员的律师，不得承办与本人担任仲裁员办理过的案件有利益冲突的法律事务。

第二十九条 律师担任法律顾问的，应当按照约定为委托人就有关法律问题提供意见，草拟、审查法律文书，代理参加诉讼、调解或者仲裁活动，办理委托的其他法律事务，维护委托人的合法权益。

第三十条 律师担任诉讼法律事务代理人或者非诉讼法律事务代理人的，应当在受委托的权限内代理法律事务，维护委托人的合法权益。

第三十一条 律师担任辩护人的，应当根据事实和法律，提出犯罪嫌疑人、被告人无罪、罪轻或者减轻、免除其刑事责任的材料和意见，维护犯罪嫌疑人、被告人的诉讼权利和其他合法权益。

律师担任辩护人的，其所在律师事务所应当在接受委托后三日以内，向办案机关提交接受委托告知函，告知委托事项、承办律师及联系方式。

第三十二条 律师出具法律意见，应当严格依法履行职责，保证其所出具意见的真实性、合法性。

律师提供法律咨询、代写法律文书，应当以事实为根据，以法律为准绳，并符合法律咨询规则和法律文书体例、格式的要求。

第三十三条 律师承办业务，应当告知委托人该委托事项办理可能出现的法律风险，不得用明示或者暗示方式对办理结果向委托人作出不当承诺。

律师承办业务，应当及时向委托人通报委托事项办理进展情况；需要变更委托事项、权限的，应当征得委托人的同意和授权。

律师接受委托后，无正当理由的，不得拒绝辩护或者代理，但是，委托事项违法，委托人利用律师提供的服务从事违法活动或者委托人故意隐瞒与案件有关的重要事实的，律师有权拒绝辩护或者代理。

第三十四条 律师承办业务，应当维护当事人合法权益，不得利用提供法律服务的便利牟取当事人争议的权益或者不当利益。

第三十五条 律师承办业务，应当诚实守信，不得接受对方当事人的财物及其他利益，与对方当事人、第三人恶意串通，向对方当事人、第三人提供不利于委托人的信息、证据材料，侵害委托人的权益。

第三十六条 律师与法官、检察官、仲裁员以及其他有关工作人员接触交往，应当遵守法律及相关规定，不得违反规定会见法官、检察官、仲裁员以及其他有关工作人员，向其行贿、许诺提供利益、介绍贿赂，指使、诱导当事人行贿，或者向法官、检察官、仲裁员以及其他工作人员打探办案机关内部对案件的办理意见、承办其介绍的案件，利用与法官、检察官、仲裁员以及其他有关工作人员的特殊关系，影响依法办理案件。

第三十七条 律师承办业务，应当引导当事人通过合法的途径、方式解决争议，不得采取煽动、教唆和组织当事人或者其他人员到司法机关或者其他国家机关静坐、举牌、打横幅、喊口号、声援、围观等扰乱公共秩序、危害公共安全的非法手段，聚众滋事，制造影响，向有关部门施加压力。

第三十八条 律师应当依照法定程序履行职责，不得以下列不正当方式影响依法办理案件：

（一）未经当事人委托或者法律援助机构指派，以律师名义为当事人提供法律服务、介入案件，干扰依法办理案件；

（二）对本人或者其他律师正在办理的案件进行歪曲、有误导性的宣传和评论，恶意炒作案件；

（三）以串联组团、联署签名、发表公开信、组织网上聚集、声援等方式或者借个案研讨之名，制造舆论压力，攻击、诋毁司法机关和司法制度；

（四）违反规定披露、散布不公开审理案件的信息、材料，或者本人、其他律师在办案过程中获悉的有关案件重要信息、证据材料。

第三十九条 律师代理参与诉讼、仲裁或者行政处理活动，应当遵守法庭、仲裁庭纪律和监管场所规定、行政处理规则，不得有下列妨碍、干扰诉讼、仲裁或者行政处理活动正常进行的行为：

（一）会见在押犯罪嫌疑人、被告人时，违反有关规定，携带犯罪嫌疑人、被告人的近亲属或者其他利害关系人会见，将通讯工具提供给在押犯罪嫌疑人、被告人使用，或者传递物品、文件；

（二）无正当理由，拒不按照人民法院通知出庭参与诉讼，或者违反法庭规则，擅自退庭；

（三）聚众哄闹、冲击法庭，侮辱、诽谤、威胁、殴打司法工作人员或者诉讼参与人，否定国家认定的邪教组织的性质，或者有其他严重扰乱法庭秩序的行为；

（四）故意向司法机关、仲裁机构或者行政机关提供虚假证据或者威胁、利诱他人提供虚假证据，妨碍对方当事人合法取得证据；

（五）法律规定的妨碍、干扰诉讼、仲裁或者行政处理活动正常进行的其他行为。

第四十条 律师对案件公开发表言论，应当依法、客观、公正、审慎，不得发表、散布否定宪法确立的根本政治制度、基本原则和危害国家安全的言论，不得利用网络、媒体挑动对党和政府的不满，发起、参与危害国家安全的组织或者支持、参与、实施危害国家安全的活动，不得以歪曲事实真相、明显违背社会公序良俗等方式，发表恶意诽谤他人的言论，或者发表严重扰乱法庭秩序的言论。

第四十一条 律师应当按照有关规定接受业务，不得为争揽业务哄骗、唆使当事人提起诉讼，制造、扩大矛盾，影响社会稳定。

第四十二条 律师应当尊重同行，公平竞争，不得以诋毁其他律师事务所、律师，支付介绍费，向当事人明示或者暗示与办案机关、政府部门及其工作人员有特殊关系，或者在司法机关、监管场所周边违规设立办公场所、散发广告、举牌等不正当手段承揽业务。

第四十三条 律师应当保守在执业活动中知悉的国家秘密、商业秘密，不得泄露当事人和其他人的个人隐私。

律师对在执业活动中知悉的委托人和其他人不愿泄露的有关情况和信息，应当予以保密。但是，委托人或者其他人准备或者正在实施危害国家安全、公共安全以及严重危害他人人身安全的犯罪事实和信息除外。

第四十四条 律师承办业务，应当按照规定由律师事务所向委托人统一收取律师费和有关办案费用，不得私自收费，不得接受委托人的财物或者其他利益。

第四十五条 律师应当按照国家规定履行法律援助义务，为受援人提供符合标准的法律服务，维护受援人的合法权益，不得拖延、懈怠履行或者擅自停止履行法律援助职责，或者未经律师事务所、法律援助机构同意，擅自将法律援助案件转交其他人员办理。

第四十六条 律师承办业务，应当妥善保管与承办事项有关的法律文书、证据材料、业务文件和工作记录。在法律事务办结后，按照有关规定立卷建档，上交律师事务所保管。

第四十七条 律师只能在一个律师事务所执业。

律师在从业期间应当专职执业，但兼职律师或者法律、行政法规另有规定的除外。

律师执业，应当遵守所在律师事务所的执业管理制度，接受律师事务所的指导和监督，参加律师执业年度考核。

第四十八条 律师应当妥善使用和保管律师执业证书，不得变造、抵押、出借、出租。如有遗失或者损毁的，应当及时报告所在地县级司法行政机关，经所在地设区的市级或者直辖市区（县）司法行政机关向原审核颁证机关申请补发或者换发。律师执业证书遗失的，应当在省级以上报刊或者发证机关指定网站上刊登遗失声明。

律师受到停止执业处罚的，应当自处罚决定生效后至处罚期限届满前，将律师执业证书缴存其执业机构所在地县级司法行政机关。

第四十九条 律师应当按照规定参加司法行政机关和律师协会组织的职业培训。

第五章 司法行政机关的监督管理

第五十条 县级司法行政机关对其执业机构在本行政区域的律师的执业活动进行日常监督管理，履行下列职责：

（一）检查、监督律师在执业活动中遵守法律、法规、规章和职业道德、执业纪律的情况；

（二）受理对律师的举报和投诉；

（三）监督律师履行行政处罚和实行整改的情况；

（四）掌握律师事务所对律师执业年度考核的情况；

（五）司法部和省、自治区、直辖市司法行政机关规定的其他职责。

县级司法行政机关在开展日常监督管理过程中，发现、查实律师在执业活动中存在问题的，应当对其进行警示谈话，责令改正，并对其整改情况进行监督；对律师的违法行为认为依法应当给予行政处罚的，应当向上一级司法行政机关提出处罚建议；认为需要给予行业惩戒的，移送律师协会处理。

第五十一条 设区的市级司法行政机关履行下列监督管理职责：

（一）掌握本行政区域律师队伍建设和发展情况，制定加强律师队伍建设的措施和办法。

（二）指导、监督下一级司法行政机关对律师执业的日常监督管理工作，组织开展对律师执业的专项检查或者专项考核工作，指导对律师重大投诉案件的查处工作。

（三）对律师进行表彰。

（四）依法定职权对律师的违法行为实施行政处罚；对依法应当给予吊销律师执业证书处罚的，向上一级司法行政机关提出处罚建议。

（五）对律师事务所的律师执业年度考核结果实行备案监督。

（六）受理、审查律师执业、变更执业机构、执业证书注销申请事项。

（七）建立律师执业档案，负责有关律师执业许可、变更、注销等信息的公开工作。

（八）法律、法规、规章规定的其他职责。

直辖市的区（县）司法行政机关负有前款规定的有关职责。

第五十二条 省、自治区、直辖市司法行政机关履行下列监督管理职责：

（一）掌握、评估本行政区域律师队伍建设情况和总体执业水平，制定律师队伍的发展规划和有关政策，制定加强律师执业管理的规范性文件；

（二）监督、指导下级司法行政机关对律师执业的监督管理工作，组织、指导对律师执业的专项检查或者专项考核工作；

（三）组织对律师的表彰活动；

（四）依法对律师的严重违法行为实施吊销律师执业证书的处罚，监督、指导下一级司法行政机关的行政处罚工作，办理有关行政复议和申诉案件；

（五）办理律师执业核准、变更执业机构核准和执业证书注销事项；

（六）负责有关本行政区域律师队伍、执业情况、管理事务等重大信息的公开工作；

（七）法律、法规、规章规定的其他职责。

第五十三条 律师违反本办法有关规定的，依照《律师法》和有关法规、规章规定追究法律责任。

律师违反本办法第二十八条、第四十一条、第四十二条规定的，司法行政机关应当依照《律师法》第四十七条相关规定予以行政处罚；违反第三十四条规定的，依照《律师法》第四十八条相关规定予以行政处罚；违反第三十五条至第四十条规定的，依照《律师法》第四十九条相关规定予以行政处罚。

第五十四条 各级司法行政机关及其工作人员对律师执业实施监督管理，不得妨碍律师依法执业，不得侵害律师的合法权益，不得索取或者收受律师的财物，不得谋取其他利益。

第五十五条 司法行政机关应当加强对实施律师执业许可和日常监督管理活动的层级监督，按照规定建立有关工作的统计、请示、报告、督办等制度。

负责律师执业许可实施、律师执业年度考核结果备案或者奖励、处罚的司法行政机关，应当及时将有关许可决定、备案情况、奖惩情况通报下级司法行政机关，并报送上一级司法行政机关。

第五十六条 司法行政机关、律师协会应当建立律师和律师事务所信息管理系统，按照有关规定向社会公开律师基本信息和年度考核结果、奖惩情况。

第五十七条 司法行政机关应当加强对律师协

会的指导、监督,支持律师协会依照《律师法》和协会章程、行业规范对律师执业活动实行行业自律,建立健全行政管理与行业自律相结合的协调、协作机制。

第五十八条　各级司法行政机关应当定期将本行政区域律师队伍建设、执业活动情况的统计资料、年度管理工作总结报送上一级司法行政机关。

第五十九条　人民法院、人民检察院、公安机关、国家安全机关或者其他有关部门对律师的违法违规行为向司法行政机关、律师协会提出予以处罚、处分建议的,司法行政机关、律师协会应当自作出处理决定之日起七日内通报建议机关。

第六十条　司法行政机关工作人员在律师执业许可和实施监督管理活动中,滥用职权、玩忽职守,构成犯罪的,依法追究刑事责任;尚不构成犯罪的,依法给予行政处分。

第六章　附　　则

第六十一条　军队律师的执业管理,按照国务院和中央军事委员会有关规定执行。

第六十二条　本办法自 2016 年 11 月 1 日起施行。此前司法部制定的有关律师执业管理的规章、规范性文件与本办法相抵触的,以本办法为准。

历年试题

2017 年试卷一第 85 题:律师在推进全面依法治国进程中具有重要作用,律师应依法执业、诚信执业、规范执业。根据《律师执业管理办法》,下列哪些做法是正确的?

A. 甲律师依法向被害人收集被告人不在聚众斗殴现场的证据,提交检察院要求其及时进行审查

B. 乙律师对当事人及家属准备到法院门口静坐、举牌、声援的做法,予以及时有效的劝阻

C. 丙律师在向一方当事人提供法律咨询中致电对方当事人,告知对方诉讼请求缺乏法律和事实依据

D. 丁律师在社区普法宣传中,告知群众诉讼是解决继承问题的唯一途径,并称其可提供最专业的诉讼代理服务

答案:AB。

律师执业行为规范(试行)

(2004年3月20日五届全国律协第九次常务理事会审议通过试行 2009年12月27日七届二次理事会修订 2017年1月8日第九届全国律协常务理事会第二次会议审议通过)

第一章 总 则

第一条 为规范律师执业行为,保障律师执业权益,根据《中华人民共和国律师法》和《中华全国律师协会章程》制定本规范。

第二条 本规范是律师规范执业行为的指引,是评判律师执业行为的行业标准,是律师自我约束的行为准则。

第三条 律师应当把拥护中国共产党领导、拥护社会主义法治作为从业的基本要求。

第四条 律师执业行为违反本规范中强制性规范的,将依据相关规范性文件给予处分或惩戒。本规范中的任意性规范,律师应当自律遵守。

第五条 本规范适用于作为中华全国律师协会会员的律师和律师事务所,律师事务所其他从业人员参照本规范执行。

第二章 律师执业基本行为规范

第六条 律师应当忠于宪法、法律,恪守律师职业道德和执业纪律。

律师不得利用律师身份和以律师事务所名义炒作个案,攻击社会主义制度,从事危害国家安全活动,不得利用律师身份煽动、教唆、组织有关利益群体,干扰、破坏正常社会秩序,不得利用律师身份教唆、指使当事人串供、伪造证据,干扰正常司法活动。

第七条 律师应当诚实守信、勤勉尽责,依据事实和法律,维护当事人合法权益,维护法律正确实施,维护社会公平和正义。

第八条 律师应当注重职业修养,自觉维护律师行业声誉。

第九条 律师应当保守在执业活动中知悉的国家秘密、商业秘密,不得泄露当事人的隐私。

律师对在执业活动中知悉的委托人和其他人不愿泄露的情况和信息,应当予以保密。但是,委托人或者其他人准备或者正在实施的危害国家安全、公共安全以及其他严重危害他人人身、财产安全的犯罪事实和信息除外。

第十条 律师应当尊重同行,公平竞争,同业互助。

第十一条 律师协会倡导律师关注、支持、积极参加社会公益事业。

第十二条 律师在执业期间不得以非律师身份从事法律服务。

律师只能在一个律师事务所执业。

律师不得在受到停止执业处罚期间继续执业,或者在律师事务所被停业整顿期间、注销后继续以原所名义执业。

第十三条 律师不得在同一案件中为双方当事人担任代理人,不得代理与本人或者其近亲属有利益冲突的法律事务。

第十四条 律师担任各级人民代表大会常务委员会组成人员的,任职期间不得从事诉讼代理或者辩护业务。

第十五条 律师不得为以下行为:

(一)产生不良社会影响,有损律师行业声誉的行为;

(二)妨碍国家司法、行政机关依法行使职权的行为;

(三)参加法律所禁止的机构、组织或者社会团体;

(四)其他违反法律、法规、律师协会行业规范及职业道德的行为;

(五)其他违反社会公德,严重损害律师职业形象的行为。

第三章 律师业务推广行为规范

第一节 业务推广原则

第十六条 律师和律师事务所推广律师业务,应当遵守平等、诚信原则,遵守律师职业道德和执业纪律,遵守律师行业公认的行业准则,公平竞争。

第十七条 律师和律师事务所应当通过提高自

身综合素质、提高法律服务质量、加强自身业务竞争能力的途径,开展、推广律师业务。

第十八条 律师和律师事务所可以依法以广告方式宣传律师和律师事务所以及自己的业务领域和专业特长。

第十九条 律师和律师事务所可以通过发表学术论文、案例分析、专题解答、授课、普及法律等活动,宣传自己的专业领域。

第二十条 律师和律师事务所可以通过举办或者参加各种形式的专题、专业研讨会,宣传自己的专业特长。

第二十一条 律师可以以自己或者其任职的律师事务所名义参加各种社会公益活动。

第二十二条 律师和律师事务所在业务推广中不得为不正当竞争行为。

第二节 律师业务推广广告

第二十三条 律师和律师事务所为推广业务,可以发布使社会公众了解律师个人和律师事务所法律服务业务信息的广告。

第二十四条 律师发布广告应当遵守国家法律、法规、规章和本规范。

第二十五条 律师发布广告应当具有可识别性,应当能够使社会公众辨明是律师广告。

第二十六条 律师广告可以以律师个人名义发布,也可以以律师事务所名义发布。以律师个人名义发布的律师广告应当注明律师个人所任职的执业机构名称,应当载明律师执业证号。

第二十七条 具有下列情况之一的,律师和律师事务所不得发布律师广告:

(一)没有通过年度考核的;

(二)处于停止执业或停业整顿处罚期间的;

(三)受到通报批评、公开谴责未满一年的。

第二十八条 律师个人广告的内容,应当限于律师的姓名、肖像、年龄、性别,学历、学位、专业、律师执业许可日期、所任职律师事务所名称、在所任职律师事务所的执业期限;收费标准、联系方法;依法能够向社会提供的法律服务业务范围;执业业绩。

第二十九条 律师事务所广告的内容应当限于律师事务所名称、住所、电话号码、传真号码、邮政编码、电子信箱、网址;所属律师协会;所内执业律师及依法能够向社会提供的法律服务业务范围简介;执业业绩。

第三十条 律师和律师事务所不得以有悖律师使命、有损律师形象的方式制作广告,不得采用一般商业广告的艺术夸张手段制作广告。

第三十一条 律师广告中不得出现违反所属律师协会有关律师广告管理规定的内容。

第三节 律师宣传

第三十二条 律师和律师事务所不得进行歪曲事实和法律,或者可能使公众对律师产生不合理期望的宣传。

第三十三条 律师和律师事务所可以宣传所从事的某一专业法律服务领域,但不得自我声明或者暗示其被公认或者证明为某一专业领域的权威或专家。

第三十四条 律师和律师事务所不得进行律师之间或者律师事务所之间的比较宣传。

第四章 律师与委托人或当事人的关系规范

第一节 委托代理关系

第三十五条 律师应当与委托人就委托事项范围、内容、权限、费用、期限等进行协商,经协商达成一致后,由律师事务所与委托人签署委托协议。

第三十六条 律师应当充分运用专业知识,依照法律和委托协议完成委托事项,维护委托人或者当事人的合法权益。

第三十七条 律师与所任职律师事务所有权根据法律规定、公平正义及律师执业道德标准,选择实现委托人或者当事人目的的方案。

第三十八条 律师应当严格按照法律规定的期间、时效以及与委托人约定的时间办理委托事项。对委托人了解委托事项办理情况的要求,应当及时给予答复。

第三十九条 律师应当建立律师业务档案,保存完整的工作记录。

第四十条 律师应谨慎保管委托人或当事人提供的证据原件、原物、音像资料底版以及其他材料。

第四十一条 律师接受委托后,应当在委托人委托的权限内开展执业活动,不得超越委托权限。

第四十二条 律师接受委托后,无正当理由不得拒绝辩护或者代理、或以其他方式终止委托。委托事项违法、委托人利用律师提供的服务从事违法活动或者委托人故意隐瞒与案件有关的重要事实的,律师有权告知委托人并要求其整改,有权拒绝辩护或者代理、或以其他方式终止委托,并有权就已经履行事务取得律师费。

第四十三条 律师在承办受托业务时,对已经出现的和可能出现的不可克服的困难、风险,应当及时通知委托人,并向律师事务所报告。

第二节 禁止虚假承诺

第四十四条 律师根据委托人提供的事实和证据,依据法律规定进行分析,向委托人提出分析性意见。

第四十五条 律师的辩护、代理意见未被采纳,不属于虚假承诺。

第三节 禁止非法牟取委托人权益

第四十六条 律师和律师事务所不得利用提供法律服务的便利,牟取当事人争议的权益。

第四十七条 律师和律师事务所不得违法与委托人就争议的权益产生经济上的联系,不得与委托人约定将争议标的物出售给自己;不得委托他人为自己或为自己的近亲属收购、租赁委托人与他人发生争议的标的物。

第四十八条 律师事务所可以依法与当事人或委托人签订以回收款项或标的物为前提按照一定比例收取货币或实物作为律师费用的协议。

第四节 利益冲突审查

第四十九条 律师事务所应当建立利益冲突审查制度。律师事务所在接受委托之前,应当进行利益冲突审查并作出是否接受委托决定。

第五十条 办理委托事务的律师与委托人之间存在利害关系或利益冲突的,不得承办该业务并应当主动提出回避。

第五十一条 有下列情形之一的,律师及律师事务所不得与当事人建立或维持委托关系:

(一)律师在同一案件中为双方当事人担任代理人,或代理与本人或者其近亲属有利益冲突的法律事务的;

(二)律师办理诉讼或者非诉讼业务,其近亲属是对方当事人的法定代表人或者代理人的;

(三)曾经亲自处理或者审理过某一事项或者案件的行政机关工作人员、审判人员、检察人员、仲裁员,成为律师后又办理该事项或者案件的;

(四)同一律师事务所的不同律师同时担任同一刑事案件的被害人的代理人和犯罪嫌疑人、被告人的辩护人,但在该县区域内只有一家律师事务所且事先征得当事人同意的除外;

(五)在民事诉讼、行政诉讼、仲裁案件中,同一律师事务所的不同律师同时担任争议双方当事人的代理人,或者本所或其工作人员为一方当事人,本所其他律师担任对方当事人的代理人的;

(六)在非诉讼业务中,除各方当事人共同委托外,同一律师事务所的律师同时担任彼此有利害关系的各方当事人的代理人的;

(七)在委托关系终止后,同一律师事务所或同一律师在同一案件后续审理或者处理中又接受对方当事人委托的;

(八)其他与本条第(一)至第(七)项情形相似,且依据律师执业经验和行业常识能够判断为应当主动回避且不得办理的利益冲突情形。

第五十二条 有下列情形之一的,律师应当告知委托人并主动提出回避,但委托人同意其代理或者继续承办的除外:

(一)接受民事诉讼、仲裁案件一方当事人的委托,而同所的其他律师是该案件中对方当事人的近亲属的;

(二)担任刑事案件犯罪嫌疑人、被告人的辩护人,而同所的其他律师是该案件被害人的近亲属的;

(三)同一律师事务所接受正在代理的诉讼案件或者非诉讼业务当事人的对方当事人所委托的其他法律业务的;

(四)律师事务所与委托人存在法律服务关系,在某一诉讼或仲裁案件中该委托人未要求该律师事务所律师担任其代理人,而该律师事务所律师担任该委托人对方当事人的代理人的;

(五)在委托关系终止后一年内,律师又就同一法律事务接受与原委托人有利害关系的对方当事人的委托的;

(六)其他与本条第(一)至第(五)项情况相似,且依据律师执业经验和行业常识能够判断的其他情形。

律师和律师事务所发现存在上述情形的,应当告知委托人利益冲突的事实和可能产生的后果,由委托人决定是否建立或维持委托关系。委托人决定建立或维持委托关系的,应当签署知情同意书,表明当事人已经知悉存在利益冲突的基本事实和可能产生的法律后果,以及当事人明确同意与律师事务所及律师建立或维持委托关系。

第五十三条 委托人知情并签署知情同意书以示豁免的,承办律师在办理案件的过程中应对各自委托人的案件信息予以保密,不得将与案件有关的信息披露给相对人的承办律师。

第五节　保管委托人财产

第五十四条　律师事务所可以与委托人签订书面保管协议，妥善保管委托人财产，严格履行保管协议。

第五十五条　律师事务所受委托保管委托人财产时，应当将委托人财产与律师事务所的财产、律师个人财产严格分离。

第六节　转　委　托

第五十六条　未经委托人同意，律师事务所不得将委托人委托的法律事务转委托其他律师事务所办理。但在紧急情况下，为维护委托人的利益可以转委托，但应当及时告知委托人。

第五十七条　受委托律师遇有突患疾病、工作调动等紧急情况不能履行委托协议时，应当及时报告律师事务所，由律师事务所另行指定其他律师继续承办，并及时告知委托人。

第五十八条　非经委托人的同意，不能因转委托而增加委托人的费用支出。

第七节　委托关系的解除与终止

第五十九条　有下列情形之一的，律师事务所应当终止委托关系：

（一）委托人提出终止委托协议的；

（二）律师受到吊销执业证书或者停止执业处罚的，经过协商，委托人不同意更换律师的；

（三）当发现有本规范第五十一条规定的利益冲突情形的；

（四）受委托律师因健康状况不适合继续履行委托协议的，经过协商，委托人不同意更换律师的；

（五）继续履行委托协议违反法律、法规、规章或者本规范的。

第六十条　有下列情形之一，经提示委托人不纠正的，律师事务所可以解除委托协议：

（一）委托人利用律师提供的法律服务从事违法犯罪活动的；

（二）委托人要求律师完成无法实现或者不合理的目标的；

（三）委托人没有履行委托合同义务的；

（四）在事先无法预见的前提下，律师向委托人提供法律服务将会给律师带来不合理的费用负担，或给律师造成难以承受的、不合理的困难的；

（五）其他合法的理由的。

第六十一条　律师事务所依照本规范第五十九条、第六十条的规定终止代理或者解除委托的，委托人与律师事务所协商解除协议的，委托人单方终止委托代理协议的，律师事务所有权收取已提供服务部分的费用。

第六十二条　律师事务所与委托人解除委托关系后，应当退还当事人提供的资料原件、物证原物、视听资料底版等证据，并可以保留复印件存档。

第五章　律师参与诉讼或仲裁规范

第一节　调　查　取　证

第六十三条　律师应当依法调查取证。

第六十四条　律师不得向司法机关或者仲裁机构提交明知是虚假的证据。

第六十五条　律师作为证人出庭作证的，不得再接受委托担任该案的辩护人或者代理人出庭。

第二节　尊重法庭与规范接触司法人员

第六十六条　律师应当遵守法庭、仲裁庭纪律，遵守出庭时间、举证时限、提交法律文书期限及其他程序性规定。

第六十七条　在开庭审理过程中，律师应当尊重法庭、仲裁庭。

第六十八条　律师在执业过程中，因对事实真假、证据真伪及法律适用是否正确而与诉讼相对方意见不一致的，或者为了向案件承办人提交新证据的，与案件承办人接触和交换意见应当在司法机关内指定场所。

第六十九条　律师在办案过程中，不得与所承办案件有关的司法、仲裁人员私下接触。

第七十条　律师不得贿赂司法机关和仲裁机构人员，不得以许诺回报或者提供其他利益（包括物质利益和非物质形态的利益）等方式，与承办案件的司法、仲裁人员进行交易。

律师不得介绍贿赂或者指使、诱导当事人行贿。

第三节　庭审仪表和语态

第七十一条　律师担任辩护人、代理人参加法庭、仲裁庭审理，应当按照规定穿着律师出庭服装，佩戴律师出庭徽章，注重律师职业形象。

第七十二条　律师在法庭或仲裁庭发言时应当举止庄重、大方，用词文明、得体。

第六章 律师与其他律师的关系规范

第一节 尊重与合作

第七十三条 律师与其他律师之间应当相互帮助、相互尊重。

第七十四条 在庭审或者谈判过程中各方律师应当互相尊重，不得使用挖苦、讽刺或者侮辱性的语言。

第七十五条 律师或律师事务所不得在公众场合及媒体上发表恶意贬低、诋毁、损害同行声誉的言论。

第七十六条 律师变更执业机构时应当维护委托人及原律师事务所的利益；律师事务所在接受转入律师时，不得损害原律师事务所的利益。

第七十七条 律师与委托人发生纠纷的，律师事务所的解决方案应当充分尊重律师本人的意见，律师应当服从律师事务所解决纠纷的决议。

第二节 禁止不正当竞争

第七十八条 律师和律师事务所不得采用不正当手段进行业务竞争，损害其他律师及律师事务所的声誉或者其他合法权益。

第七十九条 有下列情形之一的，属于律师执业不正当竞争行为：

（一）诋毁、诽谤其他律师或者律师事务所信誉、声誉；

（二）无正当理由，以低于同地区同行业收费标准为条件争揽业务，或者采用承诺给予客户、中介人、推荐人回扣、馈赠金钱、财物或者其他利益等方式争揽业务；

（三）故意在委托人与其代理律师之间制造纠纷；

（四）向委托人明示或者暗示自己或者其属的律师事务所与司法机关、政府机关、社会团体及其工作人员具有特殊关系；

（五）就法律服务结果或者诉讼结果作出虚假承诺；

（六）明示或者暗示可以帮助委托人达到不正当目的，或者以不正当的方式、手段达到委托人的目的。

第八十条 律师和律师事务所在与行政机关、行业管理部门以及企业的接触中，不得采用下列不正当手段与同行进行业务竞争：

（一）通过与某机关、某部门、某行业对某一类的法律服务事务进行垄断的方式争揽业务；

（二）限定委托人接受其指定的律师或者律师事务所提供法律服务，限制其他律师或律师事务所正当的业务竞争。

第八十一条 律师和律师事务所在与司法机关及司法人员接触中，不得采用利用律师兼有的其他身份影响所承办业务正常处理和审理的手段进行业务竞争。

第八十二条 依照有关规定取得从事特定范围法律服务的律师或律师事务所不得采取下列不正当竞争的行为：

（一）限制委托人接受经过法定机构认可的其他律师或律师事务所提供法律服务；

（二）强制委托人接受其提供的或者由其指定的律师提供的法律服务；

（三）对抵制上述行为的委托人拒绝、中断、拖延、削减必要的法律服务或者滥收费用。

第八十三条 律师或律师事务所相互之间不得采用下列手段排挤竞争对手的公平竞争：

（一）串通抬高或者压低收费；

（二）为争揽业务，不正当获取其他律师和律师事务所收费报价或者其他提供法律服务的条件；

（三）泄露收费报价或者其他提供法律服务的条件等暂未公开的信息，损害相关律师事务所的合法权益。

第八十四条 律师和律师事务所不得擅自或者非法使用社会专有名称或者知名度较高的名称以及代表其名称的标志、图形文字、代号以混淆误导委托人。

本规范所称的社会特有名称和知名度较高的名称是指：

（一）有关政党、司法机关、行政机关、行业协会名称；

（二）具有较高社会知名度的高等法学院校或者科研机构的名称；

（三）为社会公众共知、具有较高知名度的非律师公众人物名称；

（四）知名律师以及律师事务所名称。

第八十五条 律师和律师事务所不得伪造或者冒用法律服务荣誉称号。使用已获得的律师或者律师事务所法律服务荣誉称号的，应当注明获得时间和期限。律师和律师事务所不得变造已获得的荣誉称号用于广告宣传。律师事务所已撤销的，其原取得的荣誉称号不得继续使用。

第七章 律师与所任职的律师事务所关系规范

第八十六条 律师事务所是律师的执业机构。律师事务所对本所执业律师负有教育、管理和监督的职责。

第八十七条 律师事务所应当建立健全执业管理、利益冲突审查、收费与财务管理、投诉查处、年度考核、档案管理、劳动合同管理等制度，对律师在执业活动中遵守职业道德、执业纪律的情况进行监督。

第八十八条 律师事务所应当依法保障律师及其他工作人员的合法权益，为律师执业提供必要的工作条件。

第八十九条 律师承办业务，由律师事务所统一接受委托，与委托人签订书面委托合同，按照国家规定统一收取费用。

第九十条 律师及律师事务所必须依法纳税。

第九十一条 律师事务所应当定期组织律师开展时事政治、业务学习，总结交流执业经验，提高律师执业水平。

第九十二条 律师事务所应当认真指导申请律师执业实习人员实习，如实出具实习鉴定材料和相关证明材料。

第九十三条 律师事务所不得从事法律服务以外的经营活动。

第九十四条 律师和律师事务所应当按照国家规定履行法律援助义务，为受援人提供法律服务，维护受援人的合法权益。

第九十五条 律师事务所不得指派没有取得律师执业证书的人员或者处于停止执业处罚期间的律师以律师名义提供法律服务。

第九十六条 律师事务所对受其指派办理事务的律师辅助人员出现的错误，应当采取制止或者补救措施，并承担责任。

第九十七条 律师事务所有义务对律师、申请律师执业实习人员在业务及职业道德等方面进行管理。

第八章 律师与律师协会关系规范

第九十八条 律师和律师事务所应当遵守律师协会制定的律师行业规范和规则。律师和律师事务所享有律师协会章程规定的权利，承担律师协会章程规定的义务。

第九十九条 律师应当参加、完成律师协会组织的律师业务学习及考核。

第一百条 律师参加国际性律师组织并成为其会员的，以及以中国律师身份参加境外会议等活动的，应当报律师协会备案。

第一百零一条 律师和律师事务所因执业行为成为刑、民事被告，或者受到行政机关调查、处罚的，应当向律师协会书面报告。

第一百零二条 律师应当积极参加律师协会组织的律师业务研究活动，完成律师协会布置的业务研究任务，参加律师协会组织的公益活动。

第一百零三条 律师应当妥善处理律师执业中发生的纠纷，履行经律师协会调解达成的调解协议。

第一百零四条 律师应当执行律师协会就律师执业纠纷作出的处理决定。

律师应当履行律师协会依照法律、法规、规章及律师协会章程、规则作出的处分决定。

第一百零五条 律师应当按时缴纳会费。

第九章 附 则

第一百零六条 律师和律师事务所违反本《规范》的，律师协会应当依据《律师协会会员违规行为处分规则》和相关行业规范性文件实施处分。

第一百零七条 地方律师协会可以依据本规范，结合本地区情况制定实施细则。该实施细则与本规范不得冲突，并报全国律师协会备案后实施。

第一百零八条 本规范自颁布之日起施行。本规范以修正案的方式进行修改，修正案由常务理事会通过后试行，理事会通过后正式实施。

第一百零九条 本规范由中华全国律师协会常务理事会解释。

历年试题

2015 年试卷一第 48 题：王某和李某斗殴，李某与其子李二将王某打伤。李某在王某提起刑事自诉后聘请省会城市某律师事务所赵律师担任辩护人。关于本案，下列哪一做法符合相关规定？

A. 赵律师同时担任李某和李二的辩护人，该所钱律师担任本案王某代理人

B. 该所与李某商定辩护事务按诉讼结果收取律师费

C. 该所要求李某另外预交办案费

D. 该所指派实习律师代赵律师出庭辩护

答案：C。

2016 年试卷一第 49 题：某律师事务所律师代理原告诉被告买卖合同纠纷案件，下列哪一做法是正确的？

A. 该律师接案时，得知委托人同时接触他所律师，私下了解他所报价后以较低收费接受委托

B. 在代书起诉状中，律师提出要求被告承担精神损害赔偿 20 万元的诉讼请求

C. 在代理合同中约定，如胜诉，在 5 万元律师代理费外，律师事务所可按照胜诉金额的一定比例另收办案费用

D. 因律师代理意见未被法庭采纳，原告要求律师承担部分诉讼请求损失，律师事务所予以拒绝

答案：D。

律师职业道德基本准则

律发〔2014〕3号

第一条 律师应当坚定中国特色社会主义理想信念，坚持中国特色社会主义律师制度的本质属性，拥护党的领导，拥护社会主义制度，自觉维护宪法和法律尊严。

第二条 律师应当始终把执业为民作为根本宗旨，全心全意为人民群众服务，通过执业活动努力维护人民群众的根本利益，维护公民、法人和其他组织的合法权益。认真履行法律援助义务，积极参加社会公益活动，自觉承担社会责任。

第三条 律师应当坚定法治信仰，牢固树立法治意识，模范遵守宪法和法律，切实维护宪法和法律尊严。在执业中坚持以事实为根据，以法律为准绳，严格依法履责，尊重司法权威，遵守诉讼规则和法庭纪律，与司法人员建立良性互动关系，维护法律正确实施，促进司法公正。

第四条 律师应当把维护公平正义作为核心价值追求，为当事人提供勤勉尽责、优质高效的法律服务，努力维护当事人合法权益。引导当事人依法理性维权，维护社会大局稳定。依法充分履行辩护或代理职责，促进案件依法、公正解决。

第五条 律师应当牢固树立诚信意识，自觉遵守执业行为规范，在执业中恪尽职守、诚实守信、勤勉尽责、严格自律。积极履行合同约定义务和法定义务，维护委托人合法权益，保守在执业活动中知悉的国家机密、商业秘密和个人隐私。

第六条 律师应当热爱律师职业，珍惜律师荣誉，树立正确的执业理念，不断提高专业素质和执业水平，注重陶冶个人品行和道德情操，忠于职守，爱岗敬业，尊重同行，维护律师的个人声誉和律师行业形象。

律师事务所管理办法

（2008年7月18日司法部令第111号发布　2012年11月30日司法部令第125号修正　2016年9月6日司法部令第133号修订　2018年12月5日司法部令第142号修正）

第一章　总　　则

第一条　为了规范律师事务所的设立，加强对律师事务所的监督和管理，根据《中华人民共和国律师法》（以下简称《律师法》）和其他有关法律、法规的规定，制定本办法。

第二条　律师事务所是律师的执业机构。律师事务所应当依法设立并取得执业许可证。

律师事务所的设立和发展，应当根据国家和地方经济社会发展的需要，实现合理分布、均衡发展。

第三条　律师事务所应当坚持以习近平新时代中国特色社会主义思想为指导，坚持和加强党对律师工作的全面领导，坚定维护以习近平同志为核心的党中央权威和集中统一领导，把拥护中国共产党领导、拥护社会主义法治作为从业的基本要求，增强广大律师走中国特色社会主义法治道路的自觉性和坚定性。

律师事务所应当依法开展业务活动，加强内部管理和对律师执业行为的监督，依法承担相应的法律责任。

任何组织和个人不得非法干预律师事务所的业务活动，不得侵害律师事务所的合法权益。

第四条　律师事务所应当加强党的建设，充分发挥党组织的战斗堡垒作用和党员律师的先锋模范作用。

律师事务所有三名以上正式党员的，应当根据《中国共产党章程》的规定，经上级党组织批准，成立党的基层组织，并按期进行换届。律师事务所正式党员不足三人的，应当通过联合成立党组织、上级党组织选派党建工作指导员等方式开展党的工作，并在条件具备时及时成立党的基层组织。

律师事务所应当建立完善党组织参与律师事务所决策、管理的工作机制，为党组织开展活动、做好工作提供场地、人员和经费等支持。

第五条　司法行政机关依照《律师法》和本办法的规定对律师事务所进行监督、指导。

律师协会依照《律师法》、协会章程和行业规范，对律师事务所实行行业自律。

司法行政机关、律师协会应当结合监督管理职责，加强对律师行业党的建设的指导。

第六条　司法行政机关、律师协会应当建立健全律师事务所表彰奖励制度，根据有关规定设立综合性和单项表彰项目，对为维护人民群众合法权益、促进经济社会发展和国家法治建设作出突出贡献的律师事务所进行表彰奖励。

第二章　律师事务所的设立条件

第七条　律师事务所可以由律师合伙设立、律师个人设立或者由国家出资设立。

合伙律师事务所可以采用普通合伙或者特殊的普通合伙形式设立。

第八条　设立律师事务所应当具备下列基本条件：

（一）有自己的名称、住所和章程；

（二）有符合《律师法》和本办法规定的律师；

（三）设立人应当是具有一定的执业经历并能够专职执业的律师，且在申请设立前三年内未受过停止执业处罚；

（四）有符合本办法规定数额的资产。

第九条　设立普通合伙律师事务所，除应当符合本办法第八条规定的条件外，还应当具备下列条件：

（一）有书面合伙协议；

（二）有三名以上合伙人作为设立人；

（三）设立人应当是具有三年以上执业经历并能够专职执业的律师；

（四）有人民币三十万元以上的资产。

第十条　设立特殊的普通合伙律师事务所，除应当符合本办法第八条规定的条件外，还应当具备下列条件：

（一）有书面合伙协议；

（二）有二十名以上合伙人作为设立人；

（三）设立人应当是具有三年以上执业经历并能够专职执业的律师；

（四）有人民币一千万元以上的资产。

第十一条 设立个人律师事务所，除应当符合本办法第八条规定的条件外，还应当具备下列条件：

（一）设立人应当是具有五年以上执业经历并能够专职执业的律师；

（二）有人民币十万元以上的资产。

第十二条 国家出资设立的律师事务所，除符合《律师法》规定的一般条件外，应当至少有二名符合《律师法》规定并能够专职执业的律师。

需要国家出资设立律师事务所的，由当地县级司法行政机关筹建，申请设立许可前须经所在地县级人民政府有关部门核拨编制、提供经费保障。

第十三条 省、自治区、直辖市司法行政机关可以根据本地经济社会发展状况和律师业发展需要，适当调整本办法规定的普通合伙律师事务所、特殊的普通合伙律师事务所和个人律师事务所的设立资产数额，报司法部批准后实施。

第十四条 设立律师事务所，其申请的名称应当符合司法部有关律师事务所名称管理的规定，并应当在申请设立许可前按规定办理名称检索。

第十五条 律师事务所负责人人选，应当在申请设立许可时一并报审核机关核准。

合伙律师事务所的负责人，应当从本所合伙人中经全体合伙人选举产生；国家出资设立的律师事务所的负责人，由本所律师推选，经所在地县级司法行政机关同意。

个人律师事务所设立人是该所的负责人。

第十六条 律师事务所章程应当包括下列内容：

（一）律师事务所的名称和住所；

（二）律师事务所的宗旨；

（三）律师事务所的组织形式；

（四）设立资产的数额和来源；

（五）律师事务所负责人的职责以及产生、变更程序；

（六）律师事务所决策、管理机构的设置、职责；

（七）本所律师的权利与义务；

（八）律师事务所有关执业、收费、财务、分配等主要管理制度；

（九）律师事务所解散的事由、程序以及清算办法；

（十）律师事务所章程的解释、修改程序；

（十一）律师事务所党组织的设置形式、地位作用、职责权限、参与本所决策、管理的工作机制和党建工作保障措施等；

（十二）其他需要载明的事项。

设立合伙律师事务所的，其章程还应当载明合伙人的姓名、出资额及出资方式。

律师事务所章程的内容不得与有关法律、法规、规章相抵触。

律师事务所章程自省、自治区、直辖市司法行政机关作出准予设立律师事务所决定之日起生效。

第十七条 合伙协议应当载明下列内容：

（一）合伙人，包括姓名、居住地、身份证号、律师执业经历等；

（二）合伙人的出资额及出资方式；

（三）合伙人的权利、义务；

（四）合伙律师事务所负责人的职责以及产生、变更程序；

（五）合伙人会议的职责、议事规则等；

（六）合伙人收益分配及债务承担方式；

（七）合伙人入伙、退伙及除名的条件和程序；

（八）合伙人之间争议的解决方法和程序，违反合伙协议承担的责任；

（九）合伙协议的解释、修改程序；

（十）其他需要载明的事项。

合伙协议的内容不得与有关法律、法规、规章相抵触。

合伙协议由全体合伙人协商一致并签名，自省、自治区、直辖市司法行政机关作出准予设立律师事务所决定之日起生效。

第三章 律师事务所设立许可程序

第十八条 律师事务所的设立许可，由设区的市级或者直辖市的区（县）司法行政机关受理设立申请并进行初审，报省、自治区、直辖市司法行政机关进行审核，作出是否准予设立的决定。

第十九条 申请设立律师事务所，应当向所在地设区的市级或者直辖市的区（县）司法行政机关提交下列材料：

（一）设立申请书；

（二）律师事务所的名称、章程；

（三）设立人的名单、简历、身份证明、律师执业证书，律师事务所负责人人选；

（四）住所证明；

（五）资产证明。

设立合伙律师事务所，还应当提交合伙协议。

设立国家出资设立的律师事务所，应当提交所在地县级人民政府有关部门出具的核拨编制、提供经费保障的批件。

申请设立许可时，申请人应当如实填报《律师事务所设立申请登记表》。

第二十条 设区的市级或者直辖市的区（县）司法行政机关对申请人提出的设立律师事务所申请，应当根据下列情况分别作出处理：

（一）申请材料齐全、符合法定形式的，应当受理；

（二）申请材料不齐全或者不符合法定形式的，应当当场或者自收到申请材料之日起五日内一次告知申请人需要补正的全部内容。申请人按要求补正的，予以受理；逾期不告知的，自收到申请材料之日起即为受理；

（三）申请事项明显不符合法定条件或者申请人拒绝补正、无法补正有关材料的，不予受理，并向申请人书面说明理由。

第二十一条 受理申请的司法行政机关应当在决定受理之日起二十日内完成对申请材料的审查。

在审查过程中，可以征求拟设立律师事务所所在地县级司法行政机关的意见；对于需要调查核实有关情况的，可以要求申请人提供有关证明材料，也可以委托县级司法行政机关进行核实。

经审查，应当对设立律师事务所的申请是否符合法定条件、材料是否真实齐全出具审查意见，并将审查意见和全部申请材料报送省、自治区、直辖市司法行政机关。

第二十二条 省、自治区、直辖市司法行政机关应当自收到受理申请机关报送的审查意见和全部申请材料之日起十日内予以审核，作出是否准予设立律师事务所的决定。

准予设立的，应当自决定之日起十日内向申请人颁发律师事务所执业许可证。

不准予设立的，应当向申请人书面说明理由。

第二十三条 律师事务所执业许可证分为正本和副本。正本用于办公场所悬挂，副本用于接受查验。正本和副本具有同等的法律效力。

律师事务所执业许可证应当载明的内容、制作的规格、证号编制办法，由司法部规定。执业许可证由司法部统一制作。

第二十四条 律师事务所设立申请人应当在领取执业许可证后的六十日内，按照有关规定刻制印章、开立银行账户、办理税务登记，完成律师事务所开业的各项准备工作，并将刻制的律师事务所公章、财务章印模和开立的银行账户报所在地设区的市级或者直辖市的区（县）司法行政机关备案。

第二十五条 有下列情形之一的，由作出准予设立律师事务所决定的省、自治区、直辖市司法行政机关撤销原准予设立的决定，收回并注销律师事务所执业许可证：

（一）申请人以欺骗、贿赂等不正当手段取得准予设立决定的；

（二）对不符合法定条件的申请或者违反法定程序作出准予设立决定的。

第四章　律师事务所的变更和终止

第二十六条 律师事务所变更名称、负责人、章程、合伙协议的，应当经所在地设区的市级或者直辖市的区（县）司法行政机关审查后报原审核机关批准。具体办法按律师事务所设立许可程序办理。

律师事务所变更住所、合伙人的，应当自变更之日起十五日内经所在地设区的市级或者直辖市的区（县）司法行政机关报原审核机关备案。

第二十七条 律师事务所跨县、不设区的市、市辖区变更住所，需要相应变更负责对其实施日常监督管理的司法行政机关的，应当在办理备案手续后，由其所在地设区的市级司法行政机关或者直辖市司法行政机关将有关变更情况通知律师事务所迁入地的县级司法行政机关。

律师事务所拟将住所迁移其他省、自治区、直辖市的，应当按注销原律师事务所、设立新的律师事务所的程序办理。

第二十八条 律师事务所变更合伙人，包括吸收新合伙人、合伙人退伙、合伙人因法定事由或者经合伙人会议决议被除名。

新合伙人应当从专职执业的律师中产生，并具有三年以上执业经历，但司法部另有规定的除外。受到六个月以上停止执业处罚的律师，处罚期满未逾三年的，不得担任合伙人。

合伙人退伙、被除名的，律师事务所应当依照法律、本所章程和合伙协议处理相关财产权益、债务承担等事务。

因合伙人变更需要修改合伙协议的，修改后的合伙协议应当按照本办法第二十六条第一款的规定报批。

第二十九条 律师事务所变更组织形式的，应当在自行依法处理好业务衔接、人员安排、资产处置、债务承担等事务并对章程、合伙协议作出相应修改后，方可按照本办法第二十六条第一款的规定申请变更。

第三十条 律师事务所因分立、合并,需要对原律师事务所进行变更或者注销原律师事务所、设立新的律师事务所的,应当在自行依法处理好相关律师事务所的业务衔接、人员安排、资产处置、债务承担等事务后,提交分立协议或者合并协议等申请材料,按照本办法的相关规定办理。

第三十一条 律师事务所有下列情形之一的,应当终止:

(一)不能保持法定设立条件,经限期整改仍不符合条件的;

(二)执业许可证被依法吊销的;

(三)自行决定解散的;

(四)法律、行政法规规定应当终止的其他情形。

律师事务所在取得设立许可后,六个月内未开业或者无正当理由停止业务活动满一年的,视为自行停办,应当终止。

律师事务所在受到停业整顿处罚期限未满前,不得自行决定解散。

第三十二条 律师事务所在终止事由发生后,不得受理新的业务。

律师事务所在终止事由发生后,应当向社会公告,依照有关规定进行清算,依法处置资产分割、债务清偿等事务。

律师事务所应当在清算结束后十五日内向所在地设区的市级或者直辖市的区(县)司法行政机关提交注销申请书、清算报告、本所执业许可证以及其他有关材料,由其出具审查意见后连同全部注销申请材料报原审核机关审核,办理注销手续。

律师事务所拒不履行公告、清算义务的,由设区的市级或者直辖市的区(县)司法行政机关向社会公告后,可以直接报原审核机关办理注销手续。律师事务所被注销后的债权、债务由律师事务所的设立人、合伙人承担。

律师事务所被注销的,其业务档案、财务账簿、本所印章的移管、处置,按照有关规定办理。

第五章 律师事务所分所的设立、变更和终止

第三十三条 成立三年以上并具有二十名以上执业律师的合伙律师事务所,根据业务发展需要,可以在本所所在地的市、县以外的地方设立分所。设在直辖市、设区的市的合伙律师事务所也可以在本所所在城区以外的区、县设立分所。

律师事务所及其分所受到停业整顿处罚期限未满的,该所不得申请设立分所;律师事务所的分所受到吊销执业许可证处罚的,该所自分所受到处罚之日起二年内不得申请设立分所。

第三十四条 分所应当具备下列条件:

(一)有符合《律师事务所名称管理办法》规定的名称;

(二)有自己的住所;

(三)有三名以上律师事务所派驻的专职律师;

(四)有人民币三十万元以上的资产;

(五)分所负责人应当是具有三年以上的执业经历并能够专职执业,且在担任负责人前三年内未受过停止执业处罚的律师。

律师事务所到经济欠发达的市、县设立分所的,前款规定的派驻律师条件可以降至一至二名;资产条件可以降至人民币十万元。具体适用地区由省、自治区、直辖市司法行政机关确定。

省、自治区、直辖市司法行政机关根据本地经济社会发展和律师业发展状况,需要提高第一款第(三)、(四)项规定的条件的,按照本办法第十三条规定的程序办理。

第三十五条 律师事务所申请设立分所,应当提交下列材料:

(一)设立分所申请书;

(二)本所基本情况,本所设立许可机关为其出具的符合《律师法》第十九条和本办法第三十三条规定条件的证明;

(三)本所执业许可证复印件,本所章程和合伙协议;

(四)拟在分所执业的律师的名单、简历、身份证明和律师执业证书复印件;

(五)拟任分所负责人的人选及基本情况,该人选执业许可机关为其出具的符合本办法第三十四条第一款第五项规定条件的证明;

(六)分所的名称,分所住所证明和资产证明;

(七)本所制定的分所管理办法。

申请设立分所时,申请人应当如实填报《律师事务所分所设立申请登记表》。

第三十六条 律师事务所申请设立分所,由拟设立分所所在地设区的市级或者直辖市区(县)司法行政机关受理并进行初审,报省、自治区、直辖市司法行政机关审核,决定是否准予设立分所。具体程序按照本办法第二十条、第二十一条、第二十二条的规定办理。

准予设立分所的,由设立许可机关向申请人颁发律师事务所分所执业许可证。

第三十七条 分所律师除由律师事务所派驻

外，可以依照《律师执业管理办法》的规定面向社会聘用律师。

派驻分所律师，参照《律师执业管理办法》有关律师变更执业机构的规定办理，由准予设立分所的省、自治区、直辖市司法行政机关予以换发执业证书，原执业证书交回原颁证机关；分所聘用律师，依照《律师执业管理办法》规定的申请律师执业许可或者变更执业机构的程序办理。

第三十八条 律师事务所决定变更分所负责人的，应当经分所所在地设区的市级或者直辖市区（县）司法行政机关报分所设立许可机关批准；变更派驻分所律师的，参照《律师执业管理办法》有关律师变更执业机构的规定办理。

分所变更住所的，应当自变更之日起十五日内，经分所所在地设区的市级或者直辖市区（县）司法行政机关报分所设立许可机关备案。

律师事务所变更名称的，应当自名称获准变更之日起三十日内，经分所所在地设区的市级或者直辖市区（县）司法行政机关向分所设立许可机关申请变更分所名称。

第三十九条 有下列情形之一的，分所应当终止：

（一）律师事务所依法终止的；

（二）律师事务所不能保持《律师法》和本办法规定设立分所的条件，经限期整改仍不符合条件的；

（三）分所不能保持本办法规定的设立条件，经限期整改仍不符合条件的；

（四）分所在取得设立许可后六个月内未开业或者无正当理由停止业务活动满一年的；

（五）律师事务所决定停办分所的；

（六）分所执业许可证被依法吊销的；

（七）法律、行政法规规定应当终止的其他情形。

分所终止的，由分所设立许可机关注销分所执业许可证。分所终止的有关事宜按照本办法第三十二条的规定办理。

第六章　律师事务所执业和管理规则

第四十条 律师事务所应当建立健全执业管理和其他各项内部管理制度，规范本所律师执业行为，履行监管职责，对本所律师遵守法律、法规、规章及行业规范，遵守职业道德和执业纪律的情况进行监督，发现问题及时予以纠正。

第四十一条 律师事务所应当保障本所律师和辅助人员享有下列权利：

（一）获得本所提供的必要工作条件和劳动保障；

（二）获得劳动报酬及享受有关福利待遇；

（三）向本所提出意见和建议；

（四）法律、法规、规章及行业规范规定的其他权利。

第四十二条 律师事务所应当监督本所律师和辅助人员履行下列义务：

（一）遵守宪法和法律，遵守职业道德和执业纪律；

（二）依法、诚信、规范执业；

（三）接受本所监督管理，遵守本所章程和规章制度，维护本所的形象和声誉；

（四）法律、法规、规章及行业规范规定的其他义务。

第四十三条 律师事务所应当建立违规律师辞退和除名制度，对违法违规执业、违反本所章程及管理制度或者年度考核不称职的律师，可以将其辞退或者经合伙人会议通过将其除名，有关处理结果报所在地县级司法行政机关和律师协会备案。

第四十四条 律师事务所应当在法定业务范围内开展业务活动，不得以独资、与他人合资或者委托持股方式兴办企业，并委派律师担任企业法定代表人、总经理职务，不得从事与法律服务无关的其他经营性活动。

第四十五条 律师事务所应当与其他律师事务所公平竞争，不得以诋毁其他律师事务所、律师或者支付介绍费等不正当手段承揽业务。

第四十六条 律师承办业务，由律师事务所统一接受委托，与委托人签订书面委托合同。

律师事务所受理业务，应当进行利益冲突审查，不得违反规定受理与本所承办业务及其委托人有利益冲突的业务。

第四十七条 律师事务所应当按照有关规定统一收取服务费用并如实入账，建立健全收费管理制度，及时查处有关违规收费的举报和投诉，不得在实行政府指导价的业务领域违反规定标准收取费用，或者违反风险代理管理规定收取费用。

律师事务所应当按照规定建立健全财务管理制度，建立和实行合理的分配制度及激励机制。

律师事务所应当依法纳税。

第四十八条 律师事务所应当依法履行法律援助义务，及时安排本所律师承办法律援助案件，为办理法律援助案件提供条件和便利，无正当理由不得拒绝接受法律援助机构指派的法律援助案件。

第四十九条 律师事务所应当建立健全重大疑

难案件的请示报告、集体研究和检查督导制度，规范受理程序，指导监督律师依法办理重大疑难案件。

第五十条　律师事务所应当依法履行管理职责，教育管理本所律师依法、规范承办业务，加强对本所律师执业活动的监督管理，不得放任、纵容本所律师有下列行为：

（一）采取煽动、教唆和组织当事人或者其他人员到司法机关或者其他国家机关静坐、举牌、打横幅、喊口号、声援、围观等扰乱公共秩序、危害公共安全的非法手段，聚众滋事，制造影响，向有关部门施加压力；

（二）对本人或者其他律师正在办理的案件进行歪曲、有误导性的宣传和评论，恶意炒作案件；

（三）以串联组团、联署签名、发表公开信、组织网上聚集、声援等方式或者借个案研讨之名，制造舆论压力，攻击、诋毁司法机关和司法制度；

（四）无正当理由，拒不按照人民法院通知出庭参与诉讼，或者违反法庭规则，擅自退庭；

（五）聚众哄闹、冲击法庭，侮辱、诽谤、威胁、殴打司法工作人员或者诉讼参与人，否定国家认定的邪教组织的性质，或者有其他严重扰乱法庭秩序的行为；

（六）发表、散布否定宪法确立的根本政治制度、基本原则和危害国家安全的言论，利用网络、媒体挑动对党和政府的不满，发起、参与危害国家安全的组织或者支持、参与、实施危害国家安全的活动；以歪曲事实真相、明显违背社会公序良俗等方式，发表恶意诽谤他人的言论，或者发表严重扰乱法庭秩序的言论。

第五十一条　合伙律师事务所和国家出资设立的律师事务所应当按照规定为聘用的律师和辅助人员办理失业、养老、医疗等社会保险。

个人律师事务所聘用律师和辅助人员的，应当按前款规定为其办理社会保险。

第五十二条　律师事务所应当按照规定，建立执业风险、事业发展、社会保障等基金。

律师参加执业责任保险的具体办法另行规定。

第五十三条　律师违法执业或者因过错给当事人造成损失的，由其所在的律师事务所承担赔偿责任。律师事务所赔偿后，可以向有故意或者重大过失行为的律师追偿。

普通合伙律师事务所的合伙人对律师事务所的债务承担无限连带责任。特殊的普通合伙律师事务所一个合伙人或者数个合伙人在执业活动中因故意或者重大过失造成律师事务所债务的，应当承担无限责任或者无限连带责任，其他合伙人以其在律师事务所中的财产份额为限承担责任；合伙人在执业活动中非因故意或者重大过失造成的律师事务所债务，由全体合伙人承担无限连带责任。个人律师事务所的设立人对律师事务所的债务承担无限责任。国家出资设立的律师事务所以其全部资产对其债务承担责任。

第五十四条　律师事务所的负责人负责对律师事务所的业务活动和内部事务进行管理，对外代表律师事务所，依法承担对律师事务所违法行为的管理责任。

合伙人会议或者律师会议为合伙律师事务所或者国家出资设立的律师事务所的决策机构；个人律师事务所的重大决策应当充分听取聘用律师的意见。

律师事务所根据本所章程可以设立相关管理机构或者配备专职管理人员，协助本所负责人开展日常管理工作。

第五十五条　律师事务所应当加强对本所律师的职业道德和执业纪律教育，组织开展业务学习和经验交流活动，为律师参加业务培训和继续教育提供条件。

第五十六条　律师事务所应当建立律师表彰奖励制度，对依法、诚信、规范执业表现突出的律师予以表彰奖励。

第五十七条　律师事务所应当建立投诉查处制度，及时查处、纠正本所律师在执业活动中的违法违规行为，调处在执业中与委托人之间的纠纷；认为需要对被投诉律师给予行政处罚或者行业惩戒的，应当及时向所在地县级司法行政机关或者律师协会报告。

已担任合伙人的律师受到六个月以上停止执业处罚的，自处罚决定生效之日起至处罚期满后三年内，不得担任合伙人。

第五十八条　律师事务所应当建立律师执业年度考核制度，按照规定对本所律师的执业表现和遵守职业道德、执业纪律的情况进行考核，评定等次，实施奖惩，建立律师执业档案和诚信档案。

第五十九条　律师事务所应当于每年的一季度经所在地县级司法行政机关向设区的市级司法行政机关提交上一年度本所执业情况报告和律师执业考核结果，直辖市的律师事务所的执业情况报告和律师执业考核结果直接向所在地区（县）司法行政机关提交，接受司法行政机关的年度检查考核。具体年度检查考核办法，由司法部规定。

第六十条 律师事务所应当按照规定建立健全档案管理制度,对所承办业务的案卷和有关资料及时立卷归档,妥善保管。

第六十一条 律师事务所应当通过本所网站等,公开本所律师和辅助人员的基本信息和奖惩情况。

第六十二条 律师事务所应当妥善保管、依法使用本所执业许可证,不得变造、出借、出租。如有遗失或者损毁的,应当及时报告所在地县级司法行政机关,经所在地设区的市级或者直辖市区(县)司法行政机关向原审核机关申请补发或者换发。律师事务所执业许可证遗失的,应当在当地报刊上刊登遗失声明。

律师事务所被撤销许可、受到吊销执业许可证处罚的,由所在地县级司法行政机关收缴其执业许可证。

律师事务所受到停业整顿处罚的,应当自处罚决定生效后至处罚期限届满前,将执业许可证缴存其所在地县级司法行政机关。

第六十三条 律师事务所应当加强对分所执业和管理活动的监督,履行下列管理职责:

(一)任免分所负责人;

(二)决定派驻分所律师,核准分所聘用律师人选;

(三)审核、批准分所的内部管理制度;

(四)审核、批准分所的年度工作计划、年度工作总结;

(五)指导、监督分所的执业活动及重大法律事务的办理;

(六)指导、监督分所的财务活动,审核、批准分所的分配方案和年度财务预算、决算;

(七)决定分所重要事项的变更、分所停办和分所资产的处置;

(八)本所规定的其他由律师事务所决定的事项。

律师事务所应当依法对其分所的债务承担责任。

第七章 司法行政机关的监督管理

第六十四条 县级司法行政机关对本行政区域内的律师事务所的执业活动进行日常监督管理,履行下列职责:

(一)监督律师事务所在开展业务活动过程中遵守法律、法规、规章的情况;

(二)监督律师事务所执业和内部管理制度的建立和实施情况;

(三)监督律师事务所保持法定设立条件以及变更报批或者备案的执行情况;

(四)监督律师事务所进行清算、申请注销的情况;

(五)监督律师事务所开展律师执业年度考核和上报年度执业总结的情况;

(六)受理对律师事务所的举报和投诉;

(七)监督律师事务所履行行政处罚和实行整改的情况;

(八)司法部和省、自治区、直辖市司法行政机关规定的其他职责。

县级司法行政机关在开展日常监督管理过程中,对发现、查实的律师事务所在执业和内部管理方面存在的问题,应当对律师事务所负责人或者有关律师进行警示谈话,责令改正,并对其整改情况进行监督;对律师事务所的违法行为认为依法应当给予行政处罚的,应当向上一级司法行政机关提出处罚建议;认为需要给予行业惩戒的,移送律师协会处理。

第六十五条 设区的市级司法行政机关履行下列监督管理职责:

(一)掌握本行政区域律师事务所的执业活动和组织建设、队伍建设、制度建设的情况,制定加强律师工作的措施和办法;

(二)指导、监督下一级司法行政机关的日常监督管理工作,组织开展对律师事务所的专项监督检查工作,指导对律师事务所重大投诉案件的查处工作;

(三)对律师事务所进行表彰;

(四)依法定职权对律师事务所的违法行为实施行政处罚;对依法应当给予吊销执业许可证处罚的,向上一级司法行政机关提出处罚建议;

(五)组织开展对律师事务所的年度检查考核工作;

(六)受理、审查律师事务所设立、变更、设立分所、注销申请事项;

(七)建立律师事务所执业档案,负责有关律师事务所的许可、变更、终止及执业档案信息的公开工作;

(八)法律、法规、规章规定的其他职责。

直辖市的区(县)司法行政机关负有前款规定的有关职责。

第六十六条 省、自治区、直辖市司法行政机关履行下列监督管理职责:

（一）制定本行政区域律师事务所的发展规划和有关政策，制定律师事务所管理的规范性文件；

（二）掌握本行政区域律师事务所组织建设、队伍建设、制度建设和业务开展情况；

（三）监督、指导下级司法行政机关的监督管理工作，指导对律师事务所的专项监督检查和年度检查考核工作；

（四）组织对律师事务所的表彰活动；

（五）依法对律师事务所的严重违法行为实施吊销执业许可证的处罚，监督下一级司法行政机关的行政处罚工作，办理有关行政复议和申诉案件；

（六）办理律师事务所设立核准、变更核准或者备案、设立分所核准及执业许可证注销事项；

（七）负责本行政区域律师事务所有关重大信息的公开工作；

（八）法律、法规规定的其他职责。

第六十七条　律师事务所违反本办法有关规定的，依照《律师法》和有关法规、规章规定追究法律责任。

律师事务所违反本办法第四十四条、第四十五条、第四十七条、第四十八条、第五十条规定的，司法行政机关应当依照《律师法》第五十条相关规定予以行政处罚。

第六十八条　律师事务所管理分所的情况，应当纳入司法行政机关对该所年度检查考核的内容；律师事务所对分所及其律师疏于管理、造成严重后果的，由该所所在地司法行政机关依法实施行政处罚。

律师事务所分所及其律师，应当接受分所所在地司法行政机关的监督、指导，接受分所所在地律师协会的行业管理。

第六十九条　跨省、自治区、直辖市设立分所的，分所所在地的省、自治区、直辖市司法行政机关应当将分所设立、变更、终止以及年度考核、行政处罚等情况及时抄送设立分所的律师事务所所在的省、自治区、直辖市司法行政机关。

第七十条　各级司法行政机关及其工作人员对律师事务所实施监督管理，不得妨碍律师事务所依法执业，不得侵害律师事务所的合法权益，不得索取或者收受律师事务所及其律师的财物，不得谋取其他利益。

第七十一条　司法行政机关应当加强对实施许可和管理活动的层级监督，按照规定建立有关工作的统计、请示、报告、督办等制度。

负责律师事务所许可实施、年度检查考核或者奖励、处罚的司法行政机关，应当及时将有关许可决定、考核结果或者奖惩情况通报下级司法行政机关，并报送上一级司法行政机关。

第七十二条　司法行政机关、律师协会应当建立律师和律师事务所信息管理系统，按照有关规定向社会公开律师事务所基本信息和年度检查考核结果、奖惩情况。

第七十三条　司法行政机关应当加强对律师协会的指导、监督，支持律师协会依照《律师法》和协会章程、行业规范对律师事务所实行行业自律，建立健全行政管理与行业自律相结合的协调、协作机制。

第七十四条　各级司法行政机关应当定期将本行政区域律师事务所的组织、队伍、业务情况的统计资料、年度管理工作总结报送上一级司法行政机关。

第七十五条　人民法院、人民检察院、公安机关、国家安全机关或者其他有关部门对律师事务所的违法违规行为向司法行政机关、律师协会提出予以处罚、处分建议的，司法行政机关、律师协会应当自作出处理决定之日起7日内通报建议机关。

第七十六条　司法行政机关工作人员在律师事务所设立许可和实施监督管理活动中，滥用职权、玩忽职守，构成犯罪的，依法追究刑事责任；尚不构成犯罪的，依法给予行政处分。

第八章　附　　则

第七十七条　军队法律顾问处的管理，按照国务院和中央军事委员会有关规定执行。

第七十八条　本办法自2016年11月1日起施行。此前司法部制定的有关律师事务所管理的规章、规范性文件与本办法相抵触的，以本办法为准。

历年试题

2017年试卷一第49题：律师事务所应当建立健全执业管理和各项内部管理制度，履行监管职责，规范本所律师执业行为。根据《律师事务所管理办法》，某律师事务所下列哪一做法是正确的？

A. 委派钟律师担任该所出资成立的某信息咨询公司的总经理

B. 合伙人会议决定将年度考核不称职的刘律师除名，报县司法局和律协备案

C. 对本所律师执业表现和遵守职业道德情况进行考核，报律协批准后给予奖励

D. 对受到6个月停止执业处罚的祝律师，在其处罚期满1年后，决定恢复其合伙人身份

答案：B。

2020年试卷一考生回忆版：关于律师职业道德，下列做法错误的是：

A. 大学高校法学老师开设个人律所,应吊销其律师执照

B. 律所在责令停业期间可解散

C. 律师去当企业高管,应吊销其律师执照

D. 律所为了社会利益,0 元中标去国企当顾问

答案:ABCD。根据《律师事务所管理办法》第 11、12 条的规定,大学高校法学老师可以兼职律师,不能专职,不符合开设个人律所的条件,但不能因此吊销其律师执照,A 项说法错误。

《律师事务所管理办法》第 31 条第 3 款规定:"律师事务所在受到停业整顿处罚期限未满前,不得自行决定解散。"B 项说法错误。

根据《律师法》第 49 条的规定,律师在企业担任高管,并不在可能被吊销执照的范围之内。C 项中的做法错误。

本题中律所为了社会利益,0 元中标去国企当顾问,显然是明显低于成本价格的,属于不正当竞争,因此 D 项中的做法错误。

中华人民共和国公证法

(2005年8月28日第十届全国人民代表大会常务委员会第十七次会议通过　根据2015年4月24日第十二届全国人民代表大会常务委员会第十四次会议《关于修改〈中华人民共和国义务教育法〉等五部法律的决定》第一次修正　根据2017年9月1日第十二届全国人民代表大会常务委员会第二十九次会议《关于修改〈中华人民共和国法官法〉等八部法律的决定》第二次修正)

第一章　总　　则

第一条　为规范公证活动,保障公证机构和公证员依法履行职责,预防纠纷,保障自然人、法人或者其他组织的合法权益,制定本法。

第二条　公证是公证机构根据自然人、法人或者其他组织的申请,依照法定程序对民事法律行为、有法律意义的事实和文书的真实性、合法性予以证明的活动。

第三条　公证机构办理公证,应当遵守法律,坚持客观、公正的原则。

第四条　全国设立中国公证协会,省、自治区、直辖市设立地方公证协会。中国公证协会和地方公证协会是社会团体法人。中国公证协会章程由会员代表大会制定,报国务院司法行政部门备案。

公证协会是公证业的自律性组织,依据章程开展活动,对公证机构、公证员的执业活动进行监督。

第五条　司法行政部门依照本法规定对公证机构、公证员和公证协会进行监督、指导。

第二章　公 证 机 构

第六条　公证机构是依法设立,不以营利为目的,依法独立行使公证职能、承担民事责任的证明机构。

第七条　公证机构按照统筹规划、合理布局的原则,可以在县、不设区的市、设区的市、直辖市或者市辖区设立;在设区的市、直辖市可以设立一个或者若干个公证机构。公证机构不按行政区划层层设立。

第八条　设立公证机构,应当具备下列条件:

(一)有自己的名称;

(二)有固定的场所;

(三)有二名以上公证员;

(四)有开展公证业务所必需的资金。

第九条　设立公证机构,由所在地的司法行政部门报省、自治区、直辖市人民政府司法行政部门按照规定程序批准后,颁发公证机构执业证书。

第十条　公证机构的负责人应当在有三年以上执业经历的公证员中推选产生,由所在地的司法行政部门核准,报省、自治区、直辖市人民政府司法行政部门备案。

第十一条　根据自然人、法人或者其他组织的申请,公证机构办理下列公证事项:

(一)合同;

(二)继承;

(三)委托、声明、赠与、遗嘱;

(四)财产分割;

(五)招标投标、拍卖;

(六)婚姻状况、亲属关系、收养关系;

(七)出生、生存、死亡、身份、经历、学历、学位、职务、职称、有无违法犯罪记录;

(八)公司章程;

(九)保全证据;

(十)文书上的签名、印鉴、日期,文书的副本、影印本与原本相符;

(十一)自然人、法人或者其他组织自愿申请办理的其他公证事项。

法律、行政法规规定应当公证的事项,有关自然人、法人或者其他组织应当向公证机构申请办理公证。

第十二条　根据自然人、法人或者其他组织的申请,公证机构可以办理下列事务:

(一)法律、行政法规规定由公证机构登记的事务;

(二)提存;

(三)保管遗嘱、遗产或者其他与公证事项有关的财产、物品、文书;

(四)代写与公证事项有关的法律事务文书;

(五)提供公证法律咨询。

第十三条　公证机构不得有下列行为:

(一)为不真实、不合法的事项出具公证书;

（二）毁损、篡改公证文书或者公证档案；

（三）以诋毁其他公证机构、公证员或者支付回扣、佣金等不正当手段争揽公证业务；

（四）泄露在执业活动中知悉的国家秘密、商业秘密或者个人隐私；

（五）违反规定的收费标准收取公证费；

（六）法律、法规、国务院司法行政部门规定禁止的其他行为。

第十四条 公证机构应当建立业务、财务、资产等管理制度，对公证员的执业行为进行监督，建立执业过错责任追究制度。

第十五条 公证机构应当参加公证执业责任保险。

第三章 公 证 员

第十六条 公证员是符合本法规定的条件，在公证机构从事公证业务的执业人员。

第十七条 公证员的数量根据公证业务需要确定。省、自治区、直辖市人民政府司法行政部门应当根据公证机构的设置情况和公证业务的需要核定公证员配备方案，报国务院司法行政部门备案。

第十八条 担任公证员，应当具备下列条件：

（一）具有中华人民共和国国籍；

（二）年龄二十五周岁以上六十五周岁以下；

（三）公道正派，遵纪守法，品行良好；

（四）通过国家统一法律职业资格考试取得法律职业资格；

（五）在公证机构实习二年以上或者具有三年以上其他法律职业经历并在公证机构实习一年以上，经考核合格。

第十九条 从事法学教学、研究工作，具有高级职称的人员，或者具有本科以上学历，从事审判、检察、法制工作、法律服务满十年的公务员、律师，已经离开原工作岗位，经考核合格的，可以担任公证员。

第二十条 有下列情形之一的，不得担任公证员：

（一）无民事行为能力或者限制民事行为能力的；

（二）因故意犯罪或者职务过失犯罪受过刑事处罚的；

（三）被开除公职的；

（四）被吊销公证员、律师执业证书的。

第二十一条 担任公证员，应当由符合公证员条件的人员提出申请，经公证机构推荐，由所在地的司法行政部门报省、自治区、直辖市人民政府司法行政部门审核同意后，报请国务院司法行政部门任命，并由省、自治区、直辖市人民政府司法行政部门颁发公证员执业证书。

第二十二条 公证员应当遵纪守法，恪守职业道德，依法履行公证职责，保守执业秘密。

公证员有权获得劳动报酬，享受保险和福利待遇；有权提出辞职、申诉或者控告；非因法定事由和非经法定程序，不被免职或者处罚。

第二十三条 公证员不得有下列行为：

（一）同时在二个以上公证机构执业；

（二）从事有报酬的其他职业；

（三）为本人及近亲属办理公证或者办理与本人及近亲属有利害关系的公证；

（四）私自出具公证书；

（五）为不真实、不合法的事项出具公证书；

（六）侵占、挪用公证费或者侵占、盗窃公证专用物品；

（七）毁损、篡改公证文书或者公证档案；

（八）泄露在执业活动中知悉的国家秘密、商业秘密或者个人隐私；

（九）法律、法规、国务院司法行政部门规定禁止的其他行为。

第二十四条 公证员有下列情形之一的，由所在地的司法行政部门报省、自治区、直辖市人民政府司法行政部门提请国务院司法行政部门予以免职：

（一）丧失中华人民共和国国籍的；

（二）年满六十五周岁或者因健康原因不能继续履行职务的；

（三）自愿辞去公证员职务的；

（四）被吊销公证员执业证书的。

历年试题

2017 年试卷一第 50 题：公证制度是司法制度重要组成部分，设立公证机构、担任公证员具有严格的条件及程序。关于公证机构和公证员，下列哪一选项是正确的？

A. 公证机构可接受易某申请为其保管遗嘱及遗产并出具相应公证书

B. 设立公证机构应由省级司法行政机关报司法部依规批准后，颁发公证机构执业证书

C. 贾教授在高校讲授法学 11 年，离职并经考核合格，可以担任公证员

D. 甄某交通肇事受过刑事处罚，因此不具备申请担任公证员的条件

答案：C。

第四章 公证程序

第二十五条 自然人、法人或者其他组织申请办理公证,可以向住所地、经常居住地、行为地或者事实发生地的公证机构提出。

申请办理涉及不动产的公证,应当向不动产所在地的公证机构提出;申请办理涉及不动产的委托、声明、赠与、遗嘱的公证,可以适用前款规定。

第二十六条 自然人、法人或者其他组织可以委托他人办理公证,但遗嘱、生存、收养关系等应当由本人办理公证的除外。

第二十七条 申请办理公证的当事人应当向公证机构如实说明申请公证的事项的有关情况,提供真实、合法、充分的证明材料;提供的证明材料不充分的,公证机构可以要求补充。

公证机构受理公证申请后,应当告知当事人申请公证事项的法律意义和可能产生的法律后果,并将告知内容记录存档。

第二十八条 公证机构办理公证,应当根据不同公证事项的办证规则,分别审查下列事项:

(一)当事人的身份、申请办理该项公证的资格以及相应的权利;

(二)提供的文书内容是否完备,含义是否清晰,签名、印鉴是否齐全;

(三)提供的证明材料是否真实、合法、充分;

(四)申请公证的事项是否真实、合法。

第二十九条 公证机构对申请公证的事项以及当事人提供的证明材料,按照有关办证规则需要核实或者对其有疑义的,应当进行核实,或者委托异地公证机构代为核实,有关单位或者个人应当依法予以协助。

第三十条 公证机构经审查,认为申请提供的证明材料真实、合法、充分,申请公证的事项真实、合法的,应当自受理公证申请之日起十五个工作日内向当事人出具公证书。但是,因不可抗力、补充证明材料或者需要核实有关情况的,所需时间不计算在期限内。

第三十一条 有下列情形之一的,公证机构不予办理公证:

(一)无民事行为能力人或者限制民事行为能力人没有监护人代理申请办理公证的;

(二)当事人与申请公证的事项没有利害关系的;

(三)申请公证的事项属专业技术鉴定、评估事项的;

(四)当事人之间对申请公证的事项有争议的;

(五)当事人虚构、隐瞒事实,或者提供虚假证明材料的;

(六)当事人提供的证明材料不充分或者拒绝补充证明材料的;

(七)申请公证的事项不真实、不合法的;

(八)申请公证的事项违背社会公德的;

(九)当事人拒绝按照规定支付公证费的。

第三十二条 公证书应当按照国务院司法行政部门规定的格式制作,由公证员签名或者加盖签名章并加盖公证机构印章。公证书自出具之日起生效。

公证书应当使用全国通用的文字;在民族自治地方,根据当事人的要求,可以制作当地通用的民族文字文本。

第三十三条 公证书需要在国外使用,使用国要求先认证的,应当经中华人民共和国外交部或者外交部授权的机构和有关国家驻中华人民共和国使(领)馆认证。

第三十四条 当事人应当按照规定支付公证费。

对符合法律援助条件的当事人,公证机构应当按照规定减免公证费。

第三十五条 公证机构应当将公证文书分类立卷,归档保存。法律、行政法规规定应当公证的事项等重要的公证档案在公证机构保存期满,应当按照规定移交地方档案馆保管。

第五章 公证效力

第三十六条 经公证的民事法律行为、有法律意义的事实和文书,应当作为认定事实的根据,但有相反证据足以推翻该项公证的除外。

第三十七条 对经公证的以给付为内容并载明债务人愿意接受强制执行承诺的债权文书,债务人不履行或者履行不适当的,债权人可以依法向有管辖权的人民法院申请执行。

前款规定的债权文书确有错误的,人民法院裁定不予执行,并将裁定书送达双方当事人和公证机构。

第三十八条 法律、行政法规规定未经公证的事项不具有法律效力的,依照其规定。

第三十九条 当事人、公证事项的利害关系人认为公证书有错误的,可以向出具该公证书的公证机构提出复查。公证书的内容违法或者与事实不符的,公证机构应当撤销该公证书并予以公告,该公证书自始无效;公证书有其他错误的,公证机构应当予以更正。

第四十条 当事人、公证事项的利害关系人对公证书的内容有争议的,可以就该争议向人民法院提起民事诉讼。

历年试题

2021 年试卷一考生回忆版：律师为了掌握商场销售假冒伪劣产品的证据，带着公证员全程录像，买了不合格产品，向法院提供，商场认为律师行为违法，哪些理由可排除律师提供的证据：

A. 公证事项超范围

B. 公证处跨区

C. 商场通过自己所有的真实监控视频，显示公证的时间内找不到律师和公证员进入过商城的证据

D. 公证员在此次公证前被吊销公证员执业证书

答案：AD。

第六章 法律责任

第四十一条 公证机构及其公证员有下列行为之一的，由省、自治区、直辖市或者设区的市人民政府司法行政部门给予警告；情节严重的，对公证机构处一万元以上五万元以下罚款，对公证员处一千元以上五千元以下罚款，并可以给予三个月以上六个月以下停止执业的处罚；有违法所得的，没收违法所得：

（一）以诋毁其他公证机构、公证员或者支付回扣、佣金等不正当手段争揽公证业务的；

（二）违反规定的收费标准收取公证费的；

（三）同时在二个以上公证机构执业的；

（四）从事有报酬的其他职业的；

（五）为本人及近亲属办理公证或者办理与本人及近亲属有利害关系的公证的；

（六）依照法律、行政法规的规定，应当给予处罚的其他行为。

第四十二条 公证机构及其公证员有下列行为之一的，由省、自治区、直辖市或者设区的市人民政府司法行政部门对公证机构给予警告，并处二万元以上十万元以下罚款，并可以给予一个月以上三个月以下停业整顿的处罚；对公证员给予警告，并处二千元以上一万元以下罚款，并可以给予三个月以上十二个月以下停止执业的处罚；有违法所得的，没收违法所得；情节严重的，由省、自治区、直辖市人民政府司法行政部门吊销公证员执业证书；构成犯罪的，依法追究刑事责任：

（一）私自出具公证书的；

（二）为不真实、不合法的事项出具公证书的；

（三）侵占、挪用公证费或者侵占、盗窃公证专用物品的；

（四）毁损、篡改公证文书或者公证档案的；

（五）泄露在执业活动中知悉的国家秘密、商业秘密或者个人隐私的；

（六）依照法律、行政法规的规定，应当给予处罚的其他行为。

因故意犯罪或者职务过失犯罪受刑事处罚的，应当吊销公证员执业证书。

被吊销公证员执业证书的，不得担任辩护人、诉讼代理人，但系刑事诉讼、民事诉讼、行政诉讼当事人的监护人、近亲属的除外。

第四十三条 公证机构及其公证员因过错给当事人、公证事项的利害关系人造成损失的，由公证机构承担相应的赔偿责任；公证机构赔偿后，可以向有故意或者重大过失的公证员追偿。

当事人、公证事项的利害关系人与公证机构因赔偿发生争议的，可以向人民法院提起民事诉讼。

第四十四条 当事人以及其他个人或者组织有下列行为之一，给他人造成损失的，依法承担民事责任；违反治安管理的，依法给予治安管理处罚；构成犯罪的，依法追究刑事责任：

（一）提供虚假证明材料，骗取公证书的；

（二）利用虚假公证书从事欺诈活动的；

（三）伪造、变造或者买卖伪造、变造的公证书、公证机构印章的。

历年试题

2020 年试卷一考生回忆版：公证员办理没有依据的公证，公证机构负责人和公证员应如何处理。

A. 公证机构负责人被免职

B. 公证员被开除

C. 公证机构被责令停业整顿

D. 公证员被罚款

答案：CD。根据《公证法》第 42 条第 1 款的规定，本题中，公证员办理没有依据的公证，属于为不真实、不合法的事项出具公证书，对于公证机构，可以给予一定期限的停业整顿处罚，C 项说法正确。对于公证员，可以罚款，D 项说法正确，也可以吊销执业证书，B 项开除的说法不准确。《公证法》未就公证机构负责人的法律责任作出相关规定。

第七章 附 则

第四十五条 中华人民共和国驻外使（领）馆可以依照本法的规定或者中华人民共和国缔结或者参加的国际条约的规定，办理公证。

第四十六条 公证费的收费标准由省、自治区、直辖市人民政府价格主管部门会同同级司法行政部门制定。

第四十七条 本法自 2006 年 3 月 1 日起施行。

公证机构执业管理办法

（2006 年 2 月 21 日司法部令第 101 号　自 2006 年 3 月 1 日起施行）

第一章　总　　则

第一条　为了加强对公证机构的审批管理和执业监督，规范公证机构的执业行为，根据《中华人民共和国公证法》（以下简称《公证法》）和有关法律、法规的规定，制定本办法。

第二条　公证机构依照《公证法》和本办法设立。

设立公证机构，应当按照统筹规划、合理布局的原则，实行总量控制。

第三条　公证机构办理公证，应当遵守法律，坚持客观、公正的原则，遵守公证执业规范和执业纪律。

公证机构应当加入地方和全国的公证协会。

第四条　公证机构办理公证，不以营利为目的，独立行使公证职能，独立承担民事责任，任何单位和个人不得非法干预，其合法权益不受侵犯。

第五条　司法行政机关依照《公证法》和有关法律、法规、规章，对公证机构进行监督、指导。

第六条　公证协会是公证业的自律性组织。公证协会依照《公证法》和章程，对公证机构的执业活动进行监督。

第二章　公证机构设立审批

第七条　设立公证机构，由省、自治区、直辖市司法行政机关审核批准。

第八条　公证机构可以在县、不设区的市、设区的市、直辖市或者市辖区设立；在设区的市、直辖市可以设立一个或者若干个公证机构。公证机构不按行政区划层层设立。

第九条　省、自治区、直辖市司法行政机关应当按照公证机构设立原则，综合考虑当地经济社会发展程度、人口数量、交通状况和对公证业务的实际需求等情况，拟定本行政区域公证机构设置方案，并可以根据当地情况和公证需求的变化对设置方案进行调整。

公证机构设置方案包括：设置方案拟定的依据，公证机构设置和布局的安排，公证执业区域划分的安排，公证机构设置总量及地区分布的安排。

公证机构设置方案及其调整方案，应当报司法部核定。

第十条　公证执业区域可以下列区域为单位划分：

（一）县、不设区的市、市辖区的辖区；

（二）设区的市、直辖市的辖区或者所辖城区的全部市辖区。

公证机构的执业区域，由省、自治区、直辖市司法行政机关在办理该公证机构设立或者变更审批时予以核定。

第十一条　设立公证机构，应当具备下列条件：

（一）有自己的名称；

（二）有固定的场所；

（三）有二名以上公证员；

（四）有开展公证业务所必需的资金。

设立公证机构，应当符合经司法部核定的公证机构设置方案的要求。

第十二条　公证机构的负责人应当在有三年以上执业经历的公证员中推选产生，由所在地司法行政机关核准，并逐级报省、自治区、直辖市司法行政机关备案。

第十三条　公证机构的开办资金数额，由省、自治区、直辖市司法行政机关确定。

第十四条　设立公证机构，由所在地司法行政机关组建，逐级报省、自治区、直辖市司法行政机关审批。

申请设立公证机构，应当提交下列材料：

（一）设立公证机构的申请和组建报告；

（二）拟采用的公证机构名称；

（三）拟任公证员名单、简历、居民身份证复印件和符合担任公证员条件的证明材料；

（四）拟推选的公证机构负责人的情况说明；

（五）开办资金证明；

（六）办公场所证明；

（七）其他需要提交的材料。

设立公证机构需要配备新的公证员的，应当依照《公证法》和司法部规定的条件和程序，报请审核、任命。

第十五条 省、自治区、直辖市司法行政机关应当自收到申请材料之日起三十日内，完成审核，作出批准设立或者不予批准设立的决定。对准予设立的，颁发公证机构执业证书；对不准予设立的，应当在决定中告知不予批准的理由。

批准设立公证机构的决定，应当报司法部备案。

第十六条 公证机构变更名称、办公场所，根据当地公证机构设置调整方案予以分立、合并或者变更执业区域的，应当由所在地司法行政机关审核后，逐级报省、自治区、直辖市司法行政机关办理变更核准手续。核准变更的，应当报司法部备案。

公证机构变更负责人的，经所在地司法行政机关核准后，逐级报省、自治区、直辖市司法行政机关备案。

第十七条 省、自治区、直辖市司法行政机关对经批准设立的公证机构以及公证机构重要的变更事项，应当在作出批准决定后二十日内，在省级报刊上予以公告。

司法部定期编制全国公证机构名录。

第三章 公证机构名称和执业证书管理

第十八条 公证机构统称公证处。根据公证机构设置的不同情况，分别采用下列方式冠名：

（一）在县、不设区的市设立公证机构的，冠名方式为：省（自治区、直辖市）名称＋本县、市名称＋公证处；

（二）在设区的市或其市辖区设立公证机构的，冠名方式为：省（自治区）名称＋本市名称＋字号＋公证处；

（三）在直辖市或其市辖区设立公证机构的，冠名方式为：直辖市名称＋字号＋公证处。

第十九条 公证机构的名称，应当使用全国通用的文字。民族自治地方的公证机构的名称，可以同时使用当地通用的民族文字。

公证机构名称中的字号，应当由两个以上文字组成，并不得与所在省、自治区、直辖市内设立的其他公证机构的名称中的字号相同或者近似。

公证机构名称的内容和文字，应当符合国家有关规定。

第二十条 公证机构的名称，由省、自治区、直辖市司法行政机关在办理该公证机构设立或者变更审批时予以核定。

公证机构对经核定的名称享有专用权。

第二十一条 公证机构执业证书是公证机构获准设立和执业的凭证。

公证机构执业证书应当载明下列内容：公证机构名称、负责人、办公场所、执业区域、证书编号、颁证日期、审批机关等。公证机构执业证书分为正本和副本。正本用于在办公场所悬挂，副本用于接受查验。正本和副本具有同等法律效力。

公证机构执业证书由司法部统一制作。证书编号办法由司法部制定。

第二十二条 公证机构执业证书不得涂改、出借、抵押或者转让。公证机构执业证书损毁或者遗失的，由该公证机构报经所在地司法行政机关，逐级向省、自治区、直辖市司法行政机关申请换发或者补发。

第二十三条 公证机构变更名称、办公场所、负责人、执业区域或者分立、合并的，应当在报请核准的同时，申请换发公证机构执业证书。

公证机构受到停业整顿处罚的，停业整顿期间，应当将该公证机构执业证书缴存所在地司法行政机关。

第四章 公证机构执业监督检查

第二十四条 司法行政机关依法对公证机构的组织建设、队伍建设、执业活动、质量控制、内部管理等情况进行监督。

第二十五条 省、自治区、直辖市司法行政机关对公证机构的下列事项实施监督：

（一）公证机构保持法定设立条件的情况；

（二）公证机构执行应当报批或者备案事项的情况；

（三）公证机构和公证员的执业情况；

（四）公证质量的监控情况；

（五）法律、法规和司法部规定的其他监督检查事项。

第二十六条 设区的市和公证机构所在地司法行政机关对本地公证机构的下列事项实施监督：

（一）组织建设情况；

（二）执业活动情况；

（三）公证质量情况；

（四）公证员执业年度考核情况；

（五）档案管理情况；

（六）财务制度执行情况；

（七）内部管理制度建设情况；

（八）司法部和省、自治区、直辖市司法行政机关要求进行监督检查的其他事项。

第二十七条 公证机构应当建立健全业务、公证档案、财务、资产等管理制度,对公证员的执业行为进行监督,建立执业过错责任追究制度。

公证机构应当严格执行国家制定的公证收费标准。

公证机构应当按照规定参加公证执业责任保险。

第二十八条 公证机构应当依法开展公证执业活动,不得有下列行为:

(一)为不真实、不合法的事项出具公证书;

(二)毁损、篡改公证文书或者公证档案;

(三)以诋毁其他公证机构、公证员或者支付回扣、佣金等不正当手段争揽公证业务;

(四)泄露在执业活动中知悉的国家秘密、商业秘密或者个人隐私;

(五)违反规定的收费标准收取公证费;

(六)法律、法规和司法部规定禁止的其他行为。

第二十九条 公证机构应当依照《公证法》第二十五条的规定,在省、自治区、直辖市司法行政机关核定的执业区域内受理公证业务。

第三十条 公证机构应当按照省、自治区、直辖市司法行政机关的规定,定期填报公证业务情况统计表,每年2月1日前向所在地司法行政机关提交本公证机构的年度工作报告。

年度工作报告应当真实、全面地反映本公证机构上一年度开展公证业务、公证质量监控、公证员遵守职业道德和执业纪律、公证收费、财务管理、内部制度建设等方面的情况。

公证业务情况统计表的统计项目及样式,由司法部制定。

第三十一条 公证机构由所在地司法行政机关在每年的第一季度进行年度考核。年度考核,应当依照《公证法》的要求和本办法第二十六条规定的监督事项,审查公证机构的年度工作报告,结合日常监督检查掌握的情况,由所在地司法行政机关对公证机构的年度执业和管理情况作出综合评估。考核等次及其标准,由司法部制定。

年度考核结果,应当书面告知公证机构,并报上一级司法行政机关备案。

第三十二条 公证机构应当对所属公证员的执业情况进行年度考核。

公证机构的负责人由所在地司法行政机关进行年度考核。

第三十三条 公证机构存在下列情形之一的,所在地司法行政机关应当进行重点监督检查:

(一)被投诉或者举报的;

(二)执业中有不良记录的;

(三)未保持法定设立条件的;

(四)年度考核发现内部管理存在严重问题的。

第三十四条 司法行政机关实施监督检查,可以对公证机构进行实地检查,要求公证机构和公证员说明有关情况,调阅公证机构相关材料和公证档案,向相关单位和人员调查、核实有关情况。

公证机构和公证员应当接受司法行政机关依法实施的监督检查,如实说明有关情况、提供相关资料,不得谎报、隐匿、伪造、销毁相关证据材料。

第三十五条 司法行政机关应当建立有关公证机构设立、变更、备案事项、年度考核、违法违纪行为处罚、奖励等方面情况的执业档案。

第五章 法律责任

第三十六条 公证机构有《公证法》第四十一条、第四十二条规定所列行为之一的,由省、自治区、直辖市司法行政机关或者设区的市司法行政机关依据《公证法》的规定,予以处罚。

公证机构违反《公证法》第二十五条规定,跨执业区域受理公证业务的,由所在地或者设区的市司法行政机关予以制止,并责令改正。

第三十七条 司法行政机关对公证机构违法行为实施行政处罚,应当根据有关法律、法规和司法部有关行政处罚程序的规定进行。

第三十八条 司法行政机关在对公证机构作出行政处罚决定之前,应当告知其查明的违法行为事实、处罚的理由及依据,并告知其依法享有的权利。口头告知的,应当制作笔录。公证机构有权进行陈述和申辩,有权依法申请听证。

公证机构对行政处罚不服的,可以依法申请行政复议或者提起行政诉讼。

第三十九条 司法行政机关在实施监督检查和年度考核过程中,发现公证机构存在违法行为或者收到相关投诉、举报的,应当及时立案调查,全面、客观、公正地查明事实,收集证据。被调查的公证机构应当向调查机关如实陈述事实,提供有关材料。

第四十条 司法行政机关查处公证机构的违法行为,可以委托公证协会对公证机构的违法行为进行调查、核实。

接受委托的公证协会应当查明事实、核实证据,并向司法行政机关提出实施行政处罚的建议。

第四十一条 公证协会依据章程和有关行业规

范，对公证机构违反执业规范和执业纪律的行为，视其情节轻重，给予相应的行业处分。

公证协会在查处公证机构违反执业规范和执业纪律行为的过程中，发现有依据《公证法》的规定应当给予行政处罚情形的，应当提交有管辖权的司法行政机关处理。

第四十二条 公证机构及其公证员因过错给当事人、公证事项的利害关系人造成损失的，由公证机构承担相应的赔偿责任；公证机构赔偿后，可以向有故意或者重大过失的公证员追偿。

第四十三条 司法行政机关及其工作人员在公证机构设立审批、公证机构执业证书管理、对公证机构实施监督检查、年度考核的过程中，有滥用职权、玩忽职守、徇私舞弊、干预公证机构依法独立行使公证职能行为的，应当依法追究责任人员的行政责任；构成犯罪的，依法追究刑事责任。

第六章 附 则

第四十四条 本办法所称公证机构所在地司法行政机关，是指根据当地公证机构设置方案的规定，负责组建该公证机构，并承担对其实施日常监督、指导职能的司法行政机关。

第四十五条 《公证法》和本办法施行前设立的公证机构，其设置、布局、名称、执业区域及管理体制不符合《公证法》和本办法规定的，由省、自治区、直辖市司法行政机关拟定调整方案，报司法部核定后组织实施。

第四十六条 本办法由司法部解释。

第四十七条 本办法自2006年3月1日起施行。

公证员执业管理办法

（2006年3月14日司法部令第102号公布　自公布之日起施行）

第一章　总　　则

第一条　为了加强对公证员的任职管理和执业监督，规范公证员的执业行为，根据《中华人民共和国公证法》（以下简称《公证法》）和有关法律、法规的规定，制定本办法。

第二条　公证员是符合《公证法》规定的条件，经法定任职程序，取得公证员执业证书，在公证机构从事公证业务的执业人员。

公证员的配备数量，根据公证机构的设置情况和公证业务的需要确定。公证员配备方案，由省、自治区、直辖市司法行政机关编制和核定，报司法部备案。

第三条　公证员依法执业，受法律保护，任何单位和个人不得非法干预。

公证员有权获得劳动报酬，享受保险和福利待遇；有权提出辞职、申诉或者控告；非因法定事由和非经法定程序，不被免职或者处罚。

第四条　公证员应当遵纪守法，恪守职业道德和执业纪律，依法履行公证职责，保守执业秘密。

公证员应当加入地方和全国的公证协会。

第五条　司法行政机关依照《公证法》和有关法律、法规、规章，对公证员进行监督、指导。

第六条　公证协会是公证业的自律性组织。公证协会依照《公证法》和章程，对公证员的执业活动进行监督。

第二章　公证员任职条件

第七条　担任公证员，应当具备下列条件：

（一）具有中华人民共和国国籍；

（二）年龄二十五周岁以上六十五周岁以下；

（三）公道正派，遵纪守法，品行良好；

（四）通过国家司法考试；

（五）在公证机构实习二年以上或者具有三年以上其他法律职业经历并在公证机构实习一年以上，经考核合格。

第八条　符合本办法第七条第（一）项、第（二）项、第（三）项规定，并具备下列条件之一，已经离开原工作岗位的，经考核合格，可以担任公证员：

（一）从事法学教学、研究工作，具有高级职称的人员；

（二）具有本科以上学历，从事审判、检察、法制工作、法律服务满十年的公务员、律师。

第九条　有下列情形之一的，不得担任公证员：

（一）无民事行为能力或者限制民事行为能力的；

（二）因故意犯罪或者职务过失犯罪受过刑事处罚的；

（三）被开除公职的；

（四）被吊销执业证书的。

第三章　公证员任职程序

第十条　符合本办法第七条规定条件的人员，由本人提出申请，经需要选配公证员的公证机构推荐，由所在地司法行政机关出具审查意见，逐级报请省、自治区、直辖市司法行政机关审核。

报请审核，应当提交下列材料：

（一）担任公证员申请书；

（二）公证机构推荐书；

（三）申请人的居民身份证复印件和个人简历，具有三年以上其他法律职业经历的，应当同时提交相应的经历证明；

（四）申请人的法律职业资格证书复印件；

（五）公证机构出具的申请人实习鉴定和所在地司法行政机关出具的实习考核合格意见；

（六）所在地司法行政机关对申请人的审查意见；

（七）其他需要提交的材料。

第十一条　符合本办法第八条规定条件的人员，由本人提出申请，经需要选配公证员的公证机构推荐，由所在地司法行政机关出具考核意见，逐级报请省、自治区、直辖市司法行政机关审核。

报请审核，应当提交下列材料：

（一）担任公证员申请书；

（二）公证机构推荐书；

（三）申请人的居民身份证复印件和个人简历；

（四）从事法学教学、研究工作并具有高级职称的证明，或者具有本科以上学历的证明和从事审判、检察、法制工作、法律服务满十年的经历及职务证明；

（五）申请人已经离开原工作岗位的证明；

（六）所在地司法行政机关对申请人的考核意见；

（七）其他需要提交的材料。

第十二条 省、自治区、直辖市司法行政机关应当自收到报审材料之日起二十日内完成审核。对符合规定条件和公证员配备方案的，作出同意申请人担任公证员的审核意见，填制公证员任职报审表，报请司法部任命；对不符合规定条件或者公证员配备方案的，作出不同意申请人担任公证员的决定，并书面通知申请人和所在地司法行政机关。

第十三条 司法部应当自收到省、自治区、直辖市司法行政机关报请任命公证员的材料之日起二十日内，制作并下达公证员任命决定。

司法部认为报请任命材料有疑义或者收到相关投诉、举报的，可以要求报请任命机关重新审核。

第十四条 省、自治区、直辖市司法行政机关应当自收到司法部下达的公证员任命决定之日起十日内，向申请人颁发公证员执业证书，并书面通知其所在地司法行政机关。

第十五条 公证员变更执业机构，应当经所在公证机构同意和拟任用该公证员的公证机构推荐，报所在地司法行政机关同意后，报省、自治区、直辖市司法行政机关办理变更核准手续。

公证员跨省、自治区、直辖市变更执业机构的，经所在的省、自治区、直辖市司法行政机关核准后，由拟任用该公证员的公证机构所在的省、自治区、直辖市司法行政机关办理变更核准手续。

第十六条 公证员有下列情形之一的，由所在地司法行政机关自确定该情形发生之日起三十日内，报告省、自治区、直辖市司法行政机关，由其提请司法部予以免职：

（一）丧失中华人民共和国国籍的；

（二）年满六十五周岁或者因健康原因不能继续履行职务的；

（三）自愿辞去公证员职务的。

被吊销公证员执业证书的，由省、自治区、直辖市司法行政机关直接提请司法部予以免职。

提请免职，应当提交公证员免职报审表和符合法定免职事由的相关证明材料。司法部应当自收到提请免职材料之日起二十日内，制作并下达公证员免职决定。

第十七条 省、自治区、直辖市司法行政机关对报请司法部予以任命、免职或者经核准变更执业机构的公证员，应当在收到任免决定或者作出准予变更决定后二十日内，在省级报刊上予以公告。

司法部对决定予以任命或者免职的公证员，应当定期在全国性报刊上予以公告，并定期编制全国公证员名录。

第四章　公证员执业证书管理

第十八条 公证员执业证书是公证员履行法定任职程序后在公证机构从事公证执业活动的有效证件。

公证员执业证书由司法部统一制作。证书编号办法由司法部制定。

第十九条 公证员执业证书由公证员本人持有和使用，不得涂改、抵押、出借或者转让。

公证员执业证书损毁或者遗失的，由本人提出申请，所在公证机构予以证明，提请所在地司法行政机关报省、自治区、直辖市司法行政机关申请换发或者补发。执业证书遗失的，由所在公证机构在省级报刊上声明作废。

第二十条 公证员变更执业机构的，经省、自治区、直辖市司法行政机关核准，予以换发公证员执业证书。

公证员受到停止执业处罚的，停止执业期间，应当将其公证员执业证书缴存所在地司法行政机关。

公证员受到吊销公证员执业证书处罚或者因其他法定事由予以免职的，应当收缴其公证员执业证书，由省、自治区、直辖市司法行政机关予以注销。

第五章　公证员执业监督检查

第二十一条 司法行政机关应当依法建立健全行政监督管理制度，公证协会应当依据章程建立健全行业自律制度，加强对公证员执业活动的监督，依法维护公证员的执业权利。

第二十二条 公证机构应当按照规定建立、完善各项内部管理制度，对公证员的执业行为进行监督，建立公证员执业过错责任追究制度，建立公证员执业年度考核制度。

公证机构应当为公证员依法执业提供便利和条件，保障其在任职期间依法享有的合法权益。

第二十三条 公证员应当依法履行公证职责，

不得有下列行为：

（一）同时在两个以上公证机构执业；

（二）从事有报酬的其他职业；

（三）为本人及近亲属办理公证或者办理与本人及近亲属有利害关系的公证；

（四）私自出具公证书；

（五）为不真实、不合法的事项出具公证书；

（六）侵占、挪用公证费或者侵占、盗窃公证专用物品；

（七）毁损、篡改公证文书或者公证档案；

（八）泄露在执业活动中知悉的国家秘密、商业秘密或者个人隐私；

（九）法律、法规和司法部规定禁止的其他行为。

第二十四条　公证机构应当在每年的第一个月份对所属公证员上一年度办理公证业务的情况和遵守职业道德、执业纪律的情况进行年度考核。考核结果，应当书面告知公证员，并报所在地司法行政机关备案。

公证机构的负责人履行管理职责的情况，由所在地司法行政机关进行考核。考核结果，应当书面告知公证机构的负责人，并报上一级司法行政机关备案。

经年度考核，对公证员在执业中存在的突出问题，公证机构应当责令其改正；对公证机构的负责人在管理中存在的突出问题，所在地司法行政机关应当责令其改正。

第二十五条　公证员和公证机构的负责人被投诉和举报、执业中有不良记录或者经年度考核发现有突出问题的，所在地司法行政机关应当对其进行重点监督、指导。

对年度考核发现有突出问题的公证员和公证机构的负责人，由所在地或者设区的市司法行政机关组织专门的学习培训。

第二十六条　司法行政机关实施监督检查，可以对公证员办理公证业务的情况进行检查，要求公证员及其所在公证机构说明有关情况，调阅相关材料和公证档案，向相关单位和人员调查、核实有关情况。

公证员及其所在公证机构不得拒绝司法行政机关依法实施的监督检查，不得谎报、隐匿、伪造、销毁相关证据材料。

第二十七条　公证员应当接受司法行政机关和公证协会组织开展的职业培训。公证员每年参加职业培训的时间不得少于四十学时。

司法行政机关制定开展公证员职业培训的规划和方案，公证协会按年度制定具体实施计划，负责组织实施。

公证机构应当为公证员参加职业培训提供必要的条件和保障。

第二十八条　公证员执业所在地司法行政机关应当建立公证员执业档案，将公证员任职审核任命情况、年度考核结果、监督检查掌握的情况以及受奖惩的情况记入执业档案。

公证员跨地区或者跨省、自治区、直辖市变更执业机构的，原执业所在地司法行政机关应当向变更后的执业所在地司法行政机关移交该公证员的执业档案。

第六章　法律责任

第二十九条　公证员有《公证法》第四十一条、第四十二条所列行为之一的，由省、自治区、直辖市或者设区的市司法行政机关依据《公证法》的规定，予以处罚。

公证员有依法应予吊销公证员执业证书情形的，由所在地司法行政机关逐级报请省、自治区、直辖市司法行政机关决定。

第三十条　司法行政机关对公证员实施行政处罚，应当根据有关法律、法规和司法部有关行政处罚程序的规定进行。

司法行政机关查处公证员的违法行为，可以委托公证协会对公证员的违法行为进行调查、核实。

第三十一条　司法行政机关在对公证员作出行政处罚决定之前，应当告知查明的违法行为事实、处罚的理由及依据，并告知其依法享有的权利。口头告知的，应当制作笔录。公证员有权进行陈述和申辩，有权依法申请听证。

公证员对行政处罚决定不服的，可以依法申请行政复议或者提起行政诉讼。

第三十二条　公证协会依据章程和有关行业规范，对公证员违反职业道德和执业纪律的行为，视其情节轻重，给予相应的行业处分。

公证协会在查处公证员违反职业道德和执业纪律行为的过程中，发现有依据《公证法》的规定应当给予行政处罚情形的，应当提交有管辖权的司法行政机关处理。

第三十三条　公证员因过错给当事人、公证事项的利害关系人造成损失的，公证机构依法赔偿后，可以向有故意或者重大过失的公证员追偿。

第三十四条　以欺骗、贿赂等不正当手段取得公证员任命和公证员执业证书的，经查证属实，由省、自治区、直辖市司法行政机关提请司法部撤销原任命决定,并收缴、注销其公证员执业证书。

第三十五条 司法行政机关及其工作人员在公证员职务任免、公证员执业证书管理、对公证员执业活动实施监督检查的过程中,有滥用职权、玩忽职守、徇私舞弊、干预公证员依法执业行为的,应当依法追究责任人员的行政责任;构成犯罪的,依法追究刑事责任。

第七章 附 则

第三十六条 公证员配备方案,应当遵照司法部有关公证业的总体发展规划和要求,根据当地公证机构设置、布局的安排、公证执业区域划分的安排、公证业务总体需求和地区分布情况,以及当地经济社会发展和人口状况,结合公证员年均办证数量和办证能力,予以编制和核定,并可以根据当地情况和公证需求的变化进行调整。

第三十七条 公证员执业年度考核的具体办法,由省、自治区、直辖市司法行政机关制定。考核办法应当包括考核工作的原则、考核的内容、考核的等次和标准、考核的程序和时间安排。

第三十八条 《公证法》和本办法施行前已担任公证员的,其公证员职务继续有效,适用《公证法》和本办法进行管理。

第三十九条 本办法所称公证员执业所在地司法行政机关,是指负责组建该公证员所属的公证机构,并承担对该公证机构及其公证员实施日常监督、指导职能的司法行政机关。

第四十条 本办法由司法部解释。

第四十一条 本办法自发布之日起施行。司法部 1995 年 6 月 2 日发布的《中华人民共和国公证员注册管理办法》(司法部令第 39 号)同时废止。

公证员职业道德基本准则

（中国公证员协会2002年3月3日发布　中国公证协会2011年1月6日修订后重新发布）

为加强公证员职业道德建设，保证公证员依法履行公证职责，维护和增强公证公信力，根据《中华人民共和国公证法》，制定本准则。

一、忠于法律　尽职履责

第一条　公证员应当忠于宪法和法律，自觉践行社会主义法治理念。

第二条　公证员应当政治坚定、业务精通、维护公正、恪守诚信，坚定不移地做中国特色社会主义事业的建设者、捍卫者。

第三条　公证员应当依法办理公证事项，恪守客观、公正的原则，做到以事实为依据、法律为准绳。

第四条　公证员应当自觉遵守法定回避制度，不得为本人及近亲属办理公证或者办理与本人及近亲属有利害关系的公证。

第五条　公证员应当自觉履行执业保密义务，不得泄露在执业中知悉的国家秘密、商业秘密或个人隐私，更不得利用知悉的秘密为自己或他人谋取利益。

第六条　公证员在履行职责时，对发现的违法、违规或违反社会公德的行为，应当按照法律规定的权限，积极采取措施予以纠正、制止。

二、爱岗敬业　规范服务

第七条　公证员应当珍惜职业荣誉，强化服务意识，勤勉敬业、恪尽职守，为当事人提供优质高效的公证法律服务。

第八条　公证员在履行职责时，应当告知当事人、代理人和参与人的权利和义务，并就权利和义务的真实意思和可能产生的法律后果做出明确解释，避免形式上的简单告知。

第九条　公证员在执行职务时，应当平等、热情地对待当事人、代理人和参与人，要注重其民族、种族、国籍、宗教信仰、性别、年龄、健康状况、职业的差别，避免言行不慎使对方产生歧义。

第十条　公证员应当严格按照规定的程序和期限办理公证事项，注重提高办证质量和效率，杜绝疏忽大意、敷衍塞责和延误办证的行为。

第十一条　公证员应当注重礼仪，做到着装规范、举止文明，维护职业形象。

现场宣读公证词时，应当语言规范、吐字清晰，避免使用可能引起他人反感的语言表达方式。

第十二条　公证员如果发现已生效的公证文书存在问题或其他公证员有违法、违规行为，应当及时向有关部门反映。

第十三条　公证员不得利用媒体或采用其他方式，对正在办理或已办结的公证事项发表不当评论，更不得发表有损公证严肃性和权威性的言论。

三、加强修养　提高素质

第十四条　公证员应当牢固树立社会主义荣辱观，遵守社会公德，倡导良好社会风尚。

第十五条　公证员应当道德高尚、诚实信用、谦虚谨慎，具有良好的个人修养和品行。

第十六条　公证员应当忠于职守、不徇私情、弘扬正义，自觉维护社会公平和公众利益。

第十七条　公证员应当热爱集体，团结协作，相互支持、相互配合、相互监督，共同营造健康、有序、和谐的工作环境。

第十八条　公证员应当不断提高自身的业务能力和职业素养，保证自己的执业品质和专业技能满足正确履行职责的需要。

第十九条　公证员应当树立终身学习理念，勤勉进取，努力钻研，不断提高职业素质和执业水平。

四、廉洁自律　尊重同行

第二十条　公证员应当树立廉洁自律意识，遵守职业道德和执业纪律，不得从事有报酬的其他职业和与公证员职务、身份不相符的活动。

第二十一条　公证员应当妥善处理个人事务，不得利用公证员的身份和职务为自己、亲属或他人谋取利益。

第二十二条　公证员不得索取或接受当事人及其代理人、利害关系人的答谢款待、馈赠财物或其他利益。

第二十三条　公证员应当相互尊重，与同行保持良好的合作关系,公平竞争,同业互助,共谋发展。

第二十四条 公证员不得以不正当方式或途径对其他公证员正在办理的公证事项进行干预或施加影响。

第二十五条 公证员不得从事以下不正当竞争行为:

(一)利用媒体或其他手段炫耀自己,贬损他人,排斥同行,为自己招揽业务;

(二)以支付介绍费、给予回扣、许诺提供利益等方式承揽业务;

(三)利用与行政机关、社会团体的特殊关系进行业务垄断;

(四)其他不正当竞争行为。

五、附 则

第二十六条 中国公证协会和地方公证协会监督公证员遵守本准则。

第二十七条 公证员助理和公证机构其他工作人员,参照执行本准则的有关规定。

第二十八条 本准则由中国公证协会负责解释。

第二十九条 本准则自发布之日起施行。

历年试题

2018年试卷一考生回忆版:下列哪些做法不符合公证员职业道德的要求?

A. 王公证员在除了做好公证工作外,还自己开办了一家工厂

B. 某公证机构的公证员,经常利用节假日到街上发传单,对自己所在的公证机构进行大肆炫耀

C. 某公证机构的业务做得很好,深受当地人们的信赖,于是此公证机构找到了市行政部门,通过行政支持对当地的公证业务进行垄断

D. 公证员为一些当事人进行公证,给当事人带来了很大的益处,有时接受当事人的答谢款待也是人之常情

答案:ABCD。A项中,公证员不得从事有报酬的其他职业和与公证员职务、身份不相符的活动。因此,A项中,王公证员开办工厂属于从事有报酬的其他职业,故A项做法错误。

B项中,公证员对自己所在的公证机构进行大肆炫耀是不正当竞争,应当禁止。故B项做法错误。

C项中,公证员意图通过行政支持对当地的公证业务进行垄断,也属于不正当竞争。故C项做法错误。

D项中,根据公证员职业道德要求,公证员不得索取或接受当事人及其代理人、利害关系人的答谢款待、馈赠财物或其他利益。故D项做法错误。